MESSERSCHMIDT · LOKOMOTIV-TECHNIK IM BILD

Gewidmet den ideenreichen, in der Schienenfahrzeug-Literatur ungenannt gebliebenen Konstrukteuren und Zeichnern der Lokomotiv-Industrie, die als Akademiker, als Fachschul-Ingenieure oder als Autodidakten, über »zweite« und »dritte« Bildungswege ihr treffsicheres, qualifiziertes und routiniertes Können mit Einzelteil- oder Baugruppen-Entwürfen, mit rechnerischem Geschick, mit mustergültigen Werkstattzeichnungen und fertigungstechnischer Organisations- und Improvisationsgabe bewiesen haben und dazu beitrugen, den heute erreichten Stand beispielhafter Lokomotiv-Technik zu ermöglichen.

Wolfgang Messerschmidt

LOKOMOTIV-TECHNIK IM BILD

Dampf-, Diesel- und Elektrolokomotiven

Motorbuch Verlag Stuttgart

Einbandgestaltung:
Gunnar Braunke unter Verwendung dreier Fotos von Wolfgang Messerschmidt

ISBN – 3-613-01384-3

1. Auflage 1991

Ein Unternehmen der Paul Pietsch-Verlage GmbH & Co.

Druck: Rems-Druck, 7070 Schwäbisch Gmünd.
Bindung: Verlagsbuchbinderei Karl Dieringer, 7016 Gerlingen.
Printed in Germany.

Inhalt

Leitgedanken zur Einführung

Technisch-literarische Aktivitäten setzen Sachkenntnis voraus. Zielsetzung und Inhalt dieses Bandes sind vorwiegend die Ansprache der ungezählten Freunde der Eisenbahn und aller derjenigen, die sich mit Engagement, aber auch aus Liebhaberei der Lokomotivtechnik aller Antriebsarten und selbstverständlich auch den immer noch nicht untergegangenen Dampflokomotiven und deren Museumsbahnbetrieb verschrieben haben.

Der Autor legte Wert darauf, seine Bild- und Textdarstellungen aus den verschiedenen lokomotivtechnischen Bereichen der Dampf-, Diesel- und Elektrolokomotiven in ihren bedeutenden funktionellen Baugruppen möglichst übersichtlich, jedoch kurz und verständlich zu gestalten. Es wurde darauf geachtet, überwiegend solche Lokomotivtechnik zu vermitteln, deren Bedeutung und Aussagekraft längere Zeit gültig und erhalten bleiben, wenngleich gelegentlich auf historische Zusammenhänge hingewiesen wird.

Insgesamt gibt dieses Buch eine recht sinnvolle Abgrenzung (und weiterführende Ergänzung) zu der allgemeinen, sich dem Betrieb, der Historie und den Stationierungsstatistiken widmenden Eisenbahnfreunde-Literatur.

Der Leser wird ein Bild gewinnen von der technischen Praxis der Lokomotiven, aber auch vom immer rascher wachsenden Umfang technischer Neuerungen. Manchen mag der Inhalt damit dienen, erworbenes lokomotivtechnisches Wissen aufzufrischen, vielleicht auch zu vertiefen. Ein anderer Leserkreis, die Jugend und solche, die sich an der Eisenbahn erfreuen, wird seinen Blick und seine Fähigkeiten zum Hinzulernen sicherlich fördern können.

Es wäre natürlich eine Überheblichkeit seitens des Autors, zu glauben, daß die allumfassende Lokomotivtechnik hier bis aufs i-Tüpfelchen und lückenlos darstellbar wäre. Die vorliegende Arbeit wird ein Kompromiß sein, sicherlich mit einigen »Freiheitsgraden«, zwischen technischer Orientierung und grundlegenden, manchmal auch kritischen Gedanken zum Thema. Das geschieht hier nicht, wie manche befürchten mögen, im allzu akademischen Sinne, denn selbst der geschulte Leser dürfte wohl überwiegend praktisch denken. Im Vordergrund stehen die Liebe zum Objekt, zur Lokomotive also, in ihrer vorgegebenen Bedeutung, und eine gewisse »Idealisierung« einer langen, abwechslungsreichen Schienenfahrzeug-Entwicklung. Das Vorhaben also, im gedrängten Rahmen eines Bildbandes wesentliche Teile der Lokomotivtechnik vorzustellen und in knappen Worten leicht verständlich zu erläutern, hat durchaus seine Reize, obwohl es natürlich keinen Anspruch auf absolute Vollständigkeit erhebt. Viele wichtige Zusammenhänge sind erfaßt, mindestens jedoch gekennzeichnet.

Selbstverständlich konnte auf eine langatmige historische Betrachtung, die schon wiederholt früher in den verschiedensten Publikationen nachzulesen war, verzichtet werden. Eine totale Absage an die Dampflokomotivtechnik erschien allerdings abwegig. Sie bildete schließlich die fahrzeug- und energietechnische Grundlage nachfolgender moderner Triebfahrzeuge und sie steht bei Millionen von Eisenbahnfreunden, unter den zahlreichen Museumsbahnern und Dampflok-Sonderfahrten-Teilnehmern des In- und Auslandes immer noch hoch im Kurs. Und schließlich gibt es zum Beispiel in der Schweizerischen Lokomotiv- und Maschinenfabrik Winterthur sogar noch Neubauten für österreichischen und schweizerischen Bedarf. Die Dampflokomotiven besitzen eben ihre besonders »lebensnahen« Reize, und sie bildeten immerhin die treibenden Kräfte der Lokomotivindustrie von einst. –

Während der Autor, seine Kollegen und Freunde früher im Dampflok- und Diesellokomotiv-Konstruktionsbüro zusammenarbeiteten spürte mancher von uns »Damaligen«, daß wir eine Leidenschaft gemeinsam hatten: die Arbeit und mehr noch die Pünktlichkeit, den Fleiß und die Besessenheit. Das klingt heute vermutlich recht pathetisch. Doch manches ist in die Jetztzeit herübergerettet worden. Oft sind eingespielte Teams am Werk, und es gab schon vor Jahrzehnten Anzeichen dafür, daß eine ideenreiche Gruppendynamik am Ball ist.

Wie unsere Lokomotivtechnik funktioniert, was sie tut, davon gibt diese Publikation vielfältige Eindrücke, kurz zusammenfassend, vielleicht erfrischend. Nützen werden sie den sicher nicht gerade wenigen Lesern, die mitunter ein bißchen verwirrt sind von der Vielfalt unserer technischen »Wunderwerke«. Aber penetrante Belehrungen, keine Angst, sind hier nicht gefragt. –

Es gibt nicht mehr viele Dampflokomotivbauer. Doch was manche in Zusammenarbeit mit den Eisenbahn-Dezernaten, mit den Technischen Hoch- und Ingenieurschulen leisteten, gilt zweifelsfrei als wichtiger Impulsgeber neuer Schienenfahrzeug- und System-Konstruktionen. Wie anderswo ist auch in der Eisenbahntechnik die Spezialisierung auf den einzelnen Wissensgebieten weit vorangeschritten. Und es gibt wahrscheinlich heutzutage wohl kaum Ingenieure und Eisenbahnfreunde, die allein auch nur auf umfangreicheren Teilgebieten des größeren Gesamtbereichs die zugehörige Materie erschöpfend beherrschen. Obwohl hier mit dieser Arbeit nicht die Absicht bestand, eine Enzyklopädie entstehen zu lassen, hatte sich der Verfasser in vielen Gesprächen, auch während der Schienenfahrzeug-Tagungen der Technischen Universität Graz, auf Symposien des Vereins deutscher Ingenieure, während verschiedener Einladungen und Besuche bei der Simmering-Graz-Pauker AG, im Siemens-Museum in München, bei den Italienischen und Französischen Staatsbahnen und bei Thyssen-Henschel über den Stand der Technik und Aussichten informiert. Der eigene Lernprozeß wurde schon lange vorher bereichert im Gedankenaustausch auf Konferenzen und Fachveranstaltungen, mit Max Johann Baptist Rauck (einst Abteilungsleiter und Oberkonservator im Deutschen Museum), mit Gerhard Tiffe (früher Krauss-Maffei und Geschäftsführer der Gesellschaft für bahntechnische Innovationen), auch bei einer Begegnung mit dem Chairman of the Railway Board of the Government of India, Shri D. C. Baijal, und schließlich anhand einer persönlichen Einladung vom früheren schwedischen Generalkonsul Nils Larsson beim Empfang aus Anlaß der Ausstellung »Energiesparen in Schweden«. Vieles beinahe schon historisch Gewordene leitet über in einen immensen Wissenszweig, der von der Dynamik der Zugförderung, zur Maschinen- und Motorentechnik bis hin zur Elektronik reicht. Und nun? Wir sind inzwischen in einer »Chip-Zeit« angekommen. Wären die gegenwärtigen Entwicklungen elektronischer Raffinessen, regel- und steuerungstechnischer Supersysteme und universaler Lokomotivantriebe in den 50er Jahren, in meiner Konstruktionsperiode, schon reif und erprobt gewesen, ein Freudenschrei hätte die Konstruktionsbüros erlösend aufgemuntert und es gäbe schon in jenen Tagen wohl die feinste Auswahl von Lokomotiven optimaler energetischer Konzeptionen für Einsatzbereiche großer Streubreiten, obwohl man damals noch der überlieferten Ansicht war, daß die Dampflokomotive die am meisten unterschätzte Lokomotivmaschine ist. Doch der Rückruf der Vergangenheit, der Blick in die Technikgeschichte im Zeitraffertempo weckt bei manchem nostalgische Empfindungen. Wir wollen aber damit kein »Bremsgefühl« für Übereifrige entwickeln. Die großen alten Zeiten sind eben vorbei, in denen unternehmerisch begabte Lokomotivbauer ihre Arbeit selbst in den Händen hielten, um den Grundstein für ihre eigenen Fabriken zu legen, aus denen später Riesenunternehmen, manchmal mit ganz anderen, aufgefächerten Produktionsprogrammen heranwuchsen. Angesichts solcher

Entfaltungen meinten manche Kritiker, das Geld sei die zweitwichtigste Erfindung der Menschheit – nach dem Rad. Öffentlichkeitsarbeit für die Technik? Es ist durchaus nicht damit getan, mit überschäumender Publicity die Politprominenz zu allen möglichen Sonderfahrten oder zum Vollzug gestelzter Scherenschnitte am munter gespannten Bändchen einzuweihender (Kurz-)Strecken einzuladen. Es genügt auch nicht, fleißig Diplomarbeiten oder Dissertationen über weitgesteckte Zielvorstellungen moderner Bahntechnologien langfristiger Zukunftsträume zu verfassen und reihenweise mit Zitaten von Autoren zu untermauern, denen die technisch-wirtschaftliche Basis spezifischer Fragestellungen fehlt. Hier ist der möglicherweise angreifbare Versuch gemacht worden, das Anliegen des Vermittelns zwischen Anschaulichem und Begrifflichem aufzugreifen, um auf viele im Laufe der Zeit an den Autor herangetragene Interessenwünsche einzugehen. Packen wir es also an, in schrittweisem Vorgehen, uns ein Bild von der Lokomotivtechnik, mit vielen ihrer wichtigen Entwicklungssprüngen, zu machen. Die Übersicht läßt zwar verschiedene Lösungen der Gliederung zu, aber die gewählte erschien diesmal zweckmäßig. Und damit entstand dieser Band gewissermaßen als »Eintrittskarte in die Welt der Lokomotivtechnik« anhand eigener langjähriger Konstruktionserfahrung sowie in Wechselwirkung aus den Lehren zahlreicher technischer Fachtagungen und dem Gedankenaustausch in ungezählten Diskussionsrunden und Symposien und Konferenzen. Viele Unternehmen der Schienenfahrzeug- und Elektro-Industrie haben dankenswerter Weise mit Bild- und Textmaterial zum Gelingen beigetragen. Besonderer Dank gilt den Firmen:

- ABB ASEA Brown Boveri, Baden/Schweiz und Mannheim
- ABB Tecnomasio, Mailand
- AEG Westinghouse Transport-Systeme, Frankfurt (M) und Berlin
- Ansaldo Trasporti, Neapel
- Robert Bosch GmbH, Stuttgart
- Daimler-Benz AG, Stuttgart
- Deutsche Bundesbahn, Frankfurt (M), BZA München, Fotodienst Mainz
- Dickertmann, Geroldswil/Schweiz
- Ente Ferrovie dello Stato (FS), Fototeca Rom
- Knorr-Bremse AG, München
- Krauss-Maffei AG, München
- Friedrich Krupp, Essen
- MTU Motoren- und Turbinen-Union, Friedrichshafen
- Schweizerische Bundesbahnen (SBB), Bern
- Schweizerische Lokomotiv- und Maschinenfabrik, Winterthur
- Siemens, Erlangen und München
- Standard-Elektrik-Lorenz (SEL), Stuttgart
- Gebrüder Sulzer AG, Winterthur
- Thyssen-Henschel, Kassel

Durch die stets hilfsbereite Unterstützung, teils mit interessanten Fotos, teils mit Datenblättern, erfuhr unsere geraffte Lokomotivtechnik manche beispielhafte Bereicherung. Dafür dankt der Verfasser Sarolta Büttner (Daimler-Benz), Helge Hufschläger (Krauss-Maffei), Günter Katzer (Siemens), Wolfgang Stoffels (DB) und Karel Zeithammer (Prag). Spezielle Verdienste erwarb sich auch Anneliese Eckstein-Vosseler, die überwiegend in damaliger Abstimmung mit dem Verfasser viele hundert Werk-Aufnahmen im Geschehen des Esslinger Lokomotivbaues machte, ohne die das von Daimler-Benz übernommene lokomotivtechnische Bildarchiv um ein vielfaches ärmer wäre.

Alle nicht besonders gekennzeichneten Fotos sind Eigenaufnahmen des Verfassers oder sie stammen aus seiner Sammlung.

Möge dieser Band allen Interessenten viel Freude bereiten und helfen, das »Räderwerk« der Lokomotiven ins rechte Licht zu rücken!

Kritische Anmerkungen zur allgemeinen Lokomotivtechnik

Mit welcher nachahmenswerten Rationalität die Vorstellungen mancher Konstrukteure unterfüttert waren, zeigen noch viele ältere Zeichnungen, Modelle und Projektskizzen. Ist die Lokomotive schlechthin nicht eine exemplarische Maschine – groß und stark – in der sich menschliches Wollen und Arbeiten spektakulär verwirklicht? Manchmal überstrahlte sogar die Aura die Kraft, Geschwindigkeit und Schönheit alle betriebstechnische Praxis und alle Transportzwecke.

Fantasiereiche oder modische Stromlinienformen, wie sie zum Beispiel der in den USA als »Vater der Stromlinie« geltende Raymond Loewy in den 30er und 40er Jahren in Amerika etabliert hatte, hielten bei aller Windschlüpfigkeit, bei überkommenen Keil- und Tropfenformen, nicht immer den praktischen und aerodynamischen Anforderungen stand. Luxusgeschöpfe gab und gibt es eben nicht allein im Automobil-, sondern auch im Lokomotiv- und Triebwagenbau. Loewy hatte mit seinem »Streamline-Style« als Leitform schneller Dampflokomotiven (und anderer Erzeugnisse) zwar das richtige Gespür für den Zeitgeist. Aber ohne streng wissenschaftliche, computerisierte Forschungsarbeit gelang es eben nur, wenn auch in durchaus erfolgreichen Schrittmacherkonstruktionen, die sonst im Aussehen mitunter etwas spröde Maschine in die damalige Epoche geschwindigkeitsorientierter Formen zu gießen.

Viele Bereiche der Lokomotivtechnik lassen sich in Formeln zwingen, doch nicht jedes Problem ist damit leicht lösbar. Natürlich liegen viele der gesuchten Daten in den heutigen computergestützten Entwicklungsabteilungen schon elektronisch gespeichert vor. Doch die Aerodynamik erzeugt immer noch manches Kopfzerbrechen. So wurde die Optimierung der Kopfform des Intercity-Expreß (ICE) in die Hände von Aerodynamikern der Deutschen Forschungsanstalt für Luft- und Raumfahrt (DLR) in Braunschweig, Göttingen und Berlin gegeben, um die Druckkräfte der »Kopfwelle«, die Strömungsgeräusche sowie die gewaltigen Luftkräfte und -Momente in den Griff zu bekommen.

Für schnelle Lokomotiven aller Antriebsarten hätten die exakt rechnenden Ingenieure gern glatte Außenflächen und möglich reibungsfreie Strömungen. Aber ganz ohne Ecken und Kanten, ohne Wirbel und Turbulenzen ging es nicht. Wirbel entfachen einen Sog, der seinerseits zusätzliche Energie verschlingt. Die Theorie der Strömungsmechanik, die kritischen Fragen der kinematischen Viskosität und der Strömungswiderstände kennt man. Die von Sir G. G. Stokes gefundenen Formeln, auch die Navier-Stokes-Gleichungen, beschreiben die Probleme, doch auch heute sind die Spezialisten unter den Lokomotivbauern der elektronisch durchoptimierten Modellform von bestimmten Serien-Triebfahrzeugen noch nicht nahe genug gekommen. Die im Rechner simulierte Außenform des Lokomotiv-Designs kann umso mehr Geld sparen, je früher sie in der ersten Planungsphase auf dem Papier steht. Und trotz sich damit verkürzender Entwicklungszeit haben viele Konstrukteure doch nicht ganz auf den altbewährten Windkanal, fast wie zu Borsigs Stromlinienlok-Zeiten, verzichtet. Schon damals, als Otto Kuhler und Raymond Loewy ihre futuristisch wirkenden Lokomotiv-Außenformen entwarfen, meinten die betriebswirtschaftlich rechnenden Ingenieure der USA, wo die Bahnverwaltungen ihre Stromlinien- und

Leichtbauzüge zunächst vordergründig zur attraktiven Öffentlichkeitsarbeit publikumswirksam und aus Wettbewerbsgründen einsetzten, daß solche Prestige-Züge – wenn sie den Aufwand lohnen sollen – ein größeres Beschleunigungsvermögen und noch höhere Spitzengeschwindigkeiten erreichen müßten. Das war eine plausible Forderung, die aber in der Praxis zu gesteigerter Antriebsleistung und zu einer wesentlichen Herabsetzung des Luftwiderstandes zwingt. Unter allen Umständen waren dort gründlichere aerodynamische Studien und die Verminderung des Rollwiderstandes der Züge durch die Verwendung von Wälzlagern nötig. Tatsächlich bewährte sich eine viele Jahrzehnte dauernde Entwicklung der Anwendung von Wälzlagern im Schienenfahrzeugbau überall und erwartungsgemäß in der vielfachen Überlegenheit gegenüber Gleitlagern. Schon Dampflokomotiven konnten mit Rollenlagern wesentlich leichter anfahren als Lokomotiven mit Gleitlagern. Während beispielsweise die DR-Vergleichslokomotive 05 002, die einschließlich Tender mit Gleitlagern ausgerüstet war, zum Anfahren ohne angehängte Last mindestens 12 kg/cm² Kesseldruck brauchte, konnte die 05 001, bei der sämtliche Laufachs- und Tenderachslager als Rollenlager ausgebildet wurden sich bereits bei nur 3 kg/cm² in Bewegung setzen! Ähnlich lagen die Verhältnisse bei den mit Stangen-Rollenlagern ausgerüsteten Lokomotiven. Zum Vergleich hatte die Deutsche Reichsbahn im Jahre 1936 die Schnellzuglokomotiven der Reihe 01 herangezogen, wobei der Lok mit rollengelagerten Treib- und Kuppelstangen zum Anfahren ohne Last ein bescheidener Kesseldruck von 2 kg/cm² genügte, während sonst 4 bis 5 kg/cm² gebraucht wurden.

Strittig war die Frage, ob in den Wälzlagern elektrischer Lokomotiven der Stromdurchgang eine mögliche Ursache von Schäden an den Lagerlaufflächen sein kann. Riffelbildungen, die schon bei Stromdurchgängen von 1,4 Ampère/mm² auf den Laufflächen entstehen konnten, verdichteten diese Ursachenvermutung zur Gewißheit. Die elektrischen Lokomotiven bekamen deshalb Erdkontakte, die sowohl den Traktionsstrom als auch den zurückfließenden Strom der elektrischen Heizung an den Rollenlagern über eine flexible Kupferleitung vorbeileiten.

Mit der Einführung von Scheibenbremsen konnten die bei Klotzbremsen vorkommenden Radriffeln so gut wie vermieden und damit gleichzeitig der Schallpegel gesenkt werden. Die Körperschall-Entstehung und -Abstrahlung beim Rollvorgang ist wiederholt zum Gegenstand wissenschaftlicher Untersuchungen gewählt worden. Man hatte unterschiedliche Schall-Entstehungs-Mechanismen gefunden, darunter vor allem das durch die Rauhigkeit von Rad und Schiene hervorgerufene Rollgeräusch. In jüngerer Zeit tragen übrigens die an Radscheiben mehrfach erprobten Schallabsorber zur Verringerung der Schall-Emissionen bei. Die als eine Erscheinungsform ungleichmäßigen Verschleißes in dynamisch beanspruchten kraftschlüssigen Systemen anzusehenden Schienenriffeln gelten als ein Phänomen, das wohl ursächlich in die Kategorie der Schwingungsprobleme gehört.

Besondere Aufmerksamkeit verdienen die Kombinationen der verschiedenen Bremsen-Bauarten und -Systeme. Die Knorr-Bremse AG hat elektronische Bremssteuerungen auf Mikroprozessorbasis entwikkelt sowie das einwandfreie Zusammenwirken dreier Bremssysteme für den Fahrbetrieb optimal, sowohl konstruktiv als auch funktionell, gelöst: Generatorische Bremse – Scheibenbremse – Magnetschienenbremse. Auf einer solchen Basis ergibt sich ein aufeinander ausgezeichnet abgestimmtes Zusammenspiel, gegebenenfalls auch mit einer linearen Wirbelstrombremse, durch eine vollelektronische Bremssteuerung.

Die diesel-elektrischen Lokomotiven DE 1024 von Krupp MaK erhielten eine Knorr-**HDP**-Bremsanlage mit **H**ochabbremsung oberhalb 50 km/h. Für Rangierfahrten steht eine zusätzliche **d**irekt wirkende Bremse zur Verfügung. Und bei Schnellbremsung wird die vorhandene elektrische Bremse durch die **p**neumatische ergänzt: Mehrere Systeme – ein Funktionsprogramm!

Bremsströme, welche die kinetische Energie der fahrenden elektrischen Lokomotiven oder der Züge in Form elektrischer Energie darstellen, können über die Stromabnehmer in das Bahn-Netz eingespeist werden. Dieses Verfahren hat in der Halbleiter-Technologie, auch auf Gleichstrombahnen, im Sinne einer energiesparenden Betriebsführung beträchtlich an Bedeutung gewonnen. Die Rücklieferung der Bremsenergie an das Netz ist inzwischen »Stand der Technik« und Standard in der zeitgemäßen Antriebskonzeption. Die elektrische Bremse mit einer Leistung bis zu 5600 kW (rekuperative Netzbremse) bei 25 kV und 50 Hz oder von 3300 kW (oberleitungsunabhängige Widerstandsbremse) im 3000 Volt-Gleichstrombetrieb wird bei den modernen elektrischen Hochleistungs-Streckenlokomotiven für Schnell- und Güterzüge der spanischen RENFE grundsätzlich als Betriebsbremse benutzt. Sie ist über eine besondere Steuerung mit der Druckluftbremse kombiniert, wobei die Druckluftbremse nur als ergänzende Bremse oder in Notsituationen ihren vollen Einsatz findet. Jene zeitgemäße, unter Leitung von Krauss-Maffei in Zusammenarbeit mit Siemens, ABB und einigen anderen Partnern entwickelte Bo'Bo'-Hochleistungslokomotivbauart S 252 erreicht 220 km/h und stellt eine Fortentwicklung der DB-Baureihe 120 dar. Sie kann in ihrer gemischten Einsatzform auch für die schnellen TALGO-Pendular-Züge mit 1,25 bis 1,5 m/s^2 freier Seitenbeschleunigung auf kurvenreichen Strecken eingesetzt werden. Inzwischen wurden von Krauss-Maffei und der DB systematische Versuche mit Triebdrehgestellen radial einstellbarer Radsätze durchgeführt. Ziel ist die Verminderung der Kräfte auf den Oberbau bei schneller Fahrt durch enge Gleisbögen sowie die Herabsetzung des Verschleißes von Rad und Schiene. Versuchsträger hierfür ist eine der Prototyp-Lokomotiven der Bauhreihe 120. Das Erprobungs-Drehgestell erhielt unabhängig voneinander einstellbare Radsätze, wobei das Fehlen der direkten Koppelung der Radsätze und der längselastischen Führung ein Charakteristikum ist. In dynamischer Hinsicht stellt diese Konstruktion einen Kompromiß zwischen Bogenlauf- und Hochgeschwindigkeits-Eignung dar.

Wir erkennen aus allen diesen Ideen und Forschungsaktivitäten, wie fast unerschöpflich das Reservoir lokomotiv-gestalterischer Arbeiten, aber auch ästhetischer Kriterien zum Einklagen des immer wieder Neuen sein kann. Doch zum Erreichen hochgesteckter Ziele gehören Maßstäbe, die überzeugen und Anerkennung finden sollen. Maßstäbe müssen erst erarbeitet, gesetzt und sowohl von den Ingenieuren als auch von den Anwendern verantwortet werden. Ob dies immer ohne jede Fehlerhaftigkeit gelingt, muß hier offen bleiben. Ein Aufsehen erregender, nach »exotischen« Gestaltungskriterien diktierter Konkurrenzdruck im Lokomotivgeschäft darf jedenfalls die mathematischen und technisch-wirtschaftlichen Konstruktionsprinzipien der Techniker nicht an die Wand spielen.

Der europäische Binnenmarkt läßt nicht mehr lange auf sich warten. Die Eisenbahnen haben noch Anstrengungen zu unternehmen, die Betriebsleittechnik und damit auch die zugehörige Lokomotivtechnik so weit voranzutreiben, daß im grenzüberschreitenden Verkehr die vielen, noch hindernden »Schnittstellen«-Probleme gelöst sind. Besonders wichtig ist, daß die unterschiedlichen nationalen Signal- und Zugbeeinflussungssysteme zwar erhalten bleiben können, aber eine Kompatibilität dieser Systeme erreicht wird.

Die Zukunft verlangt zunehmend durchgängige Gesamtlösungen, die leider nur schwer durchsetzbar sind. Die verblüffendsten »Eisenbahntechnik-Inszenierungen« mit überzeugenden Energie-Verbrauchsrechnungen und Wirtschaftlichkeits-Analysen – von Lobbygruppen Andersdenkender oftmals torpediert – geraten ins Wanken. Auf lange Sicht können sich natürlich Wert- und Zielvorstellungen wandeln. Aber aktuelle, verkehrstechnisch relevante und unter jüngsten Beurteilungskriterien verantwortungsbewußt entwickelte Schienentriebfahrzeuge, zeitgemäße deutsche und gesamteuropäische Hochgeschwindigkeitsnetze unterliegen während ihrer mühevollen Entstehung immer wieder der Gefahr, von der Politik zu Tode diskutiert, auf bloße Teilstrecken beschnitten oder auf unbestimmte Zeit vertagt und zu Luftschlössern degradiert zu werden. Ob die Optimierung lokomotivtechnischer Lösungen dabei auf der Strecke bleibt?

Und wenn am Ende unseres Jahrhunderts die Ausmusterungen der einst hochgepriesenen DB-Baureihen 110, 112, 114, 139, 140 und 150 in vollem Gange sein werden, dann hat man sicherlich die schon heute angedachte Bauartverminderung auf vielleicht nur zwei E-Lok-Gattungen, möglicherweise auf gar nur eine einzige Bauart weit vorangetrieben. Zwischen Reisezug- und Güterzuglokomotiven wird wohl kaum noch unterschieden. Baukastenprinzipien, modulare Konstruktionen, schaffen dann die noch nötigen Varianten der Mehrsystem-Lokomotiven für die unterschiedlichen europäischen Bahnstromnetze. Die GTO-Thyristortechnik vermindert die Lokomotivmasse und die Zahl der Schaltelemente. So kann schon jetzt die Leistung der DB-Baureihe 121 (250 km/h) gegenüber der Reihe 120 von 1,4 auf 1,5 MW Dauerleistung je Fahrmotor angehoben werden – bei gleichzeitiger Gewichtsreduzierung der elektrischen Ausrüstung um etwa 3 t. Und der Chairman des Forschungs- und Versuchsamtes des Internationalen Eisenbahnverbandes (ORE = Office de Recherches et d'Essais), Dr. A. H. Wickens, schrieb im Rapport 1989 unter anderem: »Das Forschungs- und Versuchsamt, das die Zusammenarbeit von etwa 44 Eisenbahnen trägt, befindet sich mit seiner Förderung der Verbesserung von Eisenbahntechnologie in einer einzigartigen Postition. Nie zuvor gab es so rasche Fortschritte bei den wissenschaftlichen und technischen Weiterentwicklungen; die Kombination guter theoretischer Modelle, wissenschaftlich-experimentellem Nachweis und leistungsfähigen Computern übt eine dramatische Wirkung auf die Eisenbahntechnik aus...«

Im technischen Grenzbereich der Dampflokomotiven

Daß der Dampfbetrieb unumstößliche, nicht überschreitbare technisch-wirtschaftliche Grenzen hatte, wurde ihm zwar nachgesagt, doch waren hier nicht berechtigte Zweifel anzumelden? Mußte denn nicht mit einer weiteren Entwicklungsmöglichkeit gerechnet werden, ganz gleich, um welche Konzeption es sich handelte und egal, in welchem Umwandlungsprozeß der überhitzte Dampf zu nutzen und vielleicht erfolgreich gewesen wäre?

Freilich, gewisse Hemmschwellen beim jeweiligen Entwicklungsstand der Technik, beim gerade erreichten Grad der betrieblichen Anforderungen und angesichts der sich marktbedingt ändernden Energiekosten gab es immer, auch in den einzelnen Perioden der vielseitigen Zugförderungs- und Eisenbahngeschichte.

Wollte man noch um die Mitte unseres Jahrhunderts Leistungen von über 2500 PSi in Dampflokomotiven »installieren«, dann näherte sich bereits des Heizers Kapazität dem Ende. Er schaffte im Dauereinsatz wohl »nur« rund 1500 kg bis 2000 kg Kohle je Stunde. Für extrem hohe Leistungen mußte eine selbsttätige Rostbeschickung (Stoker) oder die regulierbare Ölfeuerung her. Möglichkeiten der Leistungssteigerung waren also gar nicht ausgeschlossen, was auch an die 5000 bis 6000 PSi starken Dampflokomotiven der Vereinigten Staaten von Amerika denken läßt. Das größere Fahrzeug-Umgrenzungsprofil, das in Europa durch bescheidenere Entwicklungstrends mit engen Lichtraum-Verhältnissen regelrecht »verbaut« und verspielt worden ist, gab den Lokomotiv-Ingenieuren der USA mehr »Bewegungsfreiheit« in der Unterbringung großer Leistungsreserven. In Europa konnte lediglich die Sowjet-Union ähnliche Chancen, wenigstens abschnittweise und bei minder belastbarem Oberbau, für ihre Lokomotiv-Konstruktionen in Anspruch nehmen. Auf Spaniens Breitspurbahnen fielen nur einzelne Dampflokomotiv-Bauarten durch hohe Leistungen auf.

Natürlich ist der Vorteil von Dampflokomotiven, die eigene Energie in Form bester Steinkohle oder schwerem Heizöl mitzuführen, an eine beträchtliche Lokomotiv-Eigenmasse geknüpft, welche die Zughakenleistung nachteilig verringert.

Obwohl der Dampfbetrieb noch verbrennungstechnisch und getriebeseitig – bei gleichförmigem Drehmoment und besserer Haftwertnutzung – optimierbar gewesen wäre, mußte er das Feld räumen. Niemand wollte mehr Projekte und deren Realisierungen finanzieren. Dieselmotorisch getriebene Fahrzeuge und elektrische Bahnen wurden zunehmend, nicht zuletzt durch die einschlägige Industrie, aus heutiger Sicht durchaus mit Recht propagiert und gefördert. Die Wettbewerbsfähigkeit und Wirtschaftlichkeit der inzwischen entstandenen Nahverkehrs- und Fernschnell-Verkehrssysteme hätten im nachhinein von den Dampflokomotivkonstruktionen nicht mehr eingeholt werden können. Statt dessen brachte der Zugförderungsstrukturwandel eine ganz erhebliche Steigerung des Energiewirkungsgrades im Betrieb ganzer Bahnverwaltungen. Wenn man auch heute noch gelegentlich von »revolutionierenden« Dampflokomotiv-Projekten hört, so erscheint ihr Schicksal doch ziemlich ungewiß.

Die Dampflokomotivromantik vergangener Zeit ist vorüber. Museums- und Nostalgiefahrten sind nur noch ein schwacher Abglanz davon, dazu gewissermaßen noch ein Anachronismus, weil sie nicht mehr so recht in die heutige Technik-Entwicklung und in das verkehrswissenschaftliche Umfeld passen. Aber seien wir gerecht. Tut sich da nicht doch, vor allem für die Jugend, eine ganz interessante, fast poetische Perspektive im modernen Eisenbahnwesen auf? Sicherlich ist das keine ganz und gar verträumte Romantik in der Hetze der Hochgeschwindigkeitszüge, aber manchmal ist's eine Farbenpracht wieder aufgearbeiteter alter bunter Schienenfahrzeuge, deren Kolorierung Pate gestanden haben könnte bei der Farbgebung zukunftsträchtiger Lokomotiven und Triebzüge, die zwar weniger auf deutschen, doch umso mehr auf ausländischen Schienen zu beobachten ist. Technik und gut damit abgestimmte, geschmackvolle Ästhetik sind auch bei den Eisenbahnen das Eingangstor zum gemeinsamen Verständnis und zur Akzeptanz. Wohl in keinem westeuropäischen Eisenbahnland spielt man so schön mit Farben und Lacken auf Schienenfahrzeugen wie in Italien. Das Schwarz der Dampflokomotiven, das kastanienähnliche Braun der alten Elektrolokomotiven ist dort einer Farbenpalette gewichen, die verblüfft.

Für den Eisenbahner ging mit der vertrauten alten Dampflokomotive zwar ein Stück subjektiven Idealismus unter. Der nüchterne Wirklichkeitssinn des Ingenieurs konnte sich jedoch der Einsicht nicht verschließen, daß die nicht mehr fortentwickelte Dampflokomotive ein mit sehr schlechtem Wirkungsgrad arbeitendes, fahrbares Kohle-Dampfkraftwerk ist.

Erfinder-Illusionen führen zwar nur ganz selten zum angestrebten Ziel. Doch nützliche Ideen und daraus entstandene brauchbare Konstruktionen basieren überwiegend auf reifen Erfahrungen, auf Experimenten und auf Kenntnissen der Naturgesetze. Was die Lokomotivtechnik weitergebracht hat, sind – um nur wenige Beispiele zu nennen – bei den Dampflokomotiven die Anwendung der Verbundmaschine, des Heißdampfbetriebes, der verschiedenen Speisewasser-Vorwärmer, die Abdampf-Kondensation, die verbesserten Saugzug-Anlagen (Kylchap, Giesl) und die Einführung der Druckluftbremse, bei den Diesellokomotiven die elektrische und hydraulische Leistungsübertragung, der Einsatz von Gelenkwellentriebwerken, schließlich bei den Diesel- und Elektro-Lokomotiven die Drehgestell-Laufwerke, der Einzelachsantrieb, die Leistungselektronik und Drehstromtechnik, die Systeme rechnergestützter und programmierbarer Lokomotivsteuerungen, die Funkfernsteuerung sowie die mit besonderer Akribie fortentwickelte Laufwerktechnik, deren Basiswissenschaft auf den Heumannschen Grundzügen der Fahrzeugführung im Gleis beruht. Man erkennt hier die vielschichtigen neueren Überlegungen und die in mathematischer Durcharbeitung herausgekommenen Lösungsmöglichkeiten, von denen die alten Dampflokomotivbauer entweder noch gar nichts wußten oder nur unklare Vorstellungen hatten.

Der gesamte thermische Gedankenkreis, das weite Feld der Ökologie, das Gebiet der Verringerung der Fahrwiderstände, der Verbesserung der Steuer- und Regeleinrichtungen sowie der Optimierung der gesamten Fertigungsverfahren sind wohl einige der ganz wesentlichen Gesichtspunkte erfolgversprechender Konstruktionsarbeit, die meist erst über eine jeweils analytische Erprobung zu einem Gesamturteil führt. In der Dampflokomotivzeit manövrierten die Techniker noch mit anderen Problemstellungen: Die Kennlinie der Zylinderleistung einer Dampflokomotive hat einen Scheitel. Die höchste Leistung lag dabei meist durchschnittlich etwa 5 bis 10% über der Leistung an der Reibungsgrenze. Die »installierte Leistung«, die durch die eingebaute Heizfläche dargestellt wird, ist ein recht dehnbarer Begriff. Sie ist nämlich keine ausgesprochene Grenzleistung, weil die Heizflächenbelastung stark veränderbar ist. Soweit die Zylinderleistung die vom Kessel erzeugte Dampfmenge in Anspruch nimmt und »verarbeitet«, steht der Kolbenlokomotive wegen des unmittelbaren Antriebs die effektive Zylinderleistung, lediglich vermindert um den durch den mechanischen Getriebewirkungsgrad verursachten relativ geringen Verlust, fast vollständig am Radumfang zur Verfügung.

Dieses Plus hielt die Abkehr vom Dampfbetrieb natürlich nicht auf. Im März 1959 teilte Friedrich Witte sinngemäß mit: »Entwicklung und Bau von Dampflokomotiven für die DB werden mit der Abwicklung des letzten Liefervertrages, des Einbaues neuer Ersatzkessel in vorhandene Einheitslokomotiven, Ende 1959 abgeschlossen. Neue DB-Dampflokomotiven werden nicht mehr gebaut.«

Als dann die Esslinger Lokomotivbauer am 21. Oktober 1966 die Dampf-Zahnradlokomotive E 10.60 für Indonesien verabschiedeten, galt sie als letzte in der westlichen Welt neuentwickelte und hergestellte Dampflokomotive überhaupt. Doch – wie sich in der Folgezeit zeigte – blieb sie es nicht. So leicht war der Neubau nicht unterzukriegen. Im Fernen Osten ging's noch weiter. Im Dezember 1988 endete dann allerdings in der Lokomotivfabrik Datong (Volksrepublik China) mit der Ablieferung der Lok QJ 7207 der Dampflokomotivbau, wenngleich einige auf Vorrat produzierte Maschinen noch unverkauft waren. Die dem Ministerium für die Forstwirtschaft unterstehenden Fabriken »Foresty Machine Works« in Harbin und das Werk Tangshan bauten zwar noch Waldbahn- und Industrie-Dampflokomotiven, jedoch nicht für den öffentlichen Verkehr. In Winterthur aber entstehen 1990/91 noch einige Neubau-Dampflokomotiven für österreichische und schweizerische Bergbahnen. Interessanterweise sind auch diese »letzten Westeuropäerinnen« wiederum Zahnradbahn-Lokomotiven.

Die Schienenfahrzeugtechnik wird trotz aller verkehrspolitischen Hemmnisse nicht aufgehalten. Hans Nordmann meinte schon in den vierziger Jahren: »Keine große technische Leistung ist vollendet wie Pallas Athene, aus dem Haupte des Zeus entsprungen...« Immerhin müssen Entwicklungsingenieure ertragen, in ihren Lokomotiv-Entwürfen den Ballast des Vorhandenen, den Ballast der Erfahrungen (Gesetze und Vorschriften, Liefer- und sonstige Bedingungen) und den Ballast der chronischen Finanzierungsnöte mit herumzuschleppen. Aber man könnte dies ändern, mindestens aber mildern, denn nur Naturgesetze sind unumstößlich. Indes die Technik wird den Menschen als obere und letzte Instanz des mobilen Geschehens nicht völlig entlasten oder ablösen können.

Das menschliche Wunschdenken und daraus resultierende Entwicklungsarbeiten können manchmal zu Fehlkalkulationen, natürlich auch im Lokomotivbau, führen. Das ist keine neue Erkenntnis. Es war schon bei den Dampflokomotivbauern so, zumal – wie es Hans Nordmann ausdrückte – mitunter die reine Freude an der Veränderung am Werk war, wenngleich wohl überwiegend die Absicht einer Verbesserung dahinter stand.

Leider haben es die politischen Strukturen einzelner Länder und ihre Einflußnahme im Eisenbahnbau niemals zu vernünftigen und großzügigen Planungen, geschweige denn zu deren Realisierungen kommen lassen. Schon die geschichtliche Betrachtung des europäischen Dampflokomotivbaues, so meinte Oberreichsbahnrat Friedrich Röhrs im Jahre 1948, läßt die Folgen der politischen Zerrissenheit erkennen. Da es an einer grenzüberschreitenden, überstaatlichen Planung fehlte, waren Achsdruck, Lichtraumprofil und maschinelle Bahnanlagen seit jeher die Plagegeister des europäischen Dampflokomotiv-Konstrukteurs.

Gesichtspunkte, Erfolge und Aussichten der Diesellok-Konstruktion

Im Hinblick unter anderem darauf, daß die Nennleistung der Dampflokomotive erst im oberen Geschwindigkeitsbereich erreicht wird und daß in Geschwindigkeitsgebieten jenseits des Scheitels der Kesselgrenze die Leistung der Lokomotiv-Dampfmaschine beträchtlich abfällt, erhielt die Entwicklung von Strecken-Diesellokomotiven zukunftsweisende Chancen. Hinzu kam, daß bei niederen Geschwindigkeiten die Dampflokomotive nicht mehr Zugkraft entwikkeln kann, als aus dem höchsten Kesseldruck auf die Zylinder-Kolbenfläche, dem Hub und dem Raddurchmesser erzielt werden kann, weil weitere Getriebeübersetzungen nicht vorhanden sind.

Der Dieselmotor hatte sich mit seiner recht vielversprechenden Ausnützung des Brennstoffes zunächst im nichtschienengebundenen Verkehr eine Vorrangstellung geschaffen. Mit der Konstruktion geeigneter diesel-elektrischer und diesel-hydraulischer Leistungsübertragungen, mit der Anwendung der Aufladung und Ladeluftkühlung und des Leichtbaues konnten die Leistungsgewichte der Diesellokomotiven bemerkenswert verkleinert werden, obwohl das »Kraftwerk« auf der Lokomotive selbst untergebracht ist. Das mit Hilfe einer günstigen Leistungsübertragung erzielbare gleichmäßige Drehmoment am Radumfang läßt nutzbare Reibungswerte zwischen Rad und Schiene von bis zu 0,33 zu.

Die Dieselmotoren gaben den Lokomotiven eine Art von »automobilem« Charakter. Der zwischenzeitliche Rückfall in die Kurbelgetriebe-Technik ist längst überwunden. Einzelachs- und Gruppenantrieb dominieren. Die Motoren- und Turbinen-Union Friedrichshafen (MTU/Deutsche Aerospace) hat Motoren »neuer Wirtschaftlichkeit« entwickelt. Ein leistungsabhängig gesteuerter Ladeluft-Kühlkreislauf, elektronische Motorregelung und -Überwachung, eine hocheffiziente Abgasführung und Abgas-Turboaufladung sowie raffiniert ausgelegte Kühlmittel- und Schmieröl-Kreisläufe gehören dazu. Im Zusammenspiel mit einer Mikroprozessor-Logik wird in Abhängigkeit der Lader- und Motordrehzahl, der Kühlmittel- und Ansaugluft-Temperatur über den Regler die einzuspritzende Kraftstoffmenge gesteuert oder die Laderschaltung aktiviert.

Die erste Nachkriegskonstrukteurs-Generation ging zu Beginn der 50er Jahre, also noch am Anfang der Bestellung größerer Stückzahlen neuentwickelter DB-Diesellokomotiven, natürlich auch davon aus, daß der Kapitalaufwand für die Verdieselung eines größeren Bahnnetzes im allgemeinen wesentlich geringer ist als derjenige der Elektrifizierung. Hinzu kamen die Schwankungen des Kupferpreises auf dem Weltmarkt. Der Gewichtsanteil des Kupfers für dieselhydraulische Lokomotiven betrug gottlob nur etwa 2%, für diesel-elektrische Lokomotiven hingegen immerhin schon 7 bis 8%, aber für elektrische Lokomotiven bereits 8,5% ihres Gesamtgewichts. Selbstverständlich mußte im elektrischen Zugbetrieb noch das ein Mehrfaches betragende Kupfergewicht der ortsfesten Anlagen berücksichtigt werden. Die Dampflokomotiven lebten hierbei viel »sparsamer«. Ihr Kupferanteil machte lediglich 1,5%, bei Einbau von Kupfer-Feuerbuchsen maximal 5%, der Lokomotiv-Gesamtmasse aus. Doch unter dem Strich der Wirtschaftlichkeitsbilanz half das gar nichts. Die anderen Zugförderungssparten gewannen mit zeitgemäßeren Vorteilen, zum Beispiel mit größeren Zugförderungsleistungen, mit Einmannbedienung, mit mehr Sauberkeit und mit der Möglichkeit einer rechnergestützten Zugüberwachung, also mit dem Ausblick auf eine perfektere Automatisierung des Zugbetriebes durch ausgeklügelte Leitsysteme. Die besseren Laufdynamik-Eigenschaften und verringerter Oberbau-Verschleiß standen ebenfalls auf der Plus-Seite.

Abgesehen vom relativ geringen spezifischen Kraftstoffverbrauch im Dieselmotor ist die benötigte Brennstoffmenge unabhängig von der Geschicklichkeit des Bedienungspersonals. Bei der Dampflokomotive aber führte die »Kunst der Feuerbehandlung« durchaus nicht immer zu den besten Ergebnissen. Dabei ist auch heute noch eine Lokomotive – gleich welcher Antriebsart – ein recht langlebiges Wirtschaftsgut, das weitsichtige, vorausschauende Planungen und Entwicklungen verlangt. Der technische Nutzungsgrad kann mit 40 Jahren angesetzt werden. Eine in großer Zahl beschaffte Grund-Bauart, eine Lokomotivgeneration also, überstreicht unter Berücksichtigung des Bestell-Zeitraumes ungefähr 70 bis 80 Jahre! Während eines derart großen Zeitabschnittes sind ungezählte technische Neuerungen im Werden und im Kommen. Aber – die Frage sei erlaubt – wie wird sich denn die Lage der Versorgung unserer Eisenbahnen mit Dieselkraftstoff verändern? Die Energie-Situation ist unwidersprochen ein wesentlicher Faktor im Zugförderungssystem. Im Herbst 1959 hieß es in der Vortragsveranstaltung »Dieselzugförderung« der Deutschen Maschinentechnischen Gesellschaft: »Alljährlich werden neue, überraschende Ölfelder gefunden, wenn es auch unwahrscheinlich ist, daß Ölprovinzen von der Größe der Nahostfelder noch einmal entdeckt werden.«

Fachleute haben sich daran gewöhnt, Spekulationen über die Erdölreserven als müßig anzusehen. Gemäß einer Untersuchung des Deutschen Instituts für Wirtschaftsforschung in Berlin für das Jahr 1956 stand das Erdöl, gemessen an seinem Geldwert, an der Spitze der Produktionsliste von Mineralgütern in der Welt. Rohöl, so hieß es, wird der westlichen Welt auf jede absehbare Zeit hin in völlig ausreichendem Maße zur Verfügung stehen. Kein Wunder also, daß sich die Dieselzugförderung im Aufwind befand und deren Fortentwicklung mit hervorragender Fahrzeugtechnik ihre Verwirklichung fand. Unter den deutschen diesel-hydraulischen Lokomotiven brillierten damals und in den Folgejahren die DB-Baureihen V200 (220, 221), die aus dem Grundtyp V160 entstandenen Baureihen 215, 216, 217 und 218 sowie die V100 (211, 212, 213) und V90 (290/291).

Zwischenzeitlich gab es hin und wieder Hiobsbotschaften über die »Inventur der Welt-Energie-Vorräte«. Einer Statistik zufolge, die im Sommer 1977 in der Tagespresse erschien, könnten bei Steigerungsraten wie bisher von jährlich 5,6% die Welt-Erdölreserven von derzeit 214 Milliarden Tonnen Steinkohlen-Einheiten schon im Jahre 1995 erschöpft sein. Energie-Prognosen sind problematisch. Sie nährten manche Technik-Skepsis. 1984 warnten Kenner davor, daß die Entspannung der Energie-Versorgungslage nicht darüber hinwegtäuschen darf, daß selbst dann, wenn der Verbrauch auf dem derzeitigen Niveau stagnieren würde, die Mineralöl-Vorräte der Erde in einigen Jahrzehnten erschöpft sein würden. Aber möglicherweise haben diejenigen, die uns mit Kassandrarufen eine nahe Zukunft vom ausgeplünderten Planeten ausmalten, die Fähigkeit technischen Könnens unterschätzt. Rohstoffe ließen sich ohnehin schon einsparen im Fahrzeugbau durch verbesserte Aerodynamik oder mit optimierter Energieausnutzung. Dort, wo Öl ersetzbar ist, denken die Energetiker an eine Substitution. Gegen optimistische Beurteilungen einerseits und pessimistische Vorhersagen andererseits läßt sich eben vieles einwenden. Und wie hieß es doch im Herbst 1990? »Die bisherigen Erdölvorkommen Saudi-Arabiens werden auf 315 Milliarden Barrel geschätzt. Neue Funde sind im Königreich entdeckt worden. Aber offizielle Stellen wollten das Ausmaß der neuen Funde vor exakter Prüfung nicht beziffern.« Jedenfalls werden auch noch nach dem Jahre 2000 die Diesel-Schienenfahrzeuge eine Rolle spielen. Die langfristigen Ölvorkommen erscheinen reichlich. Doch immerhin, die Zahl der Fragen und Probleme wächst wohl schneller, als die Antworten und Lösungen. Jedenfalls lassen die Diesellokomotiv-Konstruktionen in ihrer Fortentwicklung noch wesentliche, zusätzliche betriebswirtschaftliche und technische Innovationen erwarten. Mit dem Vordringen der Drehstrom-Leistungsübertragung und dem modularen Aufbau der Lokomotiven, mit digitaler Lokomotiv-Leittechnik sind Entwicklungen in Gang gekommen, welche die hochwertigen Leistungsübertragungen neuester Diesellokomotiven an diejenigen der elektrischen Triebfahrzeuge immer mehr angleichen und gewissen Komponenten sogar austauschbar machen könnten. Erkennbare Entwicklungslinien weisen darauf hin, daß innovative Elemente mit besseren Eigenschaften bei höheren Schaltfrequenzen und geringerem Ansteuerbedarf allmählich Einzug in die Drehstrom-Antriebstechnik halten.

Die schon weit ausgereizte hydrodynamische Leistungsübertragung – einer Ankündigung des Jahres 1989 zufolge verdoppelte Voith die Garantiezeiten – hat sich ihrerseits einer neuen Steuerungstechnik nicht verschlossen. Eine in Mikrocomputertechnik aufgebaute Steuerungs-Elektronik beinhaltet bereits die Geschwindigkeitserfassung, die Dieselmotorsteuerung und -Überwachung sowie die Motoren-Diagnose, aber auch den Gleit- und Schleuderschutz mitsamt einem elektronischen Fahrtenschreiber. Und statt der Meldelampen-Tableaus werden neuerdings auch bei Diesellokomotiven bereits Bildschirme mit LCD-Displays vorgesehen.

Die von Krupp-MaK und ABB gemeinsam entwickelte dieselelektrische Lokomotive DE 1024, Baujahr 1989, ist mit ihrem 2650 kW (3600 PS) starken 12-Zylinder-Motor die leistungsstärkste einmotorige Diesellokomotive, die bis dahin je in Deutschland gebaut worden ist. Mit Ausnahme des für hydrostatischen Regelantrieb vorgesehenen Kühlerlüfters, werden alle Hilfsmaschinen (Fahrmotor- und Wechselrichterlüfter, Bremsluft- und Anlaßkompressor) durch Drehstrommotoren elektrisch angetrieben.

Die Entscheidung, welche der Antriebs-Systeme die Forderungen des Lokomotivbetriebs optimal erfüllen, wird im Einzelfall natürlich unter Berücksichtigung der vorhandenen technischen und betriebswirtschaftlichen Bedingungen getroffen. Aber dort, wo Lokomotivtechnik erdacht wird, sind nicht nur Technik- und Betriebswirtschaft, sondern auch ein gewisser Entwicklungs-Enthusiasmus, manchmal Leidenschaft und mitunter gesunde Fantasie am Werk, die sich nicht an die Kette legen lassen.

Angewandte und verwirklichte neue Erfahrungen haben Wendemarken der Zugförderungstechnik herbeigeführt. Aber nicht immer war die (Diesel-)Lokomotivtechnik das Ergebnis streng systematischen »Erfindens«, sondern das – auch in Team-Arbeit entstandene – Resultat andersgearteter Denkrichtungen verschiedener intelligenter Urheber, von denen sicherlich mancher anonym und oft lediglich der zugeordnete Firmenname geblieben ist. Der im Stillen, im weißen Kittel operierende Allein-Erfinder ist wohl längst abgelöst worden durch die Aktivitäten eines industriell durchorganisierten, kollektiven Laboratoriums- und Erfindergeistes. Man kennt das bereits aus dem Geschehen der weltweit nüchtern kalkulierenden Mikroelektronik mit ihren winzigen Logikschaltungen und Prozessoren, die nun auch besitzergreifend Zug um Zug in der Lokomotivsteuerungs- und -regeltechnik den willkommenen Zugang finden.

Entwicklungsphasen elektrischer Lokomotiven

Der elektrische Lokomotivantrieb, dem man ein besonders hohes Beschleunigungsermögen nachrühmt, ist gleich jenem der Dampflokomotive und dem des Verbrennungsmotor-Fahrzeugs an die Reibung zwischen Rad und Schiene, an den Reibungskoeffizienten oder Haftwert, gebunden und der Antrieb ist, bei gleicher Achsfahrmasse, auch denselben Beschleunigungsgesetzen unterworfen. Natürlich kann die elektrische Lokomotive infolge ihres gleichförmigeren Drehmoments die geschwindigkeitsabhängige Haftreibung viel besser ausnutzen als die Dampflokomotive.

Die Entwicklungsarbeit im Elektrolokomotivbau stand jahrzehntelang unter den Auspizien des »investierten« Gewichts je Leistungseinheit. Dieses Leistungsgewicht, gewöhnlich bezogen auf die Dauerleistung, hat – je nach Konstruktion – zwar gewisse Streubreiten, aber die Tendenz und die grundsätzlichen Erkenntnisse ändern sich nicht: Im Jahre 1910 waren etwa 80 kg/PS (je 0,736 kW) notwendig. 1924 kam man bereits auf 50 kg je PS, 1934 auf 30 kg, 1939 auf 25 kg, 1944 auf 20 und 1954 auf 18 kg pro PS. Im Jahre 1959 hatten es die Konstrukteure geschafft, die Triebfahrzeugmasse sogar auf 16 kg/PS zu reduzieren. Solche Gewichtseinsparungen wirken sich selbstverständlich – bei genügender Reibungsmasse – in einer Erhöhung der Schlepplast oder, mit gleicher Anhängemasse, in einer Heraufsetzung der Anfahrbeschleunigung aus. Im speziellen Vorteil ist der elektrische Betrieb jedoch, sobald der Zug die dem früheren Dampfbetrieb zugeordnete Reibungsgeschwindigkeit (Geschwindigkeit an der Reibungsgrenze) überschritten hat. Kurt Ewald hierzu in »Glasers Annalen«: »Die im Gegensatz zum Dampf- oder zum Verbrennungsmotorfahrzeug weiterhin steil ansteigende Leistungskurve bedingt entsprechende Zugkrafterhöhungen, die bei unveränderter Schlepplast ihrerseits in höhere Geschwindigkeiten oder größere Beschleunigung umgesetzt werden können. Die Reibungsgeschwindigkeit verschiebt sich hierbei. Der elektrische Zug vermag somit von der für den Dampfbetrieb geltenden Reibungsgeschwindigkeit an stärker zu beschleunigen als der Dampfzug, die erstrebte Höchstgeschwindigkeit also schneller zu erreichen. Diese Eigenschaft macht sich besonders vorteilhaft auf Strecken mit starkem Neigungswechsel bemerkbar.«

Die Dampflokomotivbauer versuchten, wenigstens ein gleichförmiges Drehmoment zu realisieren, um bessere Haftwertnutzungen zwischen Rad und Schiene zu erzielen. Die Ablösung der alten Kolbenmaschine durch die mit hohen Drehzahlen rotierende Dampfturbine brachte allerdings Schwierigkeiten im Hinblick auf die Unterbringung und auf die für die Lokomotivtauglichkeit notwendigen Maßnahmen des Fahrtrichtungswechsels. Neue Aufgaben erwuchsen den Lokomotivkonstrukteuren auch beim Entwurf der Abdampf-Kondensatoren, des schweren Getriebes und der Turbinen-Regeleinrichtungen. Doch der Dieselmotor und der elektrische Betrieb haben trotz aller Bemühungen der »Dampflok-Fakultät« zu einem sang- und klanglosen Ende der Dampfturbinenlokomotiven geführt.

Auf einer elektrischen Lokomotive sind große Leistungen in kleinstem Raum unterzubringen. Daß der Tatzlager-Motor auf deutschen Bahnen erst relativ spät in die Schnellzuglokomotiven kam, hatte seinerzeit gute Gründe, die leicht vergessen werden: Ein solcher Einzelachsantrieb hatte bekanntlich recht große ungefederte Massen, die umso gefürchteter waren, je kürzere Schienen, oft mit nur 12 oder 15 m Länge befahren werden mußten. Bei größeren Geschwindigkeiten »hämmerten« die Radsätze auf den Schienenstößen buchstäblich in die Unterhaltskosten für Gleis und Fahrzeug. Darüber hinaus galt der Kollektor des Einphasen-Wechselstrom-Bahnmotors als stoßempfindlicher als die Kollektoren der Gleichstrom-Bahnmotoren, die damals in den USA auf schnellfahrenden Vollbahnen verwendet wurden. So gab man in Deutschland zunächst dem Stangenantrieb, dann dem Einzelachsantrieb mit vollabgefedert gelagerten Motoren den Vorzug, wenngleich der Schleuderschutz einzeln angetriebener Radsätze noch unvollkommen war. Jedenfalls kam im Wechselstrom-Fahrleitungsnetz der Deutschen Reichsbahn die »große Zeit« des AEG-Kleinow-Antriebes und in der Schweiz des BBC-Buchli-Antriebes.

Die kurzzeitige Überlastungsfähigkeit der Fahrmotoren trägt wesentlich zur Verkürzung der Reisezeit oder zum Aufholen von Verspätungen bei. Zu den charakterisierenden Merkmalen der ersten DB-Elektrolokomotiv-Nachkriegsentwicklungen gehörten die für die Erprobung freigegebenen, unterschiedlichen Leistungsübertragungen der ersten fünf Baumuster-Schnellzuglokomotiven:

E 10001 – Hohlwellen-Gelenkstangen-Antrieb der Bauart Alsthom, Achslagerführungen mit Achslenkern und Silent-Blocks, Niederspannungssteuerung (Feinregler) und Wanderwalzen-Schaltwerk der Bauart AEG.

E 10002 – Kardan-Scheibenantrieb der Bauart BBC, vertikale zylindrische Achslagerführung, Hochspannungssteuerung der Bauart BBC und BBC-Schaltwerk.

E 10003 – Gummiringfeder-Antrieb der Bauart Siemens, vertikale zylindrische Achslagerführung, Niederspannungssteuerung und Siemens-Wanderwalzen-Schaltwerk.

E 10004/005 – Kardan-Lamellenatrieb der Bauart Sécheron, vertikale Zylinder-Achslagerführung, BBC-Hochspannungssteuerung und BBC-Schaltwerk.

In jenen interessanten Jahren der Entwicklung entfielen etwa 50% des Lokomotivgewichts auf den mechanischen und ebenso viel auf den elektrischen Teil. Die Vorserienlokomotiven der DB-Baureihe 120 wiesen einen Mechananteil von etwa 45% auf. Die größere Masse entfiel auf die elektrische Ausrüstung mit Leistungselektronik. Die in den ersten E 10-Lokomotiven durch die Schweißausführung erzielte Gewichtsverminderung erleichterte den Entschluß, die Lokomotiven ohne Laufradsätze, sondern allein mit vier in zwei Drehgestellen gelagerten Triebradsätzen zu entwerfen. Aus den betriebstechnischen Resultaten der Versuche wählte die DB dann für die Serien-Bauart E 10[1] den Siemens-Grummiringfederantrieb, die Stromabnehmer DBS 54, den Druckluft-Schnellschalter DBT F 20 i 200 (als Hauptschalter), einen Dreischenkel-Transformator für die Hochspannungssteuerung mit 28 Stufen und 4050 kVA Dauerleistung, außerdem 14polige Fahrmotoren WB 372/22, eine gleichstromerregte Widerstandsbremse, die wegeabhängige Sicherheitsfahrschaltung mit zeitabhängiger Zusatzeinrichtung und die induktive Zugsicherung aus. Die zugelassene Höchstgeschwindigkeit belief sich auf 150 km/h. Heute werden längst weitaus größere Geschwindigkeiten akzeptiert und keine Gefühle der Beklemmung kommen auf. Zweimeter-Männer vor Dampflok-Radsätzen mit 2300 mm Durchmesser – ein wahrhaft imponierender Höhenunterschied zwischen dem kerzengerade stehenden Mann und dem Radsatz – machten früher mit solchen Dimensionen die maschinentechnischen Kolosse deutlich. Nun genügten Raddurchmesser von nur 1250 mm, für den ICE-Triebkopf sogar nur 1040 mm.

Die Ingenieure rückten von den Elektrolokomotivkonzeptionen der 50er und 60er Jahre längst ab. So obsiegte in den Entwicklungsabteilungen der Industrie die favorisierte Drehstromtechnik, gegenüber den älteren Maschinen nun bei viel geringerem Energieverbrauch. Das wurde zum Kraftakt, von dem die Techniker noch vor wenigen Jahrzehnten nur im Stillen träumten, obwohl die feurigen Gewalten der Dampflokomotiven längst gebrochen waren.

Die Fortentwicklung der Lokomotivtechnik basierte von nun an auch auf den wohl unumgänglichen Einsatz modularer Bauweisen. Verschleißärmere, ja sogar während einer längeren Betriebzeit ganz verschleißlose Bauteile und Baugruppen senkten das Kostenniveau. Die Heraufsetzung der Schlepplasten und der Geschwindigkeiten, zusätzlich eine sich durch dichte Streckenauslastung charakterisierende Betriebsweise führten zur Forderung hoher Lokomotiv-Dauerleistungen. Basierend auf eingehenden DB-Untersuchungen reifte das Ergebnis, im Rahmen des elektrischen Zugdienstes den traktionstechnischen Bedarf möglichst mit einem einzigen Elektrolokomotiv-Typ abzudecken. Ein solches Universalfahrzeug müßte die Dienstqualitäten aller bisherigen, im Streckendienst eingesetzten Standard-Elektrolokomotivgattungen der DB-Baureihen 110, 111, 112, 139, 140, 141, 150 und 151 einschließen.

Die Verwirklichung dieser zum Vorhaben erhobenen Maxime zeigte sich in einer 160 km/h schnellen, vierachsigen Lokomotive in Drehstromtechnik mit einer Dauerleistung von 5,6 MW, also in der Baureihe 120, deren Betriebsprogramm auch dasjenige der Baureihe 103 im Geschwindigkeitsbereich bis 160 km/h enthält. Es boten sich mit der neuen Baureihenkonstruktion sogar Möglichkeiten, das Leistungsprogramm der Baureihe 103 über 160 km/h hinaus wenigstens teilweise einzubeziehen.

Aus einem neuen Leistungsangebot könnten sich die Bahngesellschaften also gewisse Triebfahrzeuge »komponieren« lassen, nun leistungselektronisch je nach Verwendungszweck und Streckenbeschaffenheit. Der alte Wunsch der Lokomotivbauer ist demzufolge mit der Integrierung der Halbleitertechnik nun Wirklichkeit geworden: Die Verwendung der frequenzregulierten, kollektorlosen Asynchronmaschine als Antriebsmotor war so eine Art Ei des Columbus! Zwar müssen die Anwendungsformen der billigeren, betriebstechnisch viel günstigeren und leichteren Asynchronmotoren mit einer relativ komplizierten »Apparatur« für eine zweifache Umformung der elektrischen Energie erkauft werden. Die aus dem Transformator kommende Wechselspannung mit konstanter Frequenz wird zuerst in Gleichspannung und anschließend in eine dreiphasige Wechselspannung mit veränderbarer Frequenz umgeformt. Doch das energie-relevante und betriebstechnische Plus überwog. Die Arbeitsfrequenz der Antriebs-Wechselrichter für Asynchronmotoren liegt höher als die zur Verfügung stehende Netzfrequenz, so daß die Stromrichter schnellschaltende Thyristoren und Dioden brauchen.

Die Systemfrage der Bahn-Elektrifizierungen ist jedenfalls etwas zurückgedrängt worden, wenngleich sie im Rahmen des vom Publikum ersehnten, aber von der komplizierten Technik der Verfahren zur betrieblichen grenzüberschreitenden System-Umstellung sowie von den verweigerten finanziellen Mitteln benachteiligten Zusammenwachsens der europäischen Eisenbahnen weiterhin zum Nachdenken anregt. Mehrsystem-Lokomotiven für Gleich- und Wechselstrom verschiedener Spannungen (und Wechselstrom-Frequenzen) bewegen eben immer noch die Gemüter und führen oft zu leidenschaftlichen Diskussionen, obwohl mit dem Vordringen der Leistungselektronik in Verbindung mit der bewährten Drehstromtechnik manche »Hemmschwelle« als überwunden gilt. Die mit Drehstrom-Antriebstechnik ausgerüsteten ICE-Triebköpfe, übrigens auch als Mehrsystemfahrzeug in Arbeit, sind der Kategorie der Lokomotiven zuzuordnen, wobei besondere Innovationen gefragt sind. So hat zum Beispiel die ANT Nachrichtentechnik (BOSCH Telecom) für den ICE ein Lichtwellenleitersystem entwickelt, das Signale für die Zug- und Bremssteuerung sowie zur Fahrgast-Information überträgt und verteilt. Die Lichtwellenleiter sind »immun« gegen elektromagnetische Störungen. Zugehörige dämpfungsarme Kupplungen mit Linsensteckverbindungen bestanden harte Tests.

Als eine der Grundbedingungen für Triebfahrzeuge

gilt immer noch uneingeschränkt, daß die physikalischen und betriebstechnischen Grenzen nicht ignoriert werden können. Die Physik begrenzt die Lokomotivleistungen mit der möglichen Ausnutzung des Haftwertes zwischen Rad und Schiene. Technisch läßt sich dieses Limit mit einer rechnerisch zu bestimmenden Radsatz-Anzahl und Größe der Achsfahrmasse angehen. Aber erst die Drehstromtechnik, in Verbindung mit der Leistungs- und Steuerelektronik gestattete, die physikalischen Gesetzmäßigkeiten bis an ihre Grenzwerte voll auszuschöpfen, so daß konventionelle Co'Co'-Lokomotiven gegenüber neuzeitilichen Bo'Bo'-Bauarten das Nachsehen haben. Hiervon werden auch neue Mehrsystem-Triebfahrzeuge profitieren.

Der Schritt zu »schnellen Antrieben« im verbesserten grenzüberschreitenden Schienenverkehr erscheint ohnehin ziemlich weit vollzogen. Die DB und SNCB haben seit langem, allerdings ältere Mehrsystemlokomotiven erfolgreich im Dienst. Aber für den Einsatz vor Zügen der »Rollenden Landstraße« von und nach Italien haben die ÖBB moderne 140/160 km/h schnelle, 82 t schwere Prototyp-Zweisystem-Lokomotiven als sogenannte »Brenner-Lok«, Baureihe 1822, mit der Zielvorgabe bis etwa Ende 1990 bestellt. Die im Oktober 1990 bereits als Modell in der TU Graz vorgestellte Bo'Bo'-Ausführung hat radial einstellbare Radsätze mit SLM-Schiebelagerantrieb. Die Baureihe 1822 fährt in Umrichtertechnik und drei Stromabnehmern, zwei für die italienische Fahrleitung und einen für die ÖBB/DB-Oberleitung.

Außerdem planen die Österreicher die Beschaffung von Leichtbau-Zweifrequenz-Lokomotiven, Reihe 1014, deren erste 18 Einheiten Ende 1992 geliefert werden sollen. Die rund 64 t (mit Ballast 72 t) wiegende Bo'Bo'-Lok wird leichte bis mäßig schwere Schnellzüge auf innerösterreichischen Taktverbindungen sowie durchgehende Züge zwischen Wien und Budapest bis 160 km/h Betriebsgeschwindigkeit befördern. Es sind Schnellzüge, deren Ausrüstung auf einem Wagenkasten-Neigungssystem beruht, so daß mit höherer Bogengeschwindigkeit gefahren werden kann. Das Untergestell der leichten Lok wird sich über acht schräg angeordnete Flexicoil-Federn auf den Drehgestellen abstützen, um einen geringeren Wankwinkel des Kastens zu sichern. Die Reihe 1014 soll sich für die Fahrleitungen der ÖBB (15 kV/16,67 Hz) sowie der MAV und ČSD (25 kV/50 Hz) eignen. Eine Dreisystem-Version mit zusätzlichen 3-kV-Gleichstrom-Betrieb für Direktbespannungen aus Österreich nach Berlin, Krakau und Zagreb wird geplant. Es hat ohnehin lange genug gedauert, bis das mitteleuropäische, sich im Eisenbahn-Maschinenwesen besonders schwer tuende Bahnstromsystem-»Wirrwarr« durch eine pfiffige Elektrotechnik und Leistungselektronik überlisten ließ...

Illustrierte Lokomotiv-Technik

DB-Diesellok 218 466 mit hydrodynamischer Bremse hier 1989 in Crailsheim Foto: Messerschmidt

Bundesbahn-Drehstromlok 120 119, hier im Mai 1988 in Würzburg
Foto: Messerschmidt

»Metamorphosen« bis zur Lok 1600 P Foto: BBC

Lok 110 236 der DB, hier im Mai 1990 in Ulm, mit Schleuderschutzeinrichtung Foto: Messerschmidt

Schwere Zug-Anfahrten, hier Lok 211 090 der DR im März 1988, haben Achsentlastungen zur Folge Foto: Messerschmidt

ÖBB-Schnellzug-Lok, Reihe 1044 (1044 117) am 22. 8. 1989 in Linz Hbf
Foto: Walter Reichelt

Fahrmotor der DB-Lok-Baureihe 120 mit BBC-Kardan-Antrieb und Monoblock-Radsatz
Foto: ABB

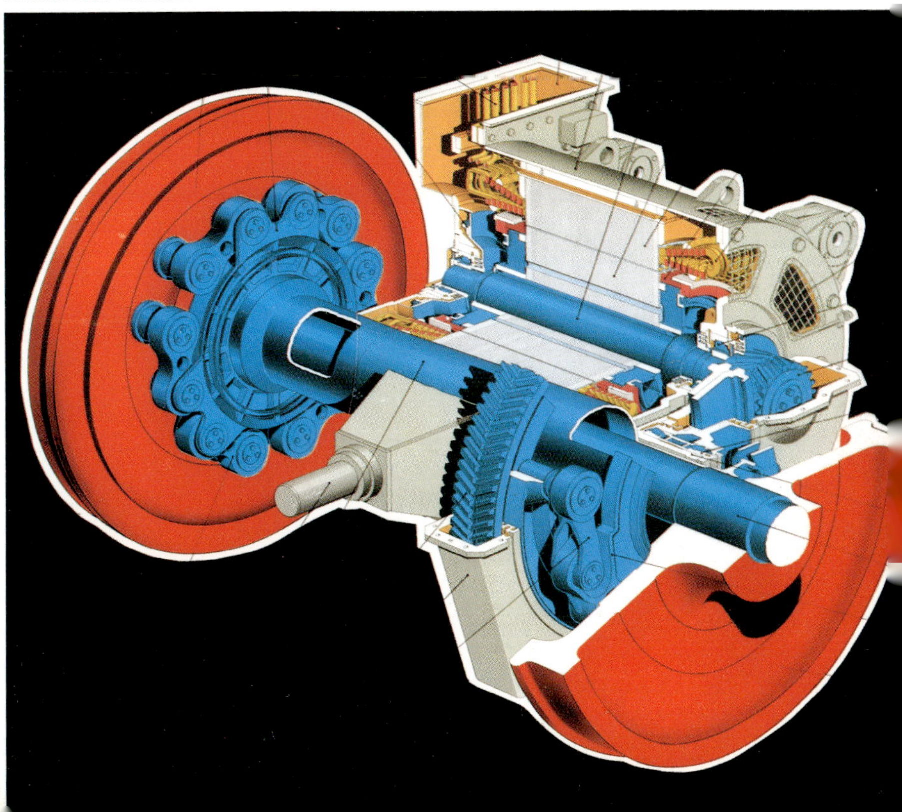

Lenkergeführte Achslager und Schraubenfeder-Anordnung der DR-Elektrolok Baureihe 243
Fotos: Messerschmidt

Flexicoil-Federung der DR-Elektrolok Baureihe 243

Schrägstangen-Antrieb der DB-Elektrolok E 75 09

Rad, Schiene, Antrieb

Zur Rad-Schiene-Technik

Die Schiene als Fahrweg

Die Räder der Schienenfahrzeuge stützen sich mit ihren leicht kegelförmigen oder durch Abnutzung schwach ausgehöhlten Stütz- und Laufflächen der Reifen auf dem gewölbten Scheitel der beiden Fahrschienen ab. Das Gleis hat Fahrweg- und Führungsfunktionen. Die vom Fahrzeug ausgehenden vertikalen und horizontalen Kraftwirkungen, sowohl statische als auch dynamische, muß der Oberbau, meist das im Schotterbett »schwimmende« Querschwellengleis, auf den Bahnkörper (Unterbau) übertragen. Weil bei den Eisenbahnen mit ihrem parallel angeordnetem Schienenpaar die stoßdämpfende Wirkung der mit Druckluft gefüllten Gummi-Reifen fehlt, teilen sich Höhen- und Richtungsfehler in der Fahrbahn unmittelbar über die ungefederten Radsätze dem Federungssystem der Fahrzeuge mit und rufen Schwingungen hervor. Das Spurspiel ermöglicht dem Fahrzeug, im Gleis unterschiedliche Stellungen, vor allem im Gleisbogen einzunehmen (Spießgang, Freilaufstellung, Sehnenstellung). Ein Radsatz, der mit einem seiner beiden Spurkränze den Schienenkopf seitlich berührt, läuft an ihm an und erfährt im Spurkranz-Druckpunkt von der angelaufenen Schiene eine schräg aufwärts und quer zur Schiene gerichtete »Spurkranz-Normalkraft«. Ihre waagerechte Teilkraft heißt »Schienenrichtkraft«, die den Radsatz zum Gleiten in Gleisquerrichtung veranlaßt.

Der ideale Lauf jedes Radsatzes wäre das physikalisch reine Abrollen in der Gleis-Längsachse. Aber die Spurführungs-Einwirkungen sind zu verschieden und kompliziert, etwa bei Schrägstellung der Radsätze mit dem Verursachen verschleißträchtiger Längsgleitwiderstände. Insgesamt müssen die Quer-, Längs- und Spurkranz-Gleitwiderstände, sowohl der anlaufenden als auch der freilaufenden Radsätze von den Schienenrichtungskräften »aufgefangen« werden. Natürlich konnte man durch eine entsprechende Gestaltung der Querschnittsgeometrie von Schienen- und Radprofil die Gleitreibungswiderstände an den Radaufstandspunkten mildern und die Laufeigen-

schaften spurführungstechnisch und verschleißmindernd optimieren. Und bei der Entwicklung schotterloser Oberbau-Konstruktionen, kam es außerdem darauf an, den Fahrzeugen beim Befahren eine ausreichende Elastizität zu vermitteln. Unsere Bilder zeigen eine 1'E-Dampflok beim Befahren einer Rechtsweiche und zwei Bo'Bo'-Elektrolokomotiven, die gleisführungstechnisch durch ihre »Bogenschmiegsamkeit« überlegen sind.

Spurkranzrad und Fahrzeugführung

Das Fahrwerk der Lokomotiven übernimmt die Führung des Fahrzeugs im »Spurkanal« des Gleises und schützt weitgehend vor unliebsamen Stößen auf Schienenverbindungen, über den Herzstücken der Weichen oder – wie es das Foto (Rocky Mountain Railroad) zeigt – auf Schienenkreuzungen. Die fest auf den Radsatzwellen angeordneten Räder dieser 2'C2'-Schnellzuglokomotive Nr. 5375, hier bei Crestline mit einem schweren Reisezug auf der Kreuzung mit den Gleisen der Pennsylvania-Bahn, machen es unvermeidbar, daß sich beim Querverschieben eines ganzen Radsatzes mit seinen konischen Laufflächen die Raddurchmesser an den Rad-Schiene-Berührungsstellen ändern. Da aber die Räder eines Lauf-Radsatzes stets die gleiche Winkelgeschwindigkeit haben, kommt es zu Relativgeschwindigkeiten zwischen Rädern und Schiene. Das anlaufende Rad wird zum treibenden, das ablaufende Rad zum bremsenden mit entsprechenden Kraftschluß-Längskräften. Der einzelne Radsatz bewegt sich wellenförmig im Gleis. Ursache ist eben die starre Drehzahlkoppelung beider Räder eines Radsatzes.

Diskutierte und verschiedentlich realisierte Lösungen des Problems sind die Los-(Einzel-)Radanordnun-

gen mit unabhängig voneinander rotierenden Radpaaren, eine für nicht angetriebene Radsätze durchaus vertretbare Idee. Aber im Bau schwerer Lokomotiven sind Losräder vorläufig noch relativ chancenloses Gedankengut.

Jedenfalls wird die Laufgüte der Triebfahrzeuge auch in hohem Maße vom Federungssystem des Laufwerkes bestimmt. Eng damit zusammen hängt die Schienenbeanspruchung durch die vertikale Radlast, die sich aus der statischen Achslast und den beim Lauf der Fahrzeuge sich überlagernden dynamischen Radlast-Änderungen zusammensetzt. Die elektrischen DB-Lokomotiven E 44 (unser Foto) haben Blattfedern, die sich mit ihrem Federbund auf den Achslagergehäusen abstützen. Die Drehzapfenlager der Drehgestelle sind seitenbeweglich.

Lokomotive, Gleis und Spurweite

Die frühen Lokomotiven Stephenson'scher Konstruktion fuhren noch auf gußeisernen Pilz- und Fischbauch-Schienen mit einem Metergewicht von ungefähr 12 kg. Die heutigen gewalzten Breitfußschienen wiegen bis zu 70 kg je Meter. Noch in der zweiten Hälfte des vergangenen Jahrhunderts waren allein bei den europäischen Eisenbahnen etwa 100 Schienenformen zu finden. Inzwischen hat der Internationale Eisenbahnverband (UIC) ein Einheits-Schienenprofil UIC 60 für 60 kg/m Gewicht eingeführt. Die Entwicklung hochverschleißfester, kopfgehärteter Schienen und vor allem des durchgehend geschweißten Gleises, wobei die Schienen zusätzlich zu den Belastungen aus dem Tragen, Fahren, Führen, Beschleunigen und Bremsen der Fahrzeuge auch die Längskräfte aus den Temperaturschwankungen, dazu die Kraftwirkungen aus der Heraufsetzung der Radsatzlasten und der Steigerung der Höchstgeschwindigkeiten übernehmen müssen, zwang zu außerordentlich umfassenden Untersuchungen in Wissenschaft und Praxis. Die gegenwärtig in der Welt vorherrschende Spurweite von vier englischen Fuß und

achteinhalb Zoll, also 1435 mm, beruhte jedoch auf keinem wissenschaftlichen Forschungsergebnis. Diese sogenannte Regel- oder Normalspur beeinflußte nicht gerade sehr glücklich die Dimensionen sämtlicher Lokomotiven und anderer Eisenbahnfahrzeuge, sondern auch die räumliche Bemessung fast aller, gleisbedingt angeordneter Bahn-Anlagen. Viele englische Bahnen hatten zunächst ein kleineres Spurmaß, nämlich 4 Fuß acht Zoll (1422 mm). Um 1830 gab's allerdings Korrekturen, denn Stephenson lieferte seine Lokomotiven nahezu ohne Spurspiel, was zu hohem Verschleiß und großen Reibungsverlusten führte. Weil außerdem die Unterbringung der Innenzylinder mit ihrem Triebwerk zunehmend Schwierigkeiten machte, legte man ½ Zoll zu, so daß auch im Zollsystem mit vier Fuß und achteinhalb Zoll ein »unrundes« Spurweiten-Maß entstand. Daß es aber über die Entstehung des Regelspurmaßes noch andere Interpretationen und Lesarten gibt, sei hier nur am Rande erwähnt.

Jedenfalls bekamen die im Laufe der Zeit in Diskussionen getroffenen, oftmals modifizierten Vereinbarungen allmählich Richtlinien-Charakter. Mit wachsender Geschwindigkeit der Dampf-, Diesel- und Elektro-Lokomotiven wuchsen auch die Spurführungskräfte sowie die Schwingungsbeschleunigungen im Gleis und in der Bettung. Im Gleisbau waren für das Befahren mit hohem Tempo also strenge Toleranzen festzulegen. Das engere Spurspielmaß zwischen Spurkranz und Schienenkopfflanke – 10 mm unter der Schienenoberkante gemessen – wäre mit einer Verringerung der Spurweite von 1435 auf 1432 mm anstrebenswert, so hieß es. Und die jüngeren Ermittlungen für eine »ideale Spurweite« der hohen Geschwindigkeiten über 300 km/h werden in Konferenzen immer wieder aufgegriffen. – Das Foto (ME) zeigt die Reichsbahn-Lok 41 188 auf einem Mehrspurgleis in der Lokomotivfabrik.

Verhalten der Lokomotiven im Gleis

Die Lokomotiven sollen betriebssicher und möglichst sanft in die Gleisbögen einfahren, wobei ihre Querbeschleunigungen und Führungsdrücke ganz allmählich von niedrigen Anfangswerten bei kleinen Anlaufwinkeln auf nicht allzu viel über den Größenordnungen des Durchfahrens liegende Höchstwerte anzuwachsen hätten. Das sind allerdings Wunschvorstellungen. Die Beschleunigungen und Führungskräfte orientieren sich an der Fahrgeschwindigkeit, an der Gleislage und an der Bauart der Lokomotiven selbst. Hermann Heumann hat sich der Erforschung des Fahrzeuglaufes und aller damit zusammenhängenden Fragen besonders angenommen.

Quadratisch mit der Geschwindigkeit wächst die Zentripetalbeschleunigung des anlaufenden Radsatzes und damit die auf das Fahrzeug ausgeübte Massenwirkung.

Eine Untersuchung der sechziger Jahre unseres Jahrhunderts im Hinblick auf elektrische Drehgestell-Lokomotiven lehrte, daß kurze Radsatz-Abstände im zweiachsigen Drehgestell die Laufgüte im geraden Gleis vermindern und die Führungskräfte erhöhen. Mit kleiner werdendem Achsstand nehmen im geraden Gleis die Querbeschleunigungen zu, im Gleisbogen wird der Anlaufwinkel des Spurkranzes an der führenden Schienenkante größer. Die Folge sind höhere Spurkranz- und höherer Schienenverschleiß.

Während früher, bei den seinerzeitigen Fahrgeschwindigkeiten noch die ehrwürdigen Gesetze der Statik ausreichten, hatten es die Ingenieure bei höheren Geschwindigkeiten bewegter Masser immer häufiger mit Schwingungserscheinungen zu tun, die in das Gebiet der Dynamik und damit zur Rad-Schiene-Forschung führten. Unser Foto zeigt einen Schnellzug mit der Bo'Bo'-Lokomotive E 10340 auf Holzschwellen-Oberbau während der Gleisbau-Arbeiten. Die DB führte mit Lokomotiven dieser Gattung mehrere lauftechnische Untersuchungen unter Verwendung verschiedener Drehgestelle durch.

Gelenklokomotiven und Fahrzeuglauf

Die Gelenklokomotiven gehören zu den Gliederfahrzeugen, bei denen durch die Kombination mehrerer Laufwerke (zum Beispiel Lenk- und Drehgestelle verschiedener Konzeptionen, schwenkbare Triebgestelle) mit Einlenken der Teil-Laufwerke die Fahrt des gesamten Gliederfahrzeuges bei Gleisbogen-Ein- und Durchfahrt lauftechnisch unterstützt wird.

Zu den Gelenkfahrzeugen zählen Drehgestell-Lokomotiven mit seitenfesten Gelenken, Drehgestellfahrzeuge mit seitenverschieblichen Gelenken, ferner die Sonder-Entwicklungen in Form von Meyer-, Kitson-Meyer, Fairlie-, Garratt- und Garratt-Union-Lokomotiven. Die wohl bekannteste, mit Erfolg eingesetzte Gelenk-Dampflokomotive stellt der Mallet-Typ dar (wie ihn zum Beispiel die bayerische Lok Gt 2×4/4 auf unserem Maffei-Foto verkörpert), bei welcher der Kessel mit dem hinteren Rahmengestell eine starre Einheit bildet, während das vordere Triebgestell um einen Gelenkpunkt ausschwenken kann. Die Belastung dieses vorderen Gestells geschieht durch den frei vorstehenden Kessel über Gleitpfannen (Haas-Foto einer amerikanischen (1'C) C1'-Lok). Die Zeichnungen bringen den Vergleich zwischen der größten deutschen Mallet-Lok (Entwurf Borsig, jedoch nicht gebaut) und der 1'E1'Lok, Reihe 45 der DR. Als Mangel der Mallet-Bauart gilt ihre ungünstige Führung im Gleis bei Rückwärtsfahrt. Die Gelenk-Lokomotiven hatte man für besonders große Leistungen und für Strecken mit vielen kleineren Gleiskrümmungen entwickelt. Wie schon die Lauf-Drehgestelle, die Verschub- und Schwenkradsätze, verbessern auch die Treibgestelle der Mallet-Lokomotiven bei Vorwärtsfahrt im Zusammenwirken mit Rückstellvorrichtungen und Übergangsgleisbögen den »Fahrkomfort« beim Einlauf, beim Durchfahren des Gleisbogens und beim Auslauf in die folgende Gerade.

Alle Entwicklungsarbeit der Bogenlauf-Spezialisten mündete immer wieder in der Gestaltung der zweckmäßigsten Profile von Spurkranz und Schienenkopf und in der Verwirklichung des kleinsten Krümmungswiderstandes bei geringer Abnutzung und hinreichender Entgleisungssicherheit.

In einem im Jahre 1976 in Bad Kissingen durchgeführten Status-Seminar über die Rad-Schiene-Forschung ist über die Fahrzeug-Untersuchungen Rechenschaft abgelegt worden. Die Kraftschluß-Theorie, so hieß es, basiert auf der sogenannten »Rad-Schiene-Reibkupplung«, die unter Ausnutzung des Haftwertes im Berührungspunkt in tangentialer Richtung die Zugkraft überträgt. Zusammen mit den durch geometrische Verhältnisse möglichen Querbewegungen des Radsatzes bis zum gefährlichen »Aufklettern« des Spurkranzes und mit den Kriterien der Laufstabilität sowie des Verschleißes kristallisierten sich gezielte systematische Vorgehensweisen heraus, um einen möglichst exakten Aufschluß über das »Schwingungsproblem Rad und Schiene« zu bekommen.

5751
807 B

W. & L.E.

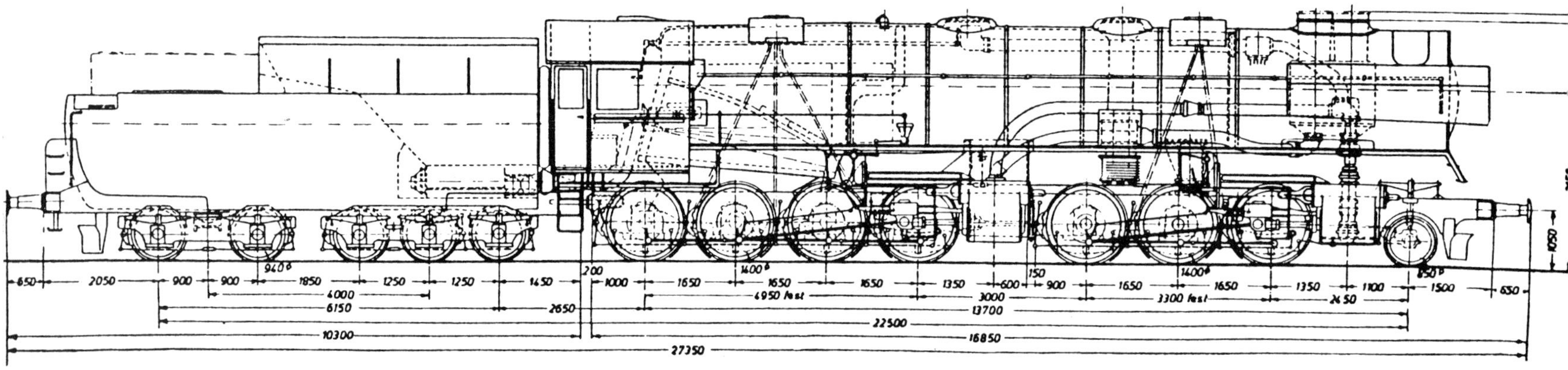

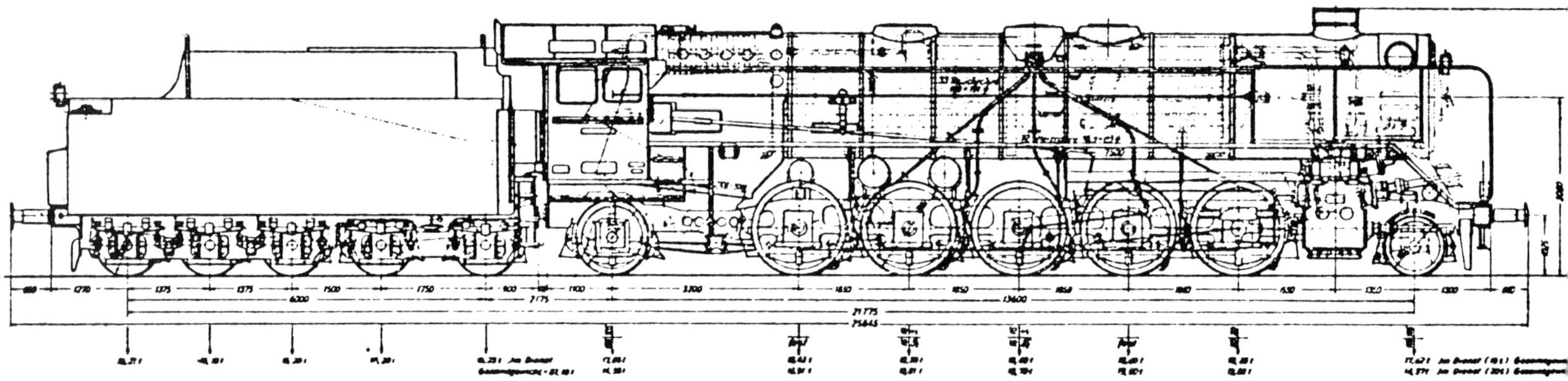

Radsatzvielfalt

Radsätze und ihre Baumerkmale

Die Treib-, Kuppel- und Laufradsätze der früheren Reichsbahn-Dampflokomotiven erhielten in der Regel auf die Achswellen hydraulisch aufgepreßte Speichenräder. Dabei wurden die Speichen der Radkörper, auch als Radsterne bezeichnet, auf Druckspannungen von 350 bis 400 kg/cm² berechnet. Die ebenfalls eingepreßten Treib- und Kuppelzapfen hatten vorbestimmte Winkelstellungen zueinander. Bei Zweizylinder-Lokomotiven eilte im allgemeinen die rechte Kurbel der linken um etwa 90° voraus, so daß bei voll ausgelegter Steuerung mindestens ein Dampfzylinder bei der Anfahrt sofort sein Drehmoment erzeugen konnte. Die Radkörper älterer preußischer Lokomotiven bestanden aus Flußeisenguß von 37 bis 44 kg/mm² Zug-Festigkeit. Später bevorzugten die DR und DB einen höherwertigen, stärker belastbaren Stahlguß.

Die aufgeschrumpften und mit einem Sprengring gesicherten Radreifen bestanden bei den DB-Lokomotiven der Reihe 23 aus Stahl mit 85 bis 90 kg/mm² Festigkeit. Nach Reichsbahn-Gepflogenheiten konnten die für die Räder vorgeschriebenen Spurkränze auf Zwischenradsätzen dann weggelassen werden, wenn drei oder mehr Radsätze in einem Rahmen gelagert sind, die Zwischenachsen nicht verschiebbar waren und eine genügende Auflage der Lauffläche auf den Schienen gegeben war. Die im übrigen leichte Kegelform der Radreifenlauffläche bezweckte eine gewisse »Selbstspurung« der Radsätze.

Die in ihrem Durchmesser nicht beliebig wählbaren Radsätze mußten sowohl den Bedingungen der Technischen Vereinbarungen, den zulässigen Maximal-Drehzahlen und den Normabmessungen der Eigentümerverwaltungen entsprechen.

Von der Herstellergenauigkeit hingen die exakte Hublänge und die Winkelstellung der Zapfen ab. Wir sehen im Kästner-Bild die Abhängigkeiten von Radsätzen, Zapfen und Triebwerk der DB-Lok 01 1104. Schon kleinste Abweichungen von den zulässigen Maßtoleranzen können die Laufruhe der Lokomotive mindern. Deshalb wurden beispielsweise von Krupp und der AEG spezielle Radsatz-Meßstände entwickelt, die ein sofortiges Anzeigen und Ablesen vorhandener Abweichungen in Hundertstelmillimeter ermöglichten. Ähnliche Meßverfahren konnten auch auf dafür eingerichteten Radsatz-Drehbänken durchgeführt werden.

Speichenräder

Im Hinblick auf Bearbeitungsfehler und Fertigungstoleranzen und die darauf zurückzuführenden Laufwerk-Abnutzungen und -Schäden gab die frühere Deutsche Reichsbahn-Gesellschaft ein Merkblatt für Radsätze heraus. Darin hieß es unter anderem: »Die Radreifen müssen nach dem Abdrehen von Lokomotiv-Radsätzen mindestens 32 mm stark sein. Etwaige Abweichungen der Kurbelwinkel und der Kurbellängen der Lokomotivradsätze sind vor der Bearbeitung auf einem Radsatz-Meßstand festzustellen. Beim Rundlauf der Radkörper ist höchstens 1 mm Schlag zulässig.

Die Radreifen sind mit einem Schrumpfmaß von 1,0 bis 1,3 mm je Meter lichten Durchmessers unter gleichmäßiger Erwärmung auf 200 bis 280°C aufzuziehen. Dabei sind Dehnungsmesser zu benützen, die rasch erkennen lassen, wann der zum Einlassen des Radkörpers erforderliche Durchmesser erreicht ist. Der Gewichtsunterschied der beiden zu einem Radsatz verwendeten Radkörper darf 2 kg nicht überstei-

gen. Achswellen und Zapfen sollen Preßsitze mit einem Übermaß von 0,16% des Nabensitzdurchmessers erhalten.

Die Laufkreise der Räder eines Wagen- oder Tender-Radsatzes dürfen unter Einrechnung der von der Kreisform abweichenden Stellen höchstens 1 mm unrund sein und nicht mehr als 1 mm seitlich schlagen, diejenigen Räder aller gekuppelten Lokomotivradsätze dürfen sich nur um 0,3 mm je 1000 mm im Durchmesser unterscheiden. Beim Rundlaufen darf ein Lokomotivrad höchstens 0,3 mm je 1000 mm unrund sein und 0,5 mm seitlich schlagen.«

Wie außerordentlich schwierig es war, allgemeingültige Vorschriften für Schrumpfübermaße im Radsatzbau vorzuschreiben ging aus den seinerzeitigen Theorie-Kontroversen hervor: Es dürfte kaum möglich sein, das anzuwendende Schrumpfsitzübermaß international und einheitlich vorzuschreiben, weil die dafür maßgebenden Momente zu sehr verschiedenartig sind und es auch von der Baustoffauswahl abhängig ist. – Sehen wir uns hierzu eine Radsatzgruppe, Lauf- und Kuppel-Speichenräder, der DR/DB-Schnellzuglok 03^{10} an (Kraus-Maffei-Foto).

Über die Anzahl der Speichen in einem konventionellen Dampflokomotiv-Speichenrad äußerte sich R. P. Wagner einmal sinngemäß so: Die Speichenzahl der Radsterne ist der besseren Durchfederung wegen ungerade, die Speichen selbst sind »dünn« und seitensteif auszuführen. Aber bei weitem nicht jede Dampflokomotive hatte eine ungerade Speichenzahl. Der Kropfachsradsatz der früheren österreichischen Reihe 114 besaß 20 Speichen, also eine gerade Anzahl. Die Kuppelradsätze der württembergischen C (Reihe 18^{1}) wiesen 18 Speichen auf.

Boxpok- und Scheibenräder

Die Abmessungen der Schienenprofile, die Art des Oberbaues und die Tragfähigkeit der Brücken bestimmten maßgeblich die Gesamtbelastungen des Gleises je Radsatz (Achsdruck, Achsfahrmasse), wobei auch die Radstände von Bedeutung waren. In Mittel-Europa bildeten lange Zeit 21 bis 22 t Achslasten das Limit. Die USA-Bahnen ließen, bei kürzeren Schwellenabständen bis etwa 32 t, in Einzelfällen sogar 35 t Radsatzlast zu. Außergewöhnliche Schrittmacherfunktionen zeigten im übrigen auch die nordamerikanischen Radsatzhersteller. Dort wurden zur besseren Beherrschung der Triebwerkkräfte schon in den 30er Jahren die raffinierten Hohlguß-Radsterne der Bauart »Boxpok« (Box = Hohlkasten, Spoke = Speiche) zum Beispiel von der General Steel Castings Corporation geliefert und zwar sowohl für Treib- und Kuppelräder als auch verschiedentlich für größere Laufräder. Auch britische Bahnen machten davon Gebrauch (Foto der Lok 34013). In einige der einstigen Rekonstruktionslokomotiven 01^5 (im Bild Lok 01 504) sind versuchsweise Boxpok-Räder eingebaut, jedoch während der ersten fälligen Reichsbahn-Zwischen- oder Hauptuntersuchung gegen verstärkte Speichenräder ausgetauscht worden, um zur »Norm« zurückzukehren. Aber jene »Boxpok-Maschinen«, die bei den Personalen durchaus nicht abwertend »Saurier« oder »Römische Kriegswagen« hießen, waren ebenso wie ihre Speichenrad-Schwestern repräsentative und auch im westlichen Deutschland viel beachtete Lokomotiven. In den USA wurden auch die Doppelscheibenräder der Scullin Steel Company, die sich durch eine besonders niedrige Eigenmasse auszeichneten, akzeptiert. In Großbritannien sah man das Beardmore-Hurst-Rippenscheibenrad, nach patentiertem Verfahren aus einer Walzeisenplatte gepreßt.

Obwohl sich im deutschen Dampflokomotivbau die Speichenräder recht gut bewährten, griff man nicht zuletzt auch kriegsbedingt, auf »Vollräder« zurück: Zahlreiche Lokomotiven, darunter der Reihen 50 ÜK, 42, 52, 03^{10} (unser Kästner-Foto) und andere, hatten solche Laufräder. Beispiele aus einer solchen Entwicklungsarbeit sind die aus einem Stück gegossenen Hartgußräder und einteilig geschmiedete oder gewalzte Radkörper samt Radreifen. Derartige Scheibenräder sind im Dampflokomotivbau des Auslandes schon vor 1939 praktiziert worden.

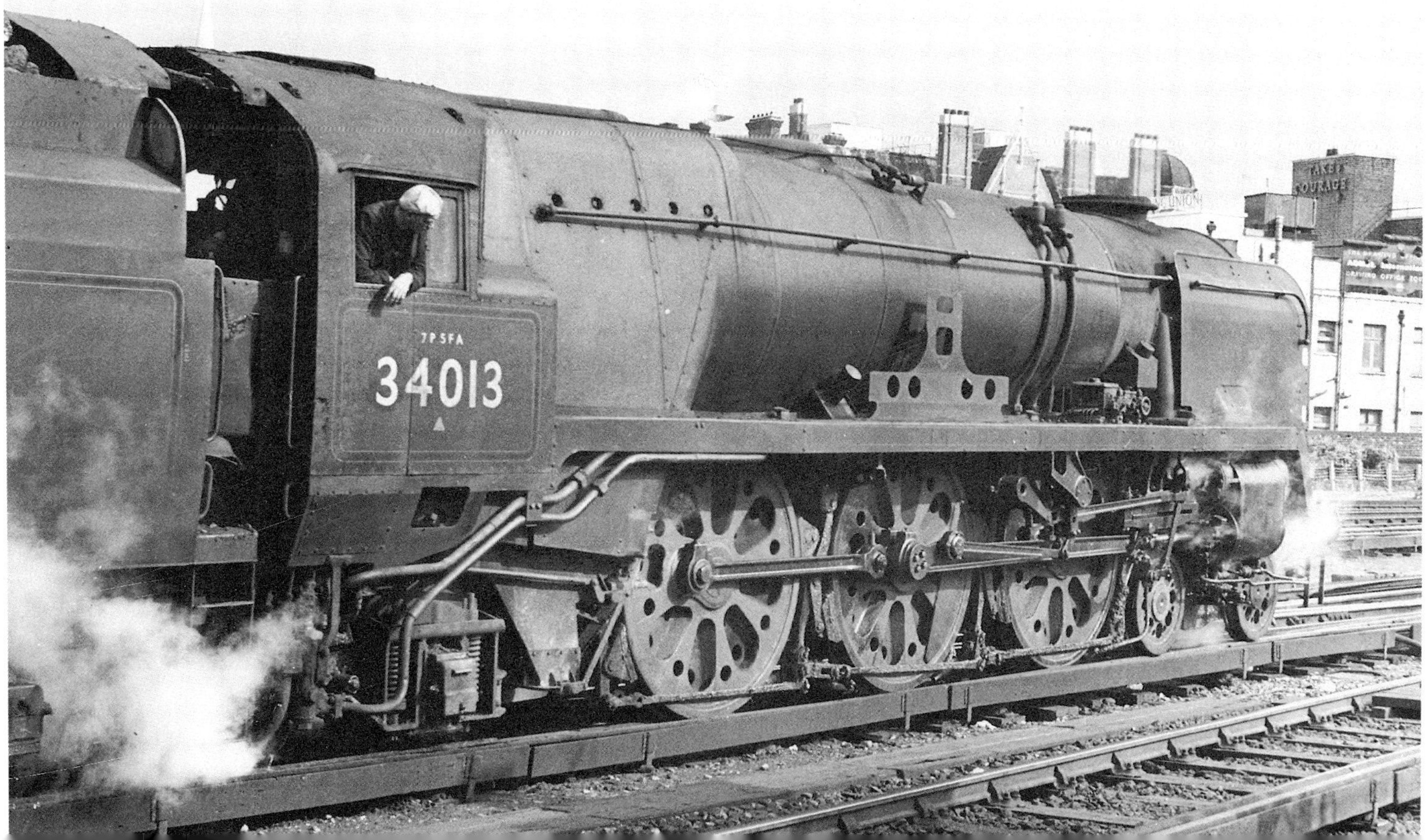

01 504

03 1060

Kurbelachsen

Kurbelwellen für Lokomotiven mit Innenzylindern, im Lokomotivbau als Kurbelachsen oder Kropfachsen bezeichnet, sind herstellungstechnisch und spannungsmathematisch recht komplizierte Gebilde. An den Hohlkellen der Kurbelwangen mehrteiliger oder einteilig geschmiedeter Kropfachsen (siehe Foto des Kropfachsradsatzes mit Treibstangenkopf der DB-Lok, Reihe 44) entstanden oft unerwünscht große Dehnungen, die zu Haar-Rissen und Dauerbrüchen führten.

Erst auf langen Erfahrungen basierende Verbesserungen der Formgestaltung von Kropfachsen konnten die Lebensdauer wesentlich verbessern. Die Stromlinienlokomotiven der Reihe 05 erhielten geschmiedete Kurbelarme aus unlegiertem Reduktionsstahl von 60 kg/mm^{2}Festigkeit.IhreKurbelwellewarimgeraden Teil mit 78 mm Durchmesser, in der Kröpfung mit 70 mm durchbohrt. Die Ingenieure erkannten, daß – ebenso wie bei den »Frémont«-Ausschnitten – durch Wegnahme von Baustoff eine größere Haltbarkeit durch Elastizität erzielt werden konnte. Eine Million erreichter Laufkilometer waren keine Seltenheit. Die Kurbelachsen einer badischen Schnellzuglok IVh, Baujahr 1908, hielten sogar mehr als 2 Millionen Laufkilometer durch! Kritische Punkte waren im übrigen die Einpreßstellen an den Radnaben, auch nichtgekröpfter Achswellen der Zweizylinderlokomotiven, bei denen in den letzten Kriegs- und Nachkriegsjahren mehrfach Brüche vorkamen. Die hohlgebohrten Achswellen der Reichsbahnlokomotiven 01 und 03 zeigten Anrisse nahe der Naben-Innenkante als sicheres Zeichen beginnender Dauerbrüche. Insgesamt gesehen gehörten das Auswechseln von Radkörpern und Achswellen in den Radsatzwerkstätten vieler damaliger DB-Ausbesserungswerke, darunter Schwerte (Ruhr), zu den weniger häufigen Fällen. Neu zu beschaffende Kropfachsen waren besonders kostspielig. So benötigte man beispielsweise in den 20er und 30er Jahren für die Fertigung zweier, je 1,2 t schweren Doppelkurbelachsen (Daimler-Benz-Foto des Kurbelradsatzes der württembergischen C) einen riesigen Stahlblock von 12 bis 14 t Gewicht!

Als Alternative zur einteilig geschmiedeten Kropfachse sind mehrteilige Achswellen mit eingepreßten Kurbelarmen und Kurbelzapfen entwickelt worden. Die französische PLM-Bahn verwendete im Jahr 1933 für ihre Vierzylinder-Lokomotiven aus sieben Teilen zusammengesetzte Kropfachsen, um auf die beanspruchungsempfindlichen geschmiedeten Hohlkehlen verzichten zu können. Um auch die durch die Zylinderkräfte ohnehin schon sehr hoch beanspruchte Kropfachse wenigstens von den lauftechnischen Kraftwirkungen einer führenden Kuppelachse zu entlasten, haben viele Lokomotivfabriken den Kropfachs-Radsatz – soweit nicht sowieso durch die Konzeption des Triebwerkes bedingt – innerhalb der Kuppelradsatzgruppe mindestens an die zweite Stelle gerückt.

Gegengewichte

Die in die Räder eingeschrauben oder eingegossenen Gegengewichte hatten auszugleichen: Die umlaufenden Massen der Treib- und Kuppelstangen mit Zapfen, der Naben sowie der hin- und herschwingenden Massen der Treibstangenanteile, der Kreuzköpf, der Kolbenstangen mit Kolben und der Schwingenstange (siehe Zeithammer-Foto des Triebwerks der ČSD-Lok 387.043). Einen exakten Ausgleich aller hin- und hergehenden Massen konnte es allerdings nicht geben. Gewöhnlich durften nicht mehr als 15% des ruhenden Raddruckes als freie Fliehkräfte auftreten. Gegengewichtsermittlungen waren hinsichtlich ihres rechnerischen Verfahrens häufig Streitpunkte, zumal die schwingenden und umlaufenden Teile in verschiedenen Ebenen wirkten und »Reduktionen« auf den Kurbelkreis und dann noch auf Gegengewichts-Ebene notwendig waren. Schwierig wurden die Vorausberechnungen für kleinrädrige Lokomotiven (Foto des British Railways Board einer kleinrädrigen Franco-Crosti-Lokomotive), wenn wegen Raummangels die Gewichtsmassen nicht unterzubringen waren und mit Blei ausgegossen werden mußten.

Bei fehlerhaften Dimensionierungen konnte sich während der Fahrt mit hoher Geschwindigkeit das Rad sogar von der Schiene abheben. Es gab genügend interessante, auch divergierende Vorschläge, um den Massenausgleich besser in den Griff zu bekommen. Wir nennen hier nur, einerseits das Limit für die freien Fliehkräfte auf 30% zu erweitern, andererseits für Lokomotiven geeignete dynamische Auswuchtmaschinen zu konstruieren und einzusetzen. Statische Nachprüfungen waren unbefriedigend.

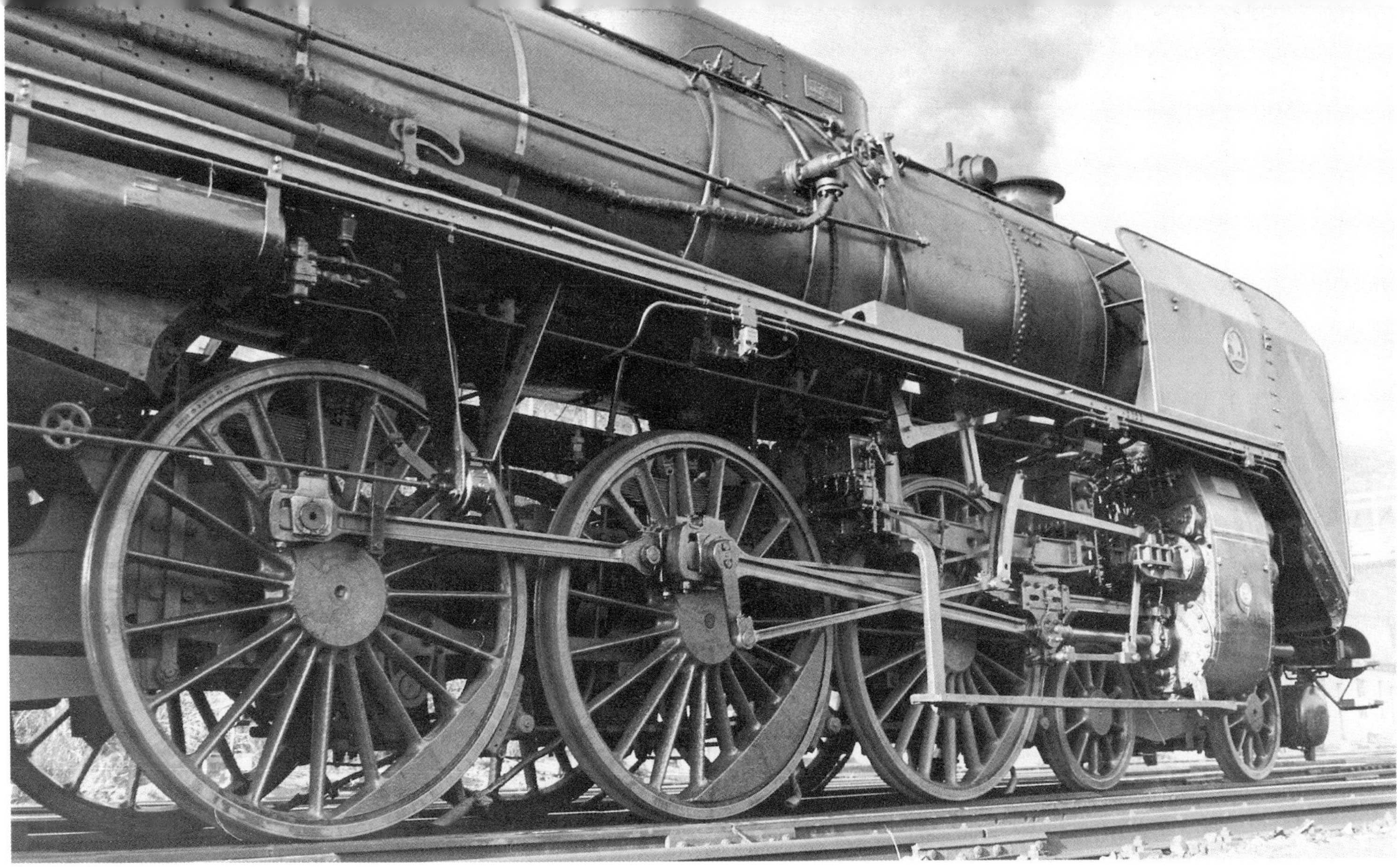

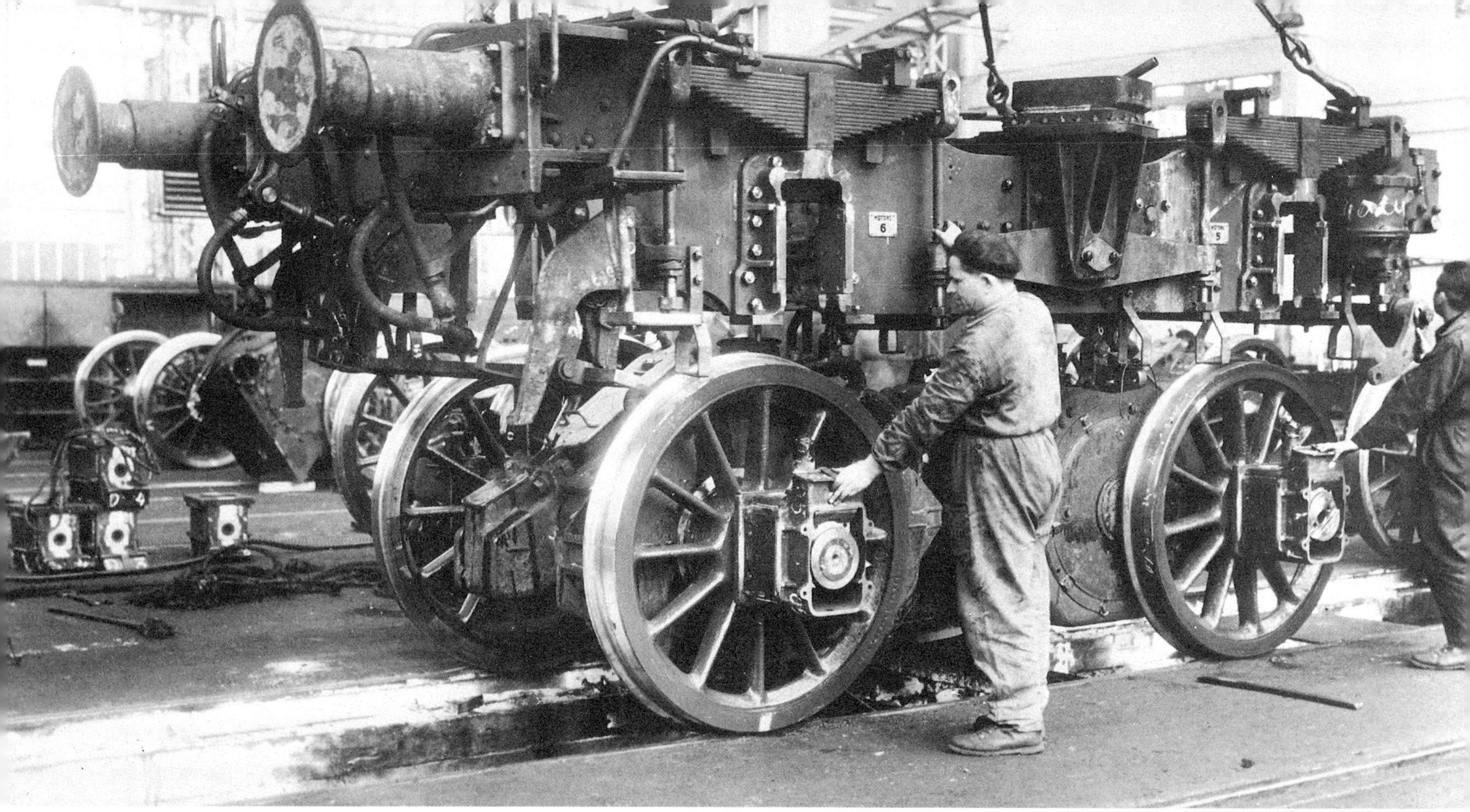

DB

Radsatzkonstruktionen elektrischer Lokomotiven

Die Radsatzbauarten für elektrische Lokomotiven und die lauftechnische Zuordnung haben sich im Laufe der Jahrzehnte weitaus mehr verändert als im Dampflokomotivbau. Die meisten der konventionellen Speichenräder (FS-Foto mit Drehgestellradsätzen der sechsachsigen Gleichstromlok E 626) haben vor allem durch antriebsbedingte Eigenarten ganz neuen Konstruktionen mit anderem Aussehen weichen müssen (Krupp-Foto von Radsätzen mit Kardan-Gelenkkupplung).

Früher vertraten Fachleute die Ansicht, elektrische Lokomotiven zur guten Führung im Gleis und zur Schonung des Oberbaues mit führenden Laufradsätzen ausrüsten zu müssen, deren Achslasten geringer zu sein hatten als diejenigen der Triebradsätze. Heute werden elektrische Strecken-Lokomotiven fast nur noch als laufachslose Drehgestell-Fahrzeuge gebaut, um die gesamte Fahrzeugmasse als Reibungsgewicht zur Zugkrafterzeugung heranziehen zu können.

Wie im Dampflokomotivbau kamen früher für kleine Geschwindigkeiten und hohe Zugkräfte nur Triebradsätze geringeren Durchmessers (Foto mit Austausch-Radsätzen von 1250 mm Durchmesser), für Schnellzuglokomotiven jedoch Radsätze in der Dampflokomotiv-Größenordnung bis über 2000 mm vor. Die italienische 2'Co2' der Reihe E 326 (FS-Foto) hatte 2050 mm Triebrad-Laufkreisdurchmesser! Heute beherrscht man bei verbesserten Antrieben andere Drehzahlen und Fliehkräfte. Trotzdem wollte man nicht gleich ins Extreme gehen und die Radsätze nicht zu klein dimensionieren, denn 1000 mm Laufkreisdurchmesser ergeben bei 200 km/h schon 1050 U/min, bei 500 km/h gar 2650 U/min. Es galt, sorgfältig zu prüfen, ob bei den hohen Umfangsgeschwindigkeiten, die zwar meist unter 60 m/s lagen, aber bei 500 km/h auf 139 m/s anwachsen würden, die mit dem Quadrat der Umfangsgeschwindigkeit sich steigernden Fliehkräfte nicht so große Beanspruchungen im Radreifen ergeben, daß die Festigkeitsgrenze des Reifenstahles überschritten wird. Deshalb diskutierten die Konstrukteure, auf warm aufgeschrumpfte Radreifen zu verzichten und statt dessen die einteiligen Radkörper mit integrierter Spurkranzlauffläche zu bevorzugen.

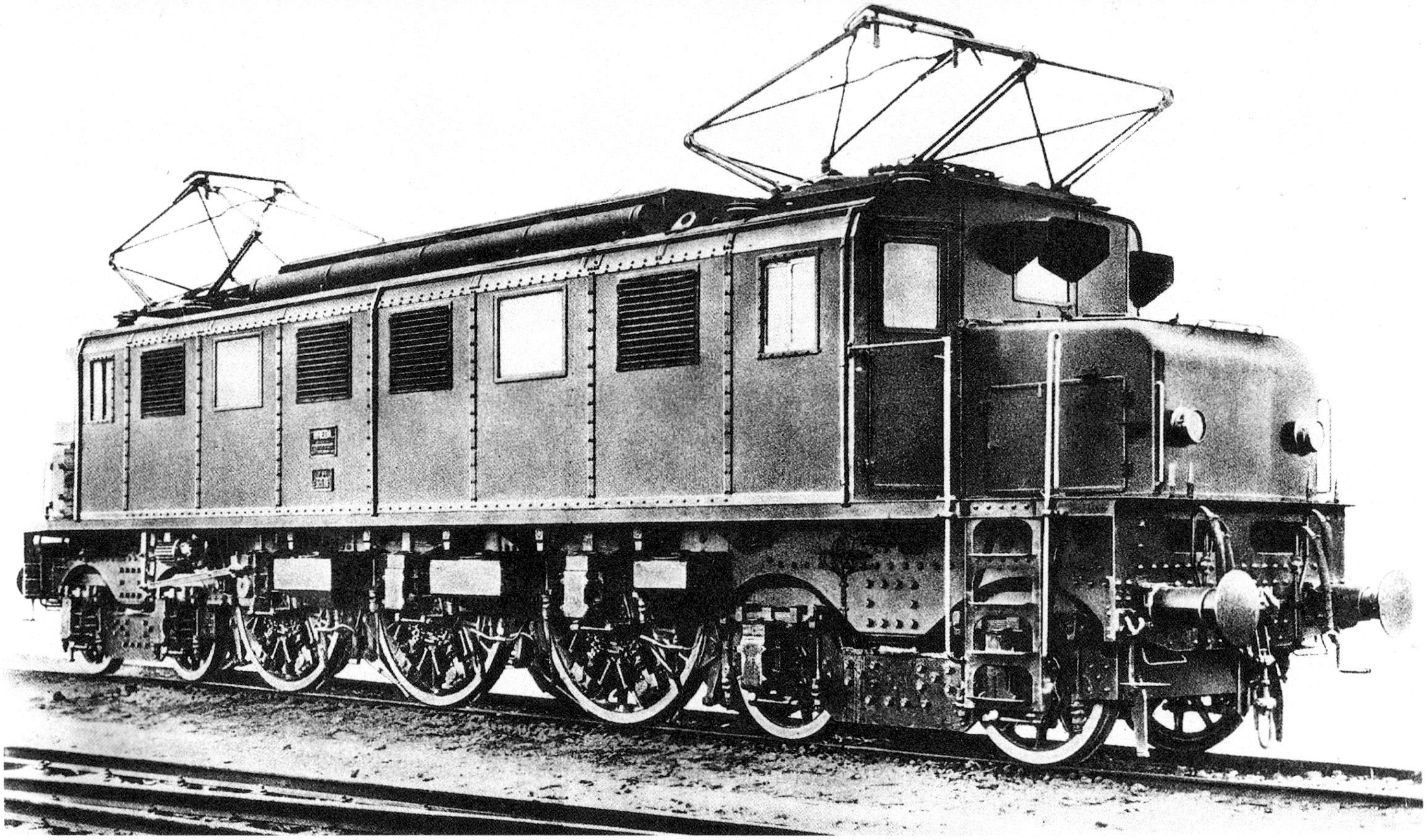

Radsätze und Antriebsdispositionen

Die Kräfte, welche durch die Wechselwirkung zwischen Laufwerk und Gleis hervorgerufen werden, sind ausschlaggebend für die Laufsicherheit und die Laufgüte einerseits, aber ebenso für die Beanspruchung des Fahrweges und der Radsätze. So sind beispielsweise mit der DB-Lok 110466 lauftechnische Messungen mit der Erfassung elastischer Biegungen der Radspeichen gemacht worden. Jene Lok 110 hatte vier gegossene Speichenräder je Drehgestell. Die versuchsweise mit drehelastischem Verzweigerantrieb ausgerüsteten Lokomotiven E 10299 und zwei der Vorauslokomotiven E 03 hatten antriebsbedingt keine Speichen-, sondern Scheibenräder mit den getriebenotwendigen Ausschnitten.

1964 wurden im Laboratorium der Klöckner-Werke AG (Georgsmarienwerke in Osnabrück) die Radscheiben der beiden DB-Lokomotiven E 03 im Hinblick auf die zu erwartenden Betriebsbeanspruchungen untersucht. Es handelte sich um geschmiedete und allseitig bearbeitete Radscheiben aus Stahl der seinerzeitigen Norm MSt 50–2. Die Versuche, darunter solche mit Dauerbiegewechselbeanspruchungen bei 20 Millionen Lastwechseln, bestätigten die Verwendbarkeit solcher Räder auch im Geschwindigkeitsbereich von 200 km/h und mehr. Die zu den Schnellfahr-Vorversuchen herangezogene E 10300 bekam aber den inzwischen weitgehend eingeführten Siemens-Gummiringfeder-Antrieb (Krauss-Maffei-Werkfoto) mit Speichenrädern. Im Oktober 1963 wurde von Siemens bereits der 5000ste Gummiringfeder-Antrieb fertiggestellt. Weitere 2500 Antriebe befanden sich damals in der Fertigung. Die schonende Wirkung auf Fahrmotor und Oberbau veranlaßte die DB, nach seinerzeitigem Stand des technischen Wissens, zur Einführung dieses Antriebs in allen damaligen elektrischen Serienlokomotiven (zum Beispiel E 10, E 40, E 41, E 50). Auch die ÖBB entschlossen sich zur Anwendung in ihrer Baureihe 1141. Die deutsche E 03 (Serienausführung) erhielt einen abgewandelten Gummiringfeder-Antrieb über eine Kardan-Hohlwelle (Kardan-Gummiringfeder-Antrieb). Die früher bei den elektrischen Reichsbahn- und DB-Lokomotiven verwendeten Gleitbackenführungen der Radsatz-Achslager waren gegen Schmutz ungeschützt, hatten einen zu hohen Verschleiß und genügten keinesfalls den Forderungen eines stoßfreien, ruhigen Fahrzeuglaufs. Deshalb entschied sich die DB, für die E 10 erstmals zylindrische spielfreie Achslagerführungen zu verwenden. Solche zylindrischen Führungszapfen ober- und unterhalb der Achslagergehäuse sind jeweils in Führungsbuchsen mit umgebenden Gummi-Silentblocks eingebettet. Die Führungszapfen können somit oben im Drehgestellrahmen und unten im Achsgabelsteg gleiten. –

Die DB-Diesellokomotiven der damaligen Reihe V160 (216) erhielten hochfeste Radreifen von 80 bis 92 kg/mm^2 Festigkeit. Die Radscheiben mit genormtem Felgendurchmesser von 850 mm sind ohne Wellung geformt, mit Sturz nach außen. Das Scheibenblatt wurde allseits feingedreht. Die Achswellen bestanden aus Chrom-Molybdän-Stahl 25 Cr Mo 4. Unser Krupp-Foto zeigte einen Triebradsatz mit Gmeinder-Achstrieb. Eines der beiden Scheibenräder hat hier noch keinen Radreifen. Durch eine gute Schrumpfflächenbeschaffenheit kann das sogenannte Loswerden gebremster Radreifen weitgehend vermieden werden. Ein besserer Wärmeübergang, der damit erreicht wird, hilft die bei hohen Bremsklotzdrücken entstehenden Wärmemengen aus dem Radreifen wegzuleiten. Die gewalzten Scheibenräder der ÖBB-Elektrolokomotiven 1044.01/02 bestehen aus Stahl Ck 35, die aufgeschrumpften Radreifen jedoch aus Sonderstahl S 80 gemäß den Lieferbedingungen der ÖBB. Die Achswellen wurden aus hochwertigem Vergütungsstahl 30 Cr Ni Mo 8 hergestellt.

Der Begriff »Achswelle«, der im Lokomotivbau verschiedentlich gebraucht wird, ist widersinnig. Der Maschinenbauer unterscheidet bekanntlich zwischen einer »Welle« als rotierendes Element und der »Achse« als ein feststehendes Bauteil. Also müßten

wir von einer Radsatzwelle sprechen. – Achsen sind den Losrädern der Schienenfahrzeuge zugeordnet. Solche Losräder, im Lokomotivbau allerdings nicht üblich, basieren auf einer Konstruktion, die ungezählte Diskussionen hervorrief, obwohl es Losräder bereits in den ersten Anfängen der Eisenbahnen – vom Straßenfahrzeug abgeguckt – gab. Man hatte sie jedoch rasch verlassen und über 100 Jahre sozusagen »vergessen«. Bei den ersten TALGO-Zügen, mit der großräumigen Einführung der Wälzlager, lebten sie wieder auf. Sie gestatteten eine außergewöhnliche Tieflage jener Gliederfahrzeuge mit sehr niedriger Fußbodenhöhe. Auch Straßenbahnen (Bremen) machen sich neuerdings solche Vorteile zunutze. Ein von MAN-GHH und Kiepe entwickelter Niederflurwagenzug-Prototyp erhielt für jedes seiner Drehgestelle nur je einen torsionssteifen (Antriebs-)Radsatz und je ein Losradpaar.

Radsatzfederung und Lemniskatenlenker

Bei den elektrischen Lokomotiven der Baureihe 250 für die Ost-Reichsbahn übernehmen elastisch gelagerte, diagonal angeordnete Lenker, die auch die Schraubenfedern der Primärfederung tragen, die Führung der Radsatz-Achslager. Es ist eine systematische Anordung, bestehend aus Schraubenfedern, Lemniskaten-Lenkern und Schwingungsdämpfern. Solche Lenker-Konstruktionen, die jede Art von Stößen nur gedämpft weitergeben, hatte früher schon die französische ALSTHOM-Gesellschaft für zahlreiche Elektrolokomotiven der SNCF entwickelt. Das Prinzip wurde zur Praxis, die dann auch für elektrische Lokomotiven deutscher Bahnen (beispielsweise DR-Baureihen 243 und 250 und DB-Reihen 103 und 111) in ähnlicher Form ihren Eingang fand. Die Konstrukteure der DB-Gattung 111 bevorzugten den Einbau der Lemniskatenlenkungen, um das Drehgestell an die Brücke quer zur Fahrtrichtung möglichst weich anzulenken. Aber jene Lokomotiven erhielten nicht nur eine querelastische Führung der Radsatzlager mit Hilfe ihrer Lemniskatenlenker, sondern auch eine

Anlenkung der Drehzapfenlager über waagerecht liegende Lemniskatenlenker.

Das Bild zeigt die Achslagerführung im Drehgestell einer vom Lokomotivbau-Elektrotechnische Werke (LEW) in Hennigsdorf gebauten Lokomotive der DR-Reihe 243, bei welcher das Lemniskatenprinzip von der Reihe 250 übernommen worden ist (Seite 28).

Die Lemniskate ist eine spezielle Form ebener Kurven nach Giovanni Domenico Cassini, die sich durch eine bestimmte mathematische Gleichung definieren läßt. Ein Vorteil der Lemniskatenlenkung gegenüber der Achslager-Zapfenführung liegt darin, daß bei Senkrechtbewegungen des Radsatzes der Achslager-Mittelpunkt sich auf einer solchen Lemniskatenkurve bewegt. Damit wird der Radsatz beim Durchfedern nicht zu einer gleitenden Bewegung auf der Schiene gezwungen. Die Lemniskatenlenker des Radsatzes gestatten aber keine radiale Radsatzeinstellung.

Lenk- und Drehgestelle

Bissel-Gestell und Adams-Achse

Das Bissel-Gestell ist ein durch eine Deichsel geführter Laufradsatz, der im Jahr 1857 dem Amerikaner Levi Bissel patentiert worden ist. Jene »Lenkgestell-Deichselachse« (siehe DB-Skizze für Dampflok der Baureihe 23) dient als radial einstellbarer, mit Federrückstellung ausgestatteter Radsatz zur Verbesserung

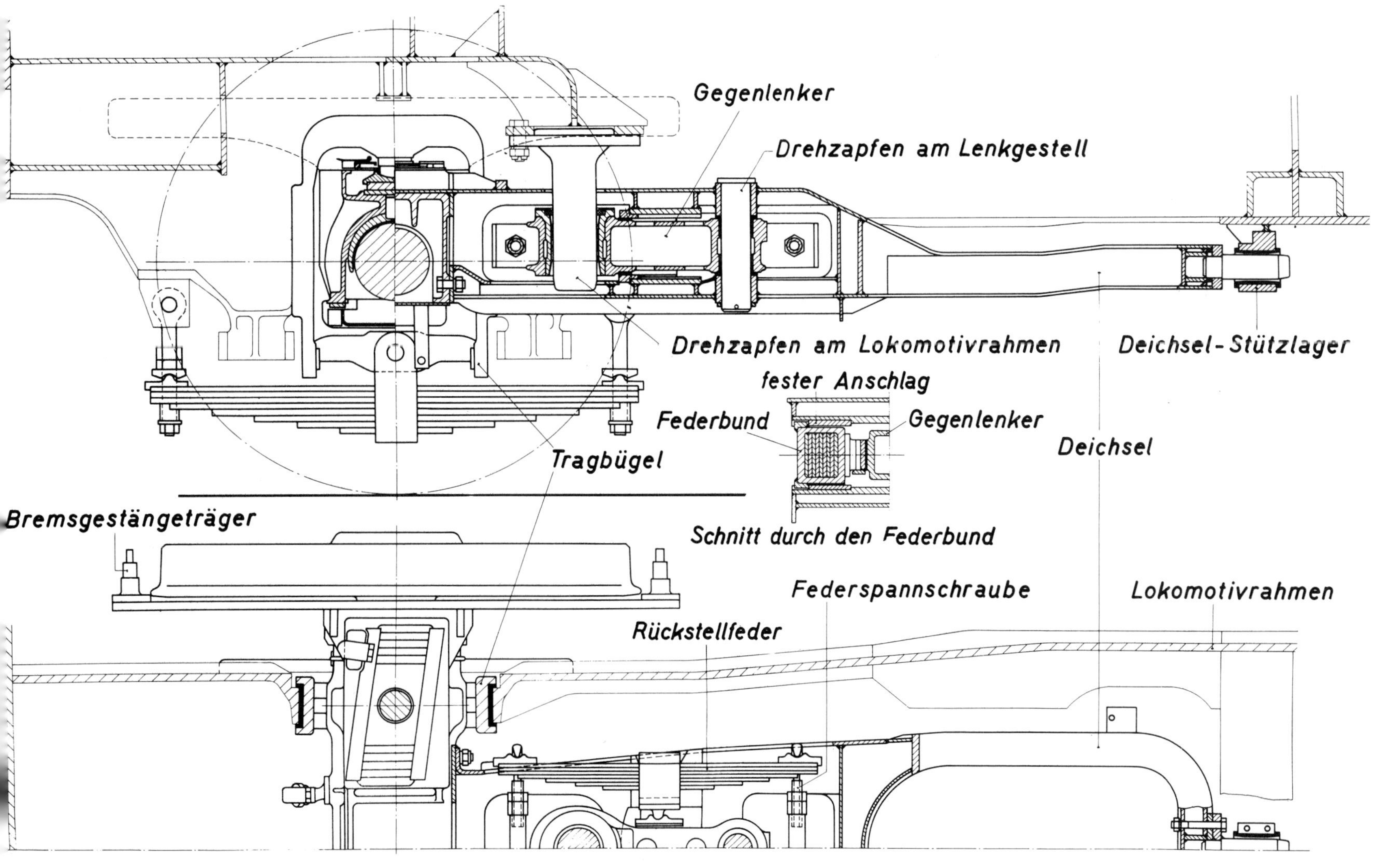

des Gleisbogenlaufs und der sonstigen Führungseigenschaften im Gleis. Bissel-Gestelle kamen nicht nur für Dampf-, sondern auch für Elektrolokomotiven (Baureihe E 75 der DR) in Betracht.

Das Bissel-Gestell, übrigens gelegentlich auch mit zwei gemeinsamen Radsätzen ausgeführt, wurde, wenn es als sogenannte Schleppachse eingebaut werden sollte, aber für die Deichsel kein Raum vorhanden war, durch eine nach dem Engländer William Adams benannten Adams-Achse ersetzt. Die Achslager eines solchen Radsatzes gleiten in gekrümmten Führungen, deren Krümmungsmittelpunkt als virtueller Drehpunkt auf der Längsmittellinie der Lokomotive liegt, womit eine Radialeinstellung des Radsatzes gewährleistet ist. Die Adams-Achse war also ein deichselloses Lenkgestell.

Die Bauarten, Abarten und Fortentwicklungen der Lenkgestelle sind sehr zahlreich, darunter die Konstruktionen nach Schwartzkopff-Eckhardt und Kandò sowie die Liechty-Achssteuerung. Den für uns bedeutsamen Lenk- und Drehgestell-Konstruktionen sind besondere Kurzbeschreibungen gewidmet.

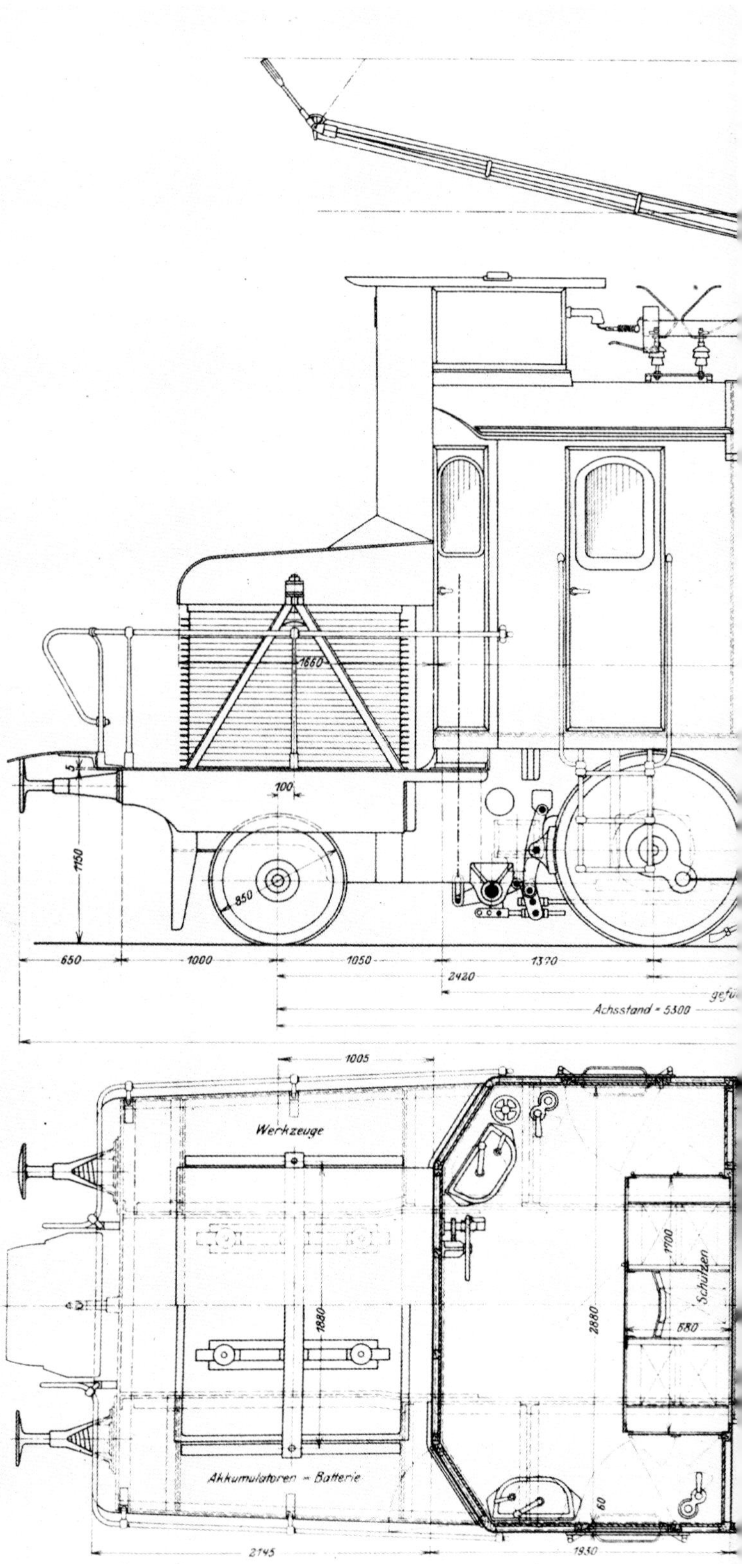

Helmholtz-Gestell

Dieses Drehgestell ist die Kombination eines Schwenkradsatzes mit einem Schieberadsatz. Der Schwenkradsatz ist stets ein Laufradsatz, der Schieberadsatz ein Treib- oder Kuppelradsatz. Die Deichsel des Laufradsatzes ist mit ihrem freien Ende an dem im Hauptrahmen oder im Hauptgestell gelagerten Kuppelradsatz angelenkt. Das Drehzapfen-Gelenk liegt, meist mit Rückstellfedern ausgestattet, zwischen den beiden Radsätzen. Diese Drehgestellkonstruktion, nach Richard von Helmholtz (1852–1934) und der damals ausführenden Lokomotivfabrik als Krauss-Helmholtz-Gestell bezeichnet, wurde erstmals 1888 an Tenderlokomotiven der Königlich Bayerischen Staatseisenbahnen mit Erfolg erprobt. Das anfängliche Scharflaufen der Spurkränze konnte man durch ein geeignetes Drehzapfen-Lagerspiel und Rückholfedern weitgehend beseitigen.

Das Helmholtz-Gestell, von Witte meist mit

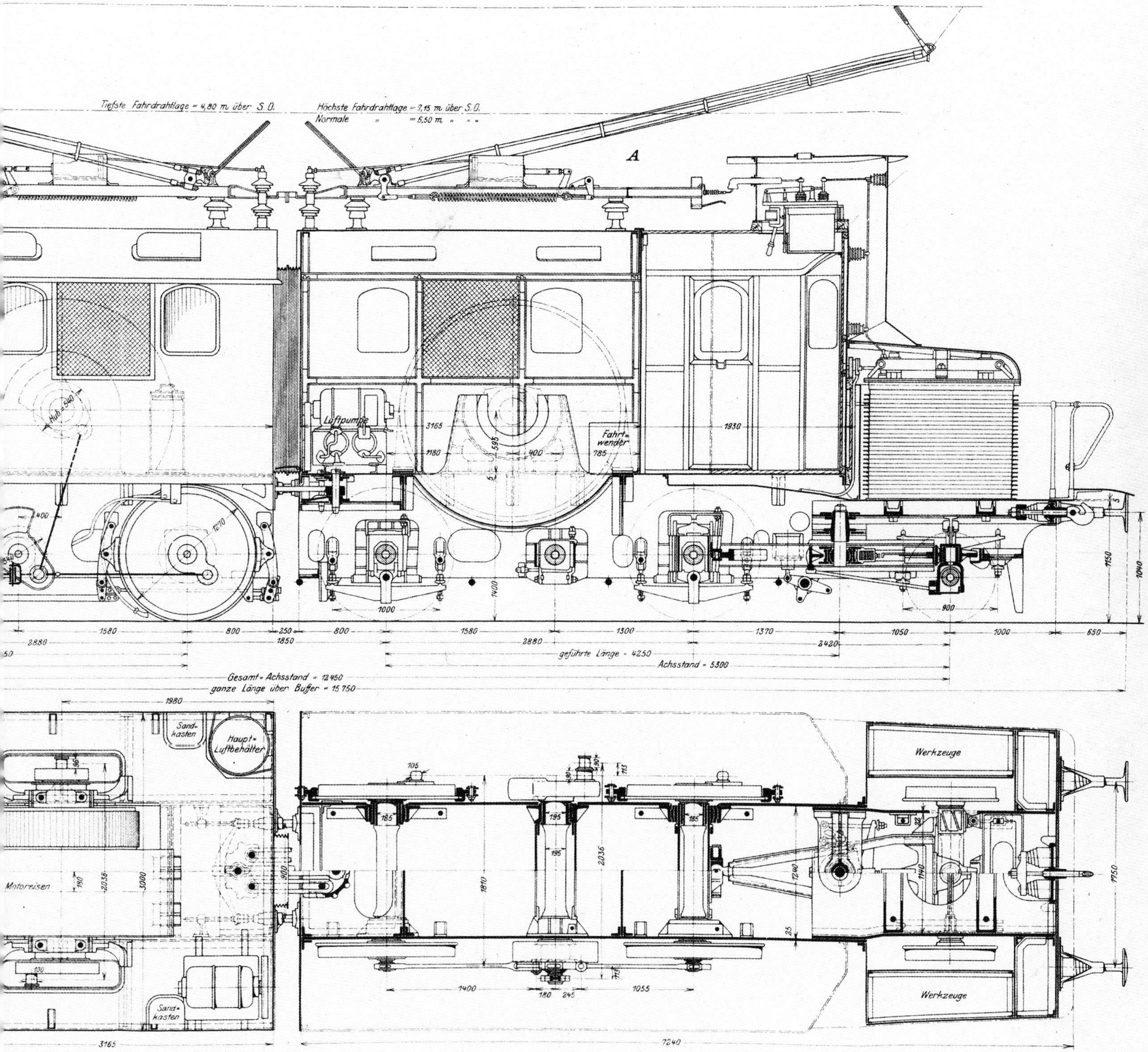
Tiefste Fahrdrahtlage = 4,80 m über S.O.
Höchste Fahrdrahtlage = 7,15 m über S.O.
Normale " = 5,50 m " " "
A
Luftpumpe
Fahrt=
wender
Gesamt=Achsstand = 12.450
ganze Länge über Buffer = 15.750
geführte Länge - 4250
Achsstand = 5300
Sand=
kasten
Haupt=
Luftbehälter
Motoreisen
Werkzeuge
Werkzeuge
Sand=
kasten

»Krauss-Gestell« tituliert, ist ebenso wie das Lotter- oder das Eckhardt-Gestell eine Synthese aus Einzelgestellen. Es sind also »verschachtelte« Gestelle.

Das voranlaufende Helmholtz-Gestell läuft im Gleisbogen fast stets mit beiden Radsätzen an der Außenschiene an, das nachfahrende Helmholtz-Gestell der Regelausführung bei entsprechender Lage des Anlenkpunktes aber meist mit beiden Radsätzen an der Innenschiene. Das Gestell gibt es in verschiedenen Konstruktions-Varianten.

Im Krauss-Maffei-Archivfoto ist das Helmholtz-Gestell mit seiner Deichsel für die 1'B+B1'-Doppellokomotive 101 zu sehen, die von der AEG projektiert wurde und am 6. Dezember 1919 in Spiez eintraf, um auf der Bern-Lötschberg-Simplon (BLS) der Berner Alpenbahn-Gesellschaft Dienst zu tun. Die von der AEG elektrisch ausgerüstete und von Krauss & Comp. im mechanischen Teil gebaute Versuchslokomotive fiel durch ihre Zweiteiligkeit mit doppelter elektrischer Ausrüstung und den Schleppbügel-Stromabnehmern, anstelle der damals schon üblichen Pantographen, besonders auf. Diese Lok (unsere Zeichnung) kam nach Vornahme einiger Verbesserungen im Jahre 1912 zur Königlich Preußischen Eisenbahnverwaltung. Die auf eigenes Risiko der AEG gelieferte Lok zeichnete sich durch recht befriedigende Laufeigenschaften aus, jedoch gab es wiederholt unzulässige Erwärmungen in den Blindwellenlagern.

Zara-Gestell

Während beim Krauss-Helmholtz-Gestell im allgemeinen zwischen Lauf- und Kuppelradsatz eine Deichselverbindung bestand, besaß das Zara-Gestell für den Lauf- und Kuppelradsatz einen eigenen Rahmen. Jener Rahmen stützte sich im vorderen Teil auf die Federn des Laufradsatzes, hinten auf die querliegende Feder des Kuppelradsatzes. Das war eine

Blattfeder, die an den speziell ausgebildeten Achslagergehäusen des Kuppelradsatzes hing. Der Hauptrahmen stützte sich im Drehpunkt dieses Drehgestelles ab. Das geschah über lotrecht angeordnete Pendel, die gleichzeitig zur Rückstellung dienten und zusammen mit Rückstellfedern auch eine gewisse Laufruhe in der Geraden bewirkten. Diese von Giuseppe Zara (1856–1915) in ihrem Prinzip angegebene Version des Krauss-Helmholtz-Gestelles wurde 1904 erstmals ausgeführt. Zara wollte mit seinem »carrello italiano«, früher auch Zara-Krauss-Drehgestell genannt, die unabgefederten Massen vermindern und den Fahrzeuglauf verbessern. Seine Bauart (FS-Foto) fand in Hunderten italienischer Dampflokomotiven eine bevorzugte Anwendung, ähnlich auch in Belgien. Das Bild zeigt eine der Vierzylinder-Standard-Schnellzug-Lokomotiven der FS-Baugruppe 685 mit vorderem Zara-Gestell.

Lotter-Drehgestell

Das dreiachsige Lotter-Gestell ist eine Kombination des zweiachsigen (amerikanischen) Laufdrehgestelles mit einem benachbarten Kuppelradsatz. Georg Lotter (1878–1949) widmete sich, vor allem während seiner Zeit als Chef der Konstruktionsabteilung von Maffei in München, den bautechnischen Problemen elektrischer Lokomotiven. Auf dem Gebiet der Fahrzeugführung im Gleis war er ganz besonders bemüht, die Tradition seines Lehrmeisters Richard von Helmholtz fortzusetzen. Während solcher Entwurfsarbeiten entstand auch das von Lotter angegebene Drehgestell. Er hatte die Helmholtzsche Erfindung (Krauss-Helmholtz-Lenkgestell) erweitert und an Stelle des Laufradsatzes ein zweiachsiges Laufdrehgestell gesetzt. Der Drehzapfen dieses Laufgestelles wurde durch einen kräftigen Schwenkhebel, der im Lokomotiv-Hauptrahmen gelagert war, mit dem ersten Kuppelradsatz der Lok verbunden. Lotter konnte seine bogenlauffreundliche Konstruktion an drei Gattungen interessanter elektrischer Lokomotiven ausführen: 2′C1′-Lok E 36 sowie 2′D1′-Lokomotiven E 50 und E 79. Die für die Strecke Freilassing–Berchtesgaden gedachten 2′C1′-Lokomotiven EP 3/6 (später E 36) waren die ersten Lokomotiven mit dem 1911 patentierten Lotter-Gestell. Das Krauss-Maffei-Foto enthält die gesamte Radsatzgruppe einschließlich Lotter-Gestell. Im Jahre 1921 erhielt Lotter vom Verein deutscher Eisenbahn-Verwaltungen (VDEV) einen Preis für die guten Erfahrungen, die man mit seinem Drehgestell auf bayerischen und preußischen Bahnen machte. Im übrigen wies Lotter gelegentlich darauf hin, daß die von ihm projektierte, mit seinem Drehgestell ausgerüstete 2′D1′-Bauart E 50 die erste dieser Radsatzfolge in Europa war. Europäische Dampflokomotiven mit dem Achsbild kamen erst danach.

Im Dampflokomotivbau wurde das Lotter-Gestell zur Ausnahme. Es ist dort nur ein einziges Mal, nämlich um 1943 zum Zuge gekommen, als es in die von Krauss-Maffei an die Tegernsee-Bahn gelieferte Tenderlok Nr. 8 als nachlaufendes Gestell eingebaut wurde. Jene 1′C2′-Dampflokomotive erhielt nämlich das ausgebaut Lotter-Gestell der damals kriegsbedingt abgestellten E 79. Ulrich Schwanck bestätigte, daß jene Tenderlok sogar noch bei 100 km/h einen ausgezeichnet guten und ruhigen Lauf hatte. Die Anlaufwinkel der beiden hinteren, nachlaufenden Radsätze sind erheblich kleiner als bei eingliedriger Laufwerk-Anordnung.

AEG-Kleinow-Drehgestell

Die übliche Konstruktion des Krauss-Helmholtz-Lenkgestelles war bei den elektrischen Reichsbahn-Lokomotiven E 04, E 17, E 18 und E 19 nicht anwandbar, weil die Treibradsatz-Achswellen antriebsbedingt von Hohlwellen umgeben und deshalb nicht »angreifbar« waren. Der Laufradsatz erhielt eine sich federnd abstützende Deichsel. Das freie Kopfstück dieser Deichsel erfaßte mit Hilfe eines Kugelgelenkes einen zangenförminge Bügel, der seinerseits den zugehörigen Treibradsatz von außen umfaßte. Die Deichsel besaß Rückstellfedern sowohl am Dreh-(Schwing)-Zapfen als auch über dem Laufradsatz. Es konnten beispielsweise die Laufradsätze der E 17 um 90 mm und die Deichselmitten um 51 mm nach jeder Seite ausschwingen. Der angelenkte Treibradsatz hatte beiderseits je 10 mm Seitenspiel. Walter Kleinow (AEG) verlegte also die Anlenkung der Drehgestelldeichsel nach außen und brachte außerdem in die Art der Führung eine sinnvolle Unsymmetrie.
Die von der AEG unter Beteiligung der Siemens-Schuckertwerke und von Borsig entwickelte und gelieferte E 17 galt in ihrer Laufwerktechnik als Vorbild für die sechsachsige E 18 (im RVM-Foto die österreichische Version) und für die E 19. Je nach Fahrtrichtung und Dienst (Schnellfahrt, Rangieren) konnten die Stellkräfte an der Mittenhaltevorrichtung der Drehgestelle umschaltbar verändert werden.

Beugniot-Gestelle

Im Beugniot-Gestell sind zwei im Hauptrahmen der Lokomotive seitlich verschiebbar gelagerte Radsätze über einen mit festem Drehpunkt angelenkten Schwenkhebel voneinander abhängig. Beim Ausschwenken des »Beugniot-Hebels« verschieben sich die Radsätze zueinander in entgegengesetzter Richtung, womit im Gleisbogen beide Achsen gleichzeitig führen.

In den laufachslosen DB-Fünfkuppler-Dampflokomotiven, Baureihe 82, war der Schwenkhebel durch ein Hebel-Parallelogramm ersetzt worden (Werkfoto Maschinenfabrik Esslingen), dessen Schwenklager an den Rahmenwangen angeordnet waren. Die Lokomotiven wurden durch diese Konstruktion bei Kurvenfahrt vorteilhaft geführt, wobei sogar insgesamt höhere Führungskräfte aufgenommen werden konnten. Die Neigung zum Entgleisen laufachsloser Fünfkuppler, vor allem bei höheren Geschwindigkeiten, entfiel hierbei. – Die Urheberschaft des »Balancierrahmens zur gegenläufigen Verschiebung zweier Räderpaare« wird Edouard Beugniot (1815–1878) zugeschrieben.

Lauf-Drehgestelle

Die Drehgestelle, schon frühzeitig im Dampflokomotivbau eingeführt, waren zunächst antriebslos, also reine Laufgestelle, deren Aufgaben von statischer und dynamischer Art geprägt waren. Als Traggestelle mußten sie einen Teil der Lokomotiv-Masse aufnehmen, darüber hinaus hatten sie auch die zwängungsfreie Bewegung einrahmiger und mehrachsiger Lokomotiven durch Gleiskrümmungen und wichtige Führungsaufgaben bei möglichst guten Laufeigenschaften in der Geraden zu übernehmen.

Auf die überaus zahlreichen Konstruktionen der Dreh- und Lenkgestelle (für Lokomotiven aller Antriebsarten) mit ihren technischen Begründungen einzugehen, würde ein gesondertes Buch füllen. Einige Bauarten aus der Fülle einschlägiger Ingenieurarbeiten werden jedoch in diesem Band vorgestellt.

Das zweiachsige (amerikanische) Laufdrehgestell ist seiner guten Führungseigenschaften wegen bis zu den höchsten Dampflokomotivgeschwindigkeiten mit gutem Erfolg verwendet worden. Man hat den Drehpunkt meist gegen den Hauptrahmen seitlich verschiebbar, bei Normalspurlokomotiven bis zu ungefähr 100 mm, und mit Rückstellfedern eingebaut. Das Krauss-Maffei-Werkbild zeigt das hintere Drehgestell der DB-Tenderlok, Baureihe 65.

Die Geometrie der Berührung von Spurkranzrad und Schiene im Bogen lehrt uns das, was Richard von Helmholtz und Hermann Heumann schon 1931 so formuliert haben: »Jeder Radsatz, der gezwungen ist, anders als geradeaus zu laufen, drängt mit seiner vollen Reibung auf den Schienen nach der Seite, nach

derer, sich selbst überlassen, von der vorgeschriebenen Bahn abweichen würde.« Und: »Wie und wo das im Gleisbogen anlaufende Rad und die Schiene einander berühren (Foto der DB-Lok 03222 mit vorderem Drehgestell), hängt geometrisch ab vom Profil des Rades und der Schiene, vom Rad-Halbmesser, vom Winkel der Schrägstellung des Rades gegenüber der Schiene, dem sogenannten Anschneid- oder Anlaufwinkel und von der Höhenlage des Rades zur Schiene.«

Aspekte der Trieb-Drehgestell-Konstruktion

Bei der Deutschen Reichsbahn-Gesellschaft wurden die ersten, in größerer Zahl erprobten, laufradsatzlosen Bo'Bo'-Trieb-Drehgestell-Kombinationen Anfang der 30er Jahre mit den Lokomotiven der Reihe E 44 eingeführt. Die Nachkriegs-Entwicklungen knüpfte dann das Bundesbahn-Zentralamt München an folgende Aufgabenstellung: Verbesserung der Laufeigenschaften, Vermeidung von Verschleißteilen, große Laufleistungen und geringe Wartungskosten, spielfreie Lagerung der Achsen im Drehgestellrahmen, tiefe Drehzapfenlage, niedrige Wankfrequenz, Querkupplung zwischen den Drehgestellen der Bo'Bo'-Lokomotiven und schließlich die Anordnung der Zug- und Stoßvorrichtungen am Brückenträger.

Daraufhin entstand – nach Erprobung einiger Entwicklungsmusterlokomotiven – die geschweißte Hohlkasten-Rahmenbauart der Drehgestelle für die Baureihen E 10/E 40 (siehe Krauss-Maffei-Werkbild der Lok E 10135) mit großer Verwindungssteifigkeit und zylindrischen Achslagerführungen, die Radial- und Axialspiele von höchstens 0,3 mm, auch während längerer Betriebsdauer, zuließen. Der Radstand von 3400 mm gab genügend Raum für den Drehgestell-Querträger und für die Aufhängung der Motoren. Das zweite Foto (KM-Werkbild) zeigt ein fertiges Drehgestell der Lok E 40284.

Diese die Drehgestelle der Nachkriegs-Bo'Bo'-Lokomotiven der DB kennzeichnende Konstruktion erfuhr ihre erste entscheidende Modifikation zur Verwendung der 160 km/h schnellen »Rheingold«- und »Rheinpfeil«-Lokomotiven der späteren Baureihen 110/112. Zwei zusätzliche Drehgestell-Varianten gab es zur Durchführung der 200 km/h-Schnellfahrversuche mit den Lokomotiven E 10299/300.

Geschwindigkeitserhöhungen bringen im allgemeinen wesentlich höhere Beanspruchungen des Fahrweges, aber auch der Drehgestelle mit sich. Das trifft besonders dann zu, wenn sowohl die Lokomotiv-Laufwerke als auch der Oberbau zunächst gar nicht unter dem Aspekt größerer Geschwindigkeiten konstruiert worden waren. Die DB führte deshalb in Zusammenarbeit mit Krauss-Maffei erneut weitergehende Erprobungen, diesmal mit drei unterschiedlichen Fahrwerk-Konstruktionen, und aufschlußreiche lauftechnische Messungen durch. Versuchsträger wurde die Lok 110466, deren Laufwerk-Variante III schließlich im Prinzip den Nachfolge-Lokomotiven der Baureihe 111 zugrunde lag.

Drehgestell und Flexicoil-Federung

Flexicoil-Federn sind Schraubenfedern, die horizontal, vertikal und durch Verdrehen zur Winkelachse belastet werden können. Den Gedanken, Schraubenfedern nicht allein zur lotrechten Federung einzusetzen, griff man im Ausland schon zwischen den beiden Weltkriegen auf. Ernst Kreissig setzte diese Idee jedoch erst in eine brauchbare und zuverlässige Schienenfahrzeug-Konstruktion um. Die eine Lokomotive führenden Flexicoil-Federn rufen bei der Auslenkung der Drehgestelle willkommene Rückstellkräfte hervor. Die Querbewegungen des Lokomotivkastens werden mit ungefähr ± 20 mm auf Anschlagpuffern weich aufgefangen und begrenzt. Diese ganze Art der »Entkoppelung« der Massen in Querrichtung soll die Beanspruchungen sowohl am Lokomotivkasten als auch am Gleis vermindern.

Das Foto (S. 28) zeigt die Anordnung der Flexicoil-Federn am Drehgestell der elektrischen Reichsbahn-Lokomotive, Baureihe 243 (in Leipzig), recht deutlich. Hierbei stützt sich der Lokomotivkasten über außenliegende Flexicoilfedern beiderseits auf den Drehgestellen ab. Größere Vertikal- und extreme Wank-Bewegungen des Aufbaues werden durch seitliche elastische Anschläge auf dem Stahlleichtbau-Drehgestellrahmen limitiert. Der Drehgestellzapfen ist in Quer- und Längsrichtung elastisch und weitgehend verschleißfrei im Drehgestell-Querträger gelagert.

Federung und Flexicoilwirkung

Die ÖBB haben im Juli 1974 eine der beiden heimischen Thyristor-Prototyp-Lokomotiven 1044.01 und 02 (Stundenleistung 5400 kW) in die Zugförderungsleitung Graz überstellt. Mit der nun möglichen stufenlosen Spannungsverstellung konnten die ungeliebten Stufensprünge unterbleiben. Der für die herkömmlichen Stufenschalt-Einrichtung und damit der für die unter Last schaltenden Hochstromkontakte notwendige konstruktive Aufwand entfiel.

Die gewünschte Lokomotiv-Höchstgeschwindigkeit von 160 km/h erforderte eine Auslegung des Fahrzeugteiles für mindestens 180 km/h. Es handelte sich hier um ein ehrgeiziges Konstruktionsziel, das sich sowohl die ÖBB als auch die damaligen Österreichischen Brown-Boveri-Werke AG und die Simmering-Graz-Pauker AG gesteckt hatten. Dabei dachte man auch an spezielle Maßnahmen, besonders in der Ausbildung des Laufwerkes sowie in der Abstützungsart des Lokomotivkastens auf die beiden Bo'-Drehgestelle. Außer der Abkehr von der konventionellen Drehzapfen-Ausführung und dem Griff zu einer Tiefzugvorrichtung entwickelten die Grazer Techniker eine Kastenabstützung auf den Drehgestellen über acht zylindrische, vollkommen frei aufliegende Schraubenfedern. Diese Federn übernehmen die elastische Querführung zwischen Drehgestellrahmen und Lokomotivkasten sowie auch das Ausdrehen der Drehgestelle durch Flexicoilwirkung. Welche schwierige Aufgaben sich die entwickelnden Ingenieure stellten, macht schon allein die notwendige gut durchdachte, relativ weiche Querfederung deutlich, um das Ausdrehmoment der Drehgestelle beim Befahren kleiner Gleisbögen bis herab zu 120-Meter-Radien klein zu halten. Selbstverständlich war auch das Verlangen zu beachten, wonach die Federn, die bis zu 60 mm seitlich ausdrehen, weder überbeansprucht werden noch seitlich ausknicken dürfen. Zusätzlich mußte eine Rückführung des ausgelenkten Kastenaufbaues gewährleistet sein. Die aus 50 Cr V4 bestehenden Federn mit ausgeschmiedeten Enden und geschliffenen Auflageflächen machten weder Gleitflächen noch eine Wiege notwendig. Für die Dämpfung der Vertikal- und Querbewegungen kamen je vier hydraulische Dämpfer in Betracht. Das Aussehen einer E-Lok der ÖBB-Baureihe 1044 (Seite 27) besticht durch ein ansprechendes rot-elfenbeinfarbenes Kasten-Design (Foto Reichelt). An den Lieferungen der elektrischen

E10 135
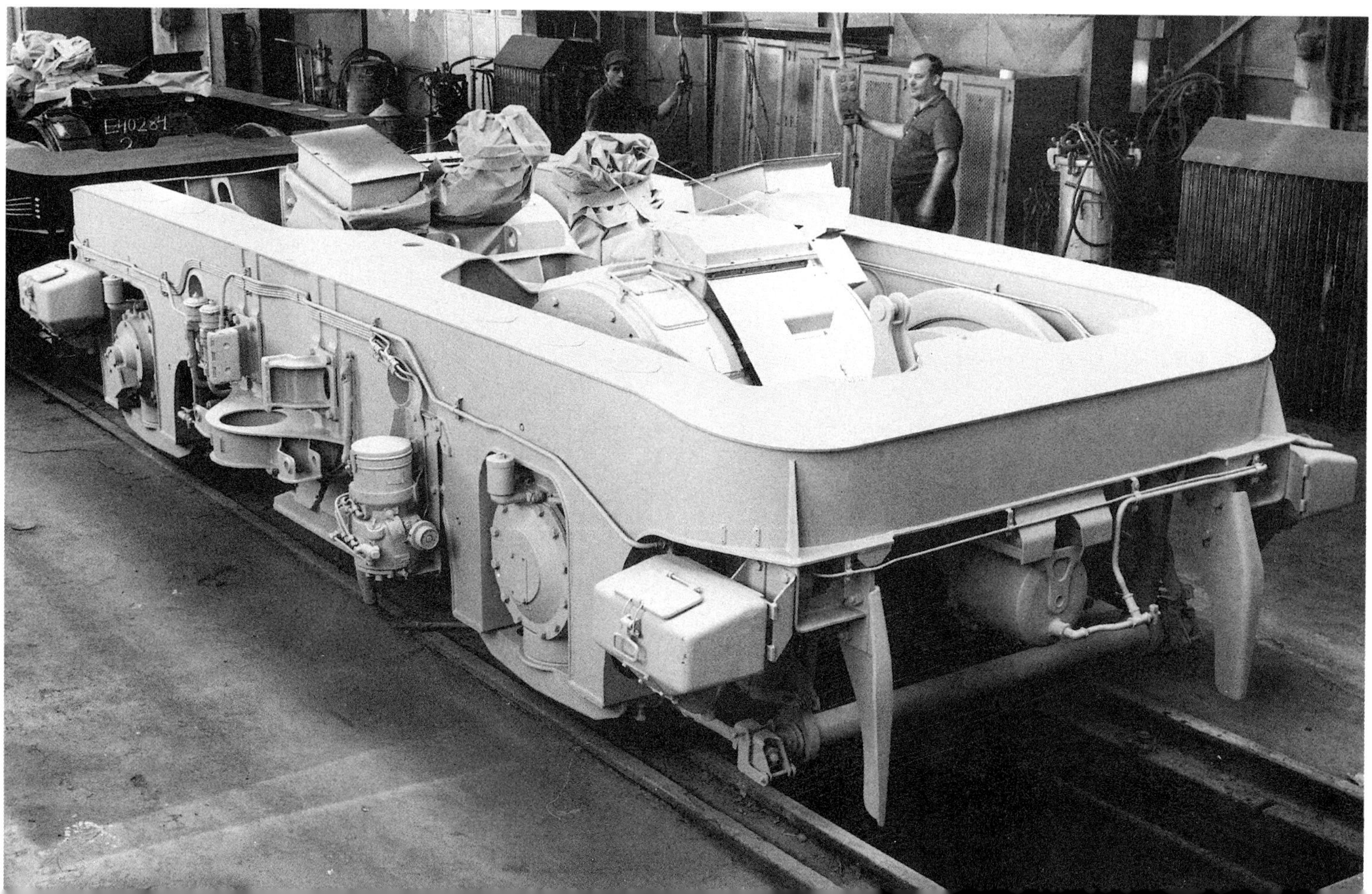

KE-GPR-EmZ
REV
BD
Bw
R+E 100 t R 120 t
R+E t P 84 t
84 t P+E t G 56 t

Ausrüstung beteiligten sich auch die ELIN-UNION und Siemens-Austria.

Ein weiteres Bild, von Thyssen zur Verfügung gestellt, zeigt das Aufsetzen des Lokomotivkastens der diesel-elektrischen Erprobungslok Henschel-BBC-DE 2500 auf die drehzapfenlosen Drehgestelle mit ihren Schraubenfedern. Der Lokomotivkasten wird gegenüber seinen Drehgestellen lotrecht und waagerecht in Querrichtung nur durch je vier Schraubenfedern weich geführt. Henschel bezeichnet diese Anordnung als Flexifloat-System. Aus einem zusätzlichen Krauss-Maffei-Foto geht die Auslenkung der Flexicoil-Federn der DB-Baureihe 120 im 120-Meter-Bogen deutlich hervor.

Querkupplungen für Drehgestell-Lokomotiven

Ordnet man zwischen den einander zugekehrten Enden zweier Drehgestelle eines Brückenfahrzeuges eine Querkräfte übertragende Kupplung als Gelenk an, so können diese beiden Drehgestelle einander helfen, einen Gleisbogen »lauffreundlich« zu durchfahren. Solche Drehgestell-Querkupplungen haben sich besonders auf krümmungsreichen Strecken recht gut bewährt. Als ihre Aufgabe gilt die Verminderung der Gleisbeanspruchung, allerdings kaum die Veränderung der Drehgestellpositionen im Gleis. Bei den verschiedenartigen Anordnungen solcher Drehgestell-Querkupplungen, beispielsweise bei Bo'Bo'-

Zweigestell-Lokomotiven können sich die Verkleinerung der Richtkräfte, der Anlaufwinkel und der davon abhängiger Verschleißfaktoren ergeben.

Es gibt starre, spiellose Kupplungen, aber auch elastisch ausgelegte Konstruktionen. Größere Abstände zwischen den Drehgestellen erfordern die Zwischenschaltung von Gestängen, gegebenenfalls von gabelförmigen Deichseln, die mit einem Federtopf mittig gekuppelt sind. Verschiedentlich wurden auch teleskopartige Diagonalkupplungen mit ausreichender Federvorspannung, wie bei den DB-Elektrolokomotiven 110004 und 110005 eingebaut.

Manche fahrdynamischen Vorgänge, Einfahrt in Kurven und Weichen sowie Fahrt auf schlechter Gleisanlage in der Geraden, haben die Kontrukteure veranlaßt, den Anfangswert der Rückstellkraft bei gleichzeitiger Erhöhung der Federsteifigkeit zu reduzieren und dem Querkupplungsmechanismus nach beiden Seiten etwas Spiel zu geben. Servo-Zylinder lassen im übrigen eine gewisse Steuerung der Querkupplungswirkung zu.

Unser Foto (ASGEN) zeigt eine oft angewandte Querkupplung für Bo'Bo'-Lokomotiven, hier für die Baureihe 342 der JZ.

Drehgestelle und Hubanlagen

Lokomotiv-Drehgestelle unterschiedlicher Einsatzbedingungen bestehen gar nicht so selten aus einer größeren Zahl ähnlicher oder gar gleichartiger Konstruktions-Elemente, die oft in einander »ablösenden« Kombinationen konstruktiv zu anderen Drehgestellen zusammengesetzt werden. Obwohl viele Bahnverwaltungen Wert darauf legen, mehrere Arten von Drehgestellen verschiedener Lokomotiven (und Triebwagen) in einer weitgehend konstruktiven Einheitlichkeit bauen zu lassen, ist dieses Bedürfnis heutzutage kaum noch zu befriedigen. Die jüngeren rasch aufeinanderfolgenden lauf- und antriebstechnischen Entwicklungen ließen sich in ihren neuen Konzeptionen kaum oder nur baugruppenweise in ein Schema pressen.

Aber die Anlagen zur Wartung, Instandhaltung und Ausbesserung sind flexibler geworden, so daß trotz

geringerer Vereinheitlichung kaum hemmende Demontage- oder Zusammenbauprobleme entstehen.

Das Foto (Dickertmann AG) zeigt das Bo'-Triebgestell einer der 130 km/h schnellen Zürcher S-Bahn-Lokomotiven Re 4/4 (Reihe 450 der SBB). Die Fahrmotoren mit Getriebekästen der vierachsigen 3000-kW-Lokomotiven sind innerhalb des geschweißten Drehgestellrahmens gut zu erkennen. Wir sehen hier das Drehgestell auf der Dickertmann-Hubanlage während des Absenkens in der Lokomotiv-Richthalle der ASEA Brown Boveri AG, Zürich-Oerlikon. Die Hubgeschwindigkeit bei 11 t Last beträgt 2,7 m je Minute. Die gesamte Anlage ermöglicht auch den rationellen Ein- und Ausbau anderer schwerer Lokomotivteile, darunter Transformatoren.

Meterspur-Triebgestelle der elektrischen Lokomotiven HGe 4/4 II für gemischten Zahnrad- und Reibungsbetrieb

Die von der Schweizerischen Lokomotiv- und Maschinenfabrik (SLM) und BBC in den Jahren 1983/84 konstruierten Lokomotiven HGe 4/4 II für die Brüniglinie der SBB und für die Furka-Oberalp-Bahn erhielten Triebgestelle (2980 mm Achsstand), die sich durch mehrere Besonderheiten auszeichneten:

- Differentialantrieb mit automatisch wirkendem Schlupfbegrenzer.
- Erstmalige Anwendung quergefederter Achsen und einer Querkupplung in einer Zahnrad-Reibungslokomotive.
- Hohe installierte Traktionsleistung (1750 kW Stundenleistung am Radumfang) mit getrennt angesteuerten Drehgestellen.
- Erstmalige Anwendung einer Rekuperationsbremse in Phasenanschnitt-Steuerung auf einer Zahnrad-Reibungslokomotive.

Die Antriebskonstruktion teilt mit dem Differentialgetriebe die Zugkraft in zwei Anteile auf, wobei einesteils die Räder des Reibungstriebwerkes, andererseits das Triebzahnrad ihre Zugkraft-Anteile zugeleitet bekommen.

Unser SLM-Foto zeigt ein einbaufertiges Trieb-Drehgestell mit geschweißtem Hohlträgerrahmen. Die großen Fahrmotoren waren nicht innerhalb des Drehgestellrahmens unterzubringen. Die Motoren, seitlich aneinander geschraubt, mußten daher über dem Drehgestellrahmen angeordnet werden. An je einer Stirnseite der quer und gegeneinander versetzt montierten Motoren ist das Vorgetriebe angeflanscht. Dieser gesamte Motor-Getriebblock stützt sich über zwei Querträger auf die Längsträger des Drehge-

stells ab und ist als Einheit ein- und ausbaubar. Eine parallel zum Motor liegende Kardanwelle nimmt das Motordrehmoment vom Vorgetriebe ab und überträgt es auf den Achsantrieb. Die Kardanwelle übernimmt sämtliche Relativbewegungen zwischen dem Vorgetriebe und dem als Tatzlager ausgebildeten Achstrieb. Um die in Querrichtung nicht abgefederten Massen gering zu halten, wurden das Achsgetriebe, das Triebzahnrad und die Bandbremseinrichtung auf einer Hohlwelle angeordnet, also vom Triebradsatz entkoppelt und durch einen am Getriebegehäuse befestigten Querlenker mit dem Drehgestellrahmen verbunden.

Dreiachsiges Triebgestell der DB-Baureihe 103

Um die unabgefederten Massen der Radsätze und Getriebe möglichst klein zu halten, hatten die Konstrukteure eine Anordnung der drei Fahrmotoren im Drehgestellrahmen vorgesehen. Hierbei wurden zur Weitergabe des Antriebsmomentes auf die Treibradsätze besondere Antriebs-Elemente geschaltet, welche die Relativbewegungen zwischen Drehgestellrahmen und Radsätzen weder behinderten noch die drehelastische Übertragung des Antriebsmomentes ausschlossen. Den sonst bewährten Gummiringfeder-Antrieb hielt man zur Einhaltung von Plangeschwindigkeiten von weit über 160 bis 200 km/h und gegebenenfalls mehr nicht für vertretbar, weil er eigentlich »nur« ein, die unabgefederte Masse erhöhender Tatzlager-Antrieb ist, bei dem zwischen Tatzlager und Treibradsatz drehelastische Elemente liegen, die auch in radialer Richtung eine geringe Federung hergeben.

Der sich dann bei den Vorauslokomotiven 103 002 und 004 bewährende Gummiringkardan-Antrieb führte schließlich zur generellen Anwendung dieses Getriebes in den Serienlokomotiven.

Die Drehgestellrahmen und Radsätze sind sehr hoch beanspruchte Teile, weshalb auch möglichst großvolumige, stabile und nicht gekröpfte Kastenträger mit Konsolen zum Tragen der Fahrmotoren in Frage kamen. Aus bogenlauftechnischen Gründen sollte der Drehgestell-Gesamtachsstand das Maß von 4500 mm nicht überschreiten. Bei 1250 mm Rad- und etwa 1200 mm Fahrmotoren-Durchmesser gelang die Einhaltung dieser Vorgabe. Die Motoren der beiden äußeren Radsatzantriebe sind mit einer Neigung nach innen von 15° montiert worden, um das Massenträgheitsmoment des betriebsfertigen Drehgestells um die

Lotrechte so gering wie konstruktiv möglich zu halten.

Wie auf dem Krauss-Maffei-Werkfoto zu sehen ist, sind auf jeder Drehgestellseite vier schlanke Flexicoilfedern angeordnet, auf denen der Lokomotivkasten aufliegen wird. Solche Federn bieten beim Ausdrehen des Gestells gegenüber dem Kasten einen verhältnismäßig geringen Widerstand. Zur Übertragung der Zug- und Bremskräfte dienen wechselseitig wirksame Zugstangenpaare. Der Lokomotivkasten kann in Querrichtung schwingen. Doch wegen vorkommender schneller Kurvenfahrt mit hohem Fliehkraft-Überschuß mußte Vorsorge getroffen werden. Zusätzlich zur Querfederung waren Gummifeder-Anschläge nötig, um den Kasten nicht zu weit ausschwingen zu lassen.

Triebdrehgestell der DB-Lokomotiven, Reihe 120

Bei der konstruktiven Auslegung von Triebgestellen für die elektrischen DB-Lokomotiven 120 001–005 fanden die quer-elastische Radsatzführung über Lemniskaten-Lenker sowie die Einbindung der Drehzapfen in den Drehgestellen ebenfalls mit Hilfe von Lemniskaten-Lenkern besondere Beachtung. So war es schließlich möglich, ein freies Querspiel von ±20 mm zu erreichen. Das Drehzapfenlager gestattet mit seiner Gummiringfeder-Ausstattung eine ungehinderte Tauchbewegung des Brückenrahmens der Lokomotive. Die verhältnismäßig leichten Drehstrom-Fahrmotoren wurden liegend im Gestell eingebaut. Bei 2800 mm Radstand und 1250 mm Treibraddurchmesser war das zu machen. Der Schwerpunkt der Motoren befindet sich damit annähernd auf derselben Höhe wie der Drehgestell-Nickpol und die Zugkraftanlenkung.

Monoblock-Räder und Achslager-Leichtmetallgehäuse vermindern die unabgefederten Massen. Die seitlich angeordneten, je drei Schraubenfedern haben im Hinblick auf die Brückenabstützung ihre erwünschte Flexicoilwirkung gegenüber den Ausdreh- und Querbewegungen.

Der geschweißte Stahlblech-Drehgestellrahmen erhielt seine beiden Längs- und die drei Querträger jeweils in Kastenform. Eines der für die Baureihe 120 postulierten Konstruktionsprinzipien war der Einzelachsantrieb mit gemeinsamer Speisung der Fahrmotoren eines Drehgestelles, ferner die Fahrmotoraufhängung als Gestellmotor im Drehgestell und die Zugkraftübertragung mittels Drehzapfen.

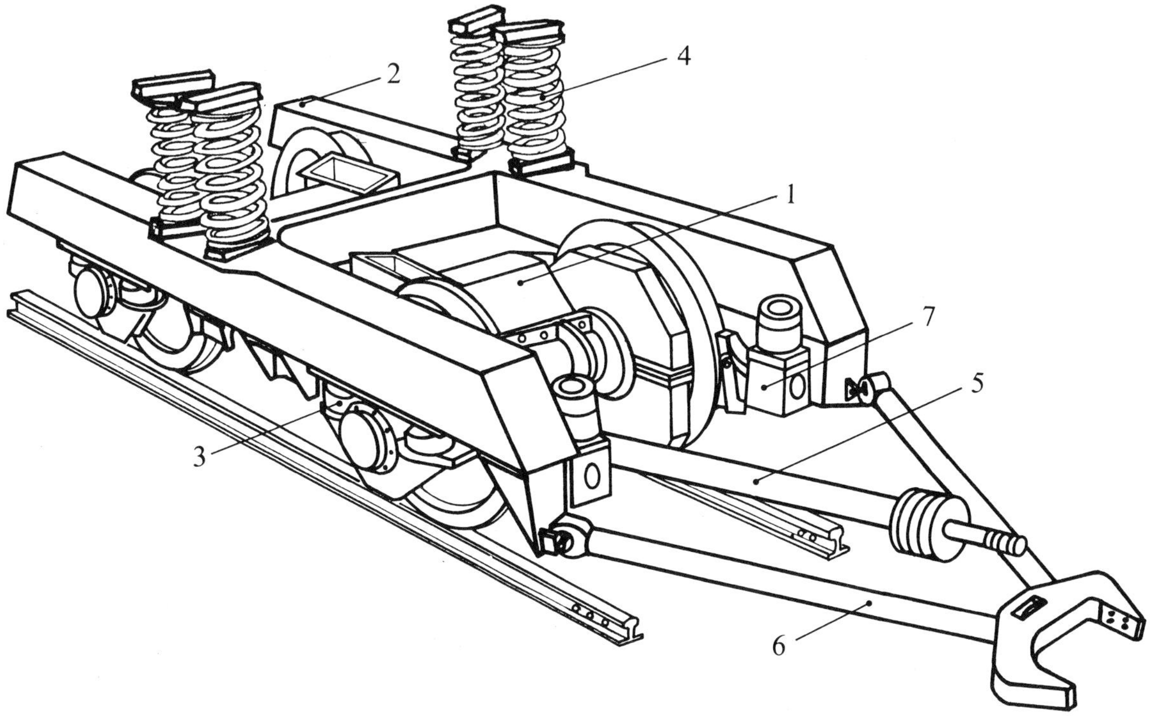

Weltrekord auf Kapspur:
Verwindungsweiche Trieb- und Lauf-Drehgestelle für Schmalspur

Die Schweizerische Lokomotiv- und Maschinenfabrik Winterthur (SLM) hat 1984/85 ein zweiachsiges Trieb-Drehgestell mit verwindungsweichem Rahmen [2] für Geschwindigkeiten bis etwa 140 km/h entwickelt. Der Einsatzbereich dieser Konstruktion umfaßt vorzugsweise vierachsige Fahrzeuge mit tatz- [1] oder schiebegelagerten Einzelachsantrieben (Patent SLM). Sie kann nicht nur für Meterspur (SLM-Prinzipskizze), sondern auch für andere Spurweiten und Achslasten ausgelegt werden. Das gezeigte Drehgestell sorgt für ausgeglichene Radlasten und reduziert damit die Entgleisungsgefahr auf mangelhaftem Gleis. Die Übertragung der Zugkraft erfolgt über eine einzige Zug-Druck-Stange [5] zwischen Lokomotivkasten und Antriebseinheit. Die Federung besteht aus einer einfachen, relativ harten Primärfederstufe [3] und einer Flexicoil-Sekundärfederung mit Gummilagerungen [4]. In die Klotzbremseinheiten ist eine Feststell-Federspeicherbremse [7] integriert. Die ersten Drehgestelle dieses Typs waren für dieselelektrische Lokomotiven einer bolivianischen Bahn bestimmt. Die Versuchsfahrten fanden im Spätherbst 1985 auf dem Netz der Rhätischen Bahn (RhB) zwischen Landquart und Davos statt. Während der gesamten Versuchsperiode konnte, auch bei ausgeschalteten Schleuderschutzeinrichtungen, nie ein Einzelachsschleudern registriert werden. Die Kurven-Laufeigenschaften sind durch den Einbau einer Querkupplung [6] noch weiter verbessert worden. –

Unter der Prämisse des Einflusses der Radsatzführung auf den Laufflächenverschleiß entwickelten die Südafrikanischen Eisenbahnen (SAR) sogenannte Kreuzanker-Drehgestelle für Reisezugwagen und Lokomotiven, mit denen bei betriebswirtschaftlichen Vorteilen auf vorhandenen kapspurigen Hauptlinien auch in den Gleisbögen kraftschlüssig und schneller gefahren werden kann. Das Kreuzanker-Drehgestell besitzt selbstlenkende Radsätze, die seit 1972/73 zunächst in großen Güterwagen schrittweise Eingang fanden, aber dann fortentwickelt und in der zweiten Hälfte der achtziger Jahre in Reisezugwagen und Lokomotiven erprobt wurden. Diese neuen, mit Lemniskatenlenkern ausgestatteten Drehgestelle sind auf den Kapspurstrecken bis zu einer Höchstgeschwindigkeit von 245 km/h bei guter Laufstabilität erprobt worden. Das Kurzzeit-Maximum kann als Geschwindigkeitsweltrekord auf 1067 mm Spurweite gelten. Für die Versuche ist eine SAR-Elektrolokomotive, Klasse 6 E, mit geänderter Getriebeübersetzung hergerichtet worden.

Stangentriebwerke elektrischer Lokomotiven

Direkter Stangen-Antrieb ohne zwischengeschaltete Zahnrad-Übersetzung

Der »direkte Stangen-Antrieb« in Verbindung mit hoch, im Lokomotivrahmen gelagertem, langsam drehenden Fahrmotor ist vor allem in der deutschen Lokomotiv-Industrie bis ins dritte Jahrzehnt unseres Jahrhunderts konstruiert worden und zur Geltung gekommen (Baureihen E 06, E 32, E 36, E 50). Im Vorfeld solcher Entwicklungen hieß es, man solle sich in der Zahl der »Triebmaschinen« auf nur einen Motor beschränken. Das würde die Freizügigkeit in den Abmessungen gewährleisten und keinerlei Schwierigkeiten hinsichtlich Raum- und Lastaufteilung bedeuten. Der dauernd etwa 1600 kW leistende Motor einer noch vor dem Ersten Weltkrieg konstruierten 2'D1'-Probe-Schnellzuglokomotive, Gattung EP 235 der KPEV (spätere E 5035 der DR) wurde mit 3600 mm Gehäusedurchmesser zum damals größten Bahnmotor der Welt und machte einen besonderen Lokomotiv-Dachaufbau erforderlich. Um die Zapfen- und Lagerdrücke in beherrschbaren Grenzen zu halten, entschieden sich die Techniker für ein symmetrisches Zweistangentriebwerk mit zwei Blindwellen, also für einen sogenannten Doppelparallelkurbel-Antrieb. Die Treibstangen sind um 90° einander geneigt worden.

Natürlich verursachten die kreisenden Massen der Stangen, trotz Gegengewichtsausgleich, im Zusammenwirken mit dem bei jeder Umdrehung auftretendem Druckwechsel, außerdem mit dem Lagerspiel, mit Stichmaßfehlern und gewissen Abweichungen in der Winkelstellung der einzelnen Kurbeln, mitunter sogar betriebsgefährdende Störungen des Kräftespiels. Trotzdem überwogen die positiven Eigenschaften dieser zunächst auf der schlesischen Strecke Lauban–Königszelt eingesetzten 2'D1'-Probelokomotive. Sie besaß nur 1250 mm Kuppelraddurchmesser, hatte ein Lotter-Gestell einerseits und ein Bissel-Gestell andererseits. Das war eine Konzeption, die jene Maschine für den Gebirgs-Schnellzugdienst bis 85 km/h Maximalgeschwindigkeit geeignet erschei-

Elektrische Flachland-Schnellzuglok Reihe 06 der DR

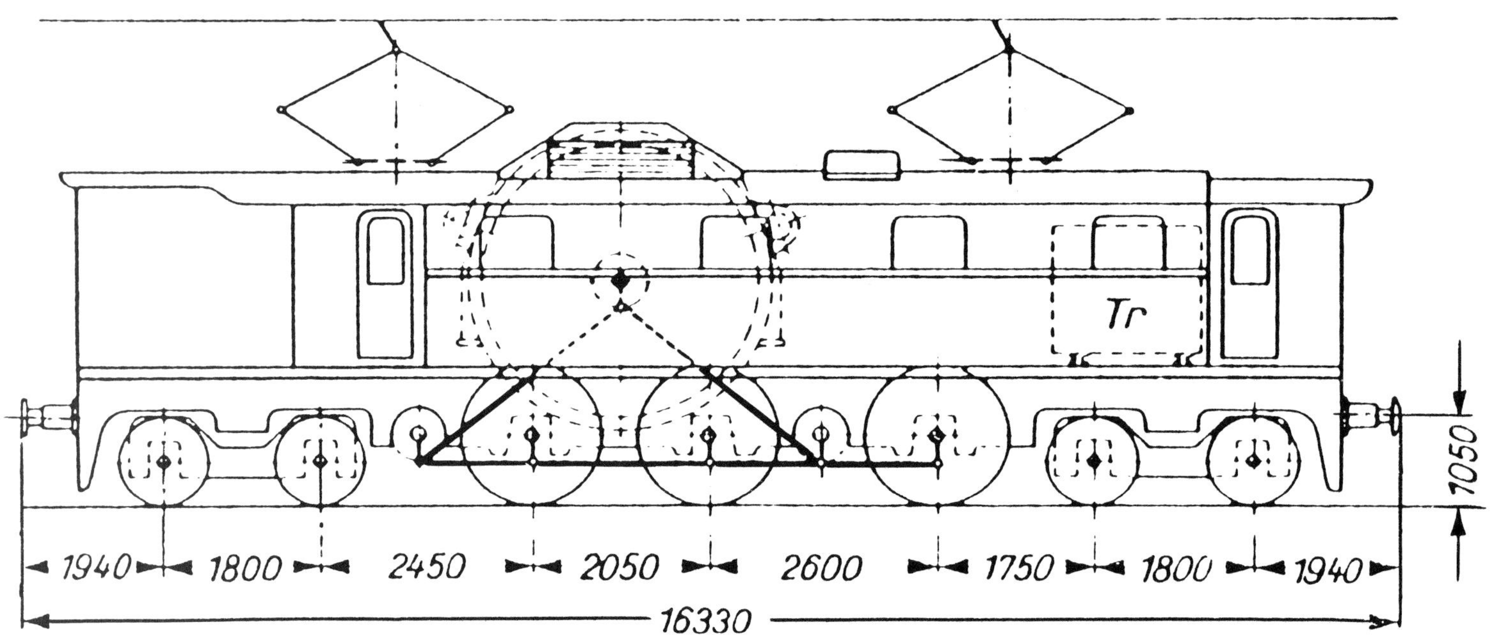

nen ließ, so daß Nachfolgerinnen (mit einigen technischen Verbesserungen), später als Reichsbahn-Gattungen E 50^3 und E 50^4 eingereiht, zu liefern waren, denen die Bahnverwaltung eine zulässige Höchstgeschwindigkeit von 90 km/h gestattete. Man schätzte übrigens allmählich den auf dem Hauptrahmen offen montierten, von Paul Müller (Bergmann-Elektrizitäts-Werke) entwickelten, hier frei zugänglichen Großmotor, der betriebs- und werkstattechnisch durchaus gewisse Vorteile hatte, obwohl die mechanische Leistungsübertragung inzwischen veraltet war. Auf dem Foto vom Vorfeld des Leipziger Hauptbahnhofes sehen wir die 1924 in den Reichsbahndienst übernommene Lok E 50 48 (hier im Jahre 1933), deren Doppelparallelkurbel-Antrieb schüttelschwingungsfrei war.

Schrägstangen-Antrieb

Während der 11. Tagung der Internationalen Eisenbahn-Kongreß-Vereinigung wurde 1930 in Madrid vorgetragen, daß bei elektrischen Schnellzuglokomotiven die Motoren am besten fest im Rahmen gelagert werden. Der Antrieb über Zahnräder und Stangen würde seinerseits Vorteile bieten in Lokomotiven für kleine und mittlere Geschwindigkeiten, vor allem dann, wenn eine gute Ausnutzung der Reibungsmasse wünschenswert erscheint. Ein solcher Stangenantrieb gestattet, die Fahrmotoren hoch im Rahmen anzuordnen und ihre Anzahl kleiner zu halten als bei Einzelachsantrieben mit einer »Nasen«-Aufhängung der Fahrmotoren (Tatzlager-Motoren).

Man befand sich zwar in jenen Jahren in einem Konstruktionsgeschehen, das vom Stangen-(Gruppen-)Antrieb zum Einzelachs-Antrieb überleitete, aber die praktizierte Gruppierung der Antriebe mit Hilfe von Blindwellen, Kuppel- und Treibstangensystemen hatte noch lange nicht ausgedient. Die Österreichischen Bundesbahnen beschafften im Jahre 1954 noch elektrische Vierkuppler-Verschiebelokomotiven, Reihe 1062, mit Vorgelege und Kuppelstangen. Und die Schweizerischen Bundesbahnen setzten 1952 ihre Schrägstangen-Elektrolokomotiven Ee 6/6 (Achsfolge C'C') in Betrieb. Wie auf der Zeichnung (SBB) erkennbar, wurden bei diesen 90 t schweren Zweimotoren-Lokomotive nur mäßige Überhöhungen und lange,

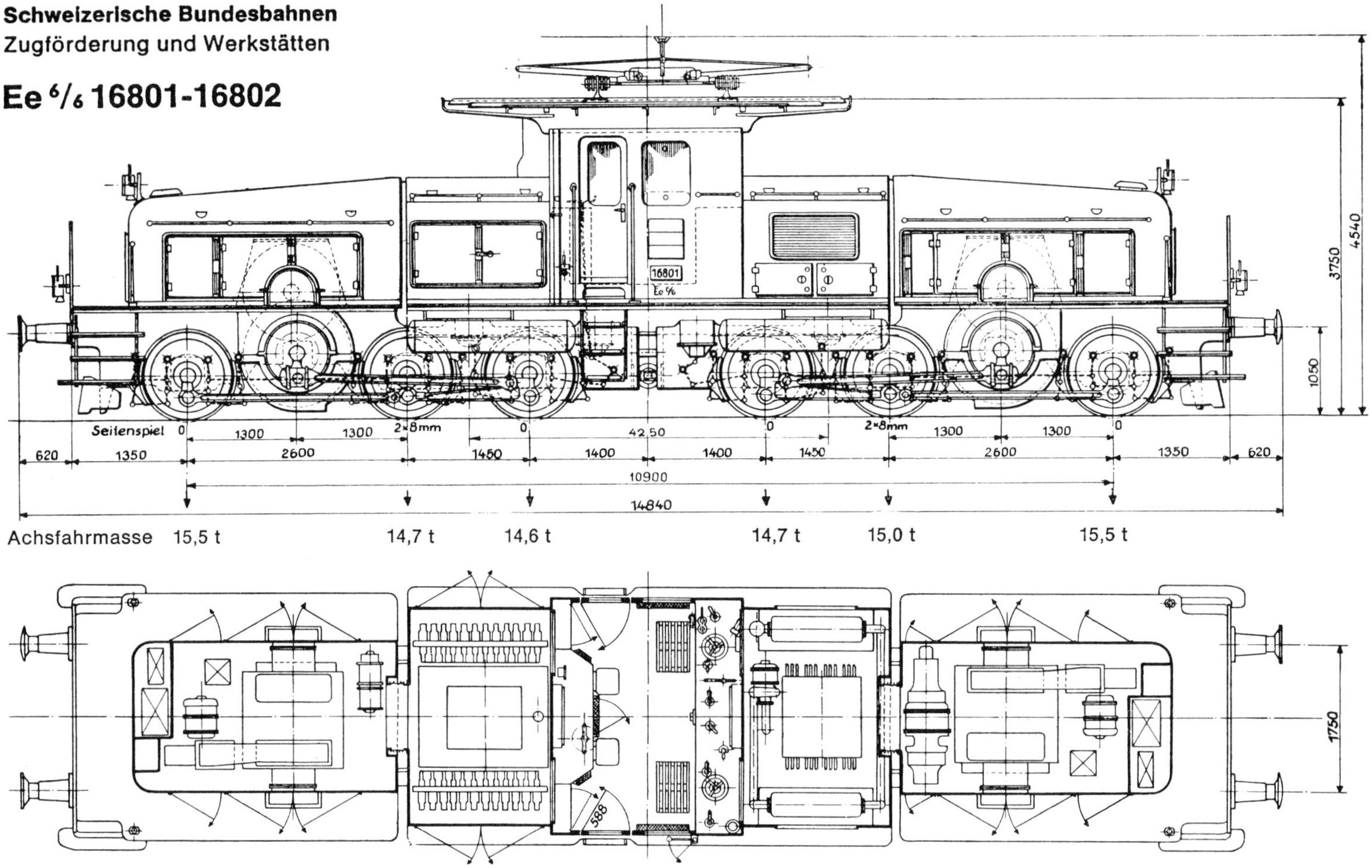

sehr flachliegende Schrägstangen zur Leistungsübertragung von der Kurbel der Vorgelegewelle zu den Triebradsätzen (1040 mm Laufkreisdurchmesser) bei einer Getriebeübersetzung von 1:6,2 bevorzugt.

Schrägstangen-Antriebe und ihre Probleme

Die Stangen-Antriebe früherer elektrischer Lokomotiven, bei denen ein einzelner oder zwei Motoren mit Zwischenschaltung von Zahnrädern, Blindwellen und Kuppelstangen die Leistungsübertragung besorgten, versprachen oft mehr als sie hielten. Die Erbauer erwarteten, daß die alleinigen rotierenden Triebwerkmassen einer elektrischen Lokomotive das »Ei des Columbus« wären. Durch das Vermeiden der Schwierigkeiten mit den sonst bei Dampflokomotiven nicht ausgeglichenen hin- und hergehenden Massen müßten im Elektrolokbetrieb doch alle kritischen Triebwerk-Schwingungen der Vergangenheit angehören. Die Praxis sah jedoch anders aus. Man konnte zwar die umlaufenden Massen auswuchten. Aber die Unregelmäßigkeiten in den Abmessungen der Treibstangen und der Gleislage brachten neue Probleme, darunter die gefürchteten Schüttelschwingungen, die dann noch mehr Kummer machten als die kritischen Schwingungen einer Dampflokomotive. Bei vielen elektrischen Lokomotiven des In- und Auslandes ereigneten sich mitunter Brüche der Stangen und Achsen, deren Ursachen nur selten zufriedenstellend auszuräumen waren.

Senkrechte Bewegungen, hervorgerufen durch das »Springen« der Räder bei Gleisunebenheiten, aber auch verursacht durch die Schwingungen des Rahmens auf dem Achsfedersystem, brachten schädliche Längenänderungen der schrägen Treibstangen, die damit zusätzlichen Zug- und Druckkräften unterworfen waren. Solange die mit kleineren Fahrgeschwindigkeiten gegebene Anzahl der Schwingungsimpulse gering blieb, konnten die Zerrungen (Dehnungen und Stauchungen) im Triebwerk durch elastische Verformungen aufgenommen werden. Deshalb wurden in der Regel mehr als 70 bis 75 km/h Höchstgeschwindigkeit für solche Lokomotiven kaum zugelassen. Die Ingenieure ersannen aber noch manchen kinematischen Kniff, um die Auswirkungen schädlicher Einflüsse zu mildern.

Unser Foto (Seite 28) präsentiert den (Winterthurer) Schrägstangenantrieb der DB-Lok E 7509. Die Deutsche Reichsbahn-Gesellschaft beschafte 1928/30 insgesamt 31 solcher 1'BB1'-Lokomotiven als Zweimotorenbauart mit gefederten Motorritzeln und Vorgelegen. Es waren die letzten reichsdeutschen Stangen-Elektro-Lokomotiven für den Streckendienst. Ihre Laufruhe galt bei Geschwindigkeiten bis 70 km/h als noch recht gut.

Patentierter Kandó-Antrieb

Die patentierte Kandó-Antriebsanlenkung erschien wegen der verzögerten Fertigstellung der dafür vorgesehenen ungarischen Lokomotive (nach späterem Umbau mit Betriebsnr. V50001 im Dienst) bereits im Jahre 1922 in Italien bei den damals neugelieferten, ebenfalls fünffach gekuppelten FS-Drehstrom-Güterzuglokomotiven E 552001/002. Das war insofern kein Wunder, als Kandó und die Ganz & Cie die Elektrifizierung der oberitalienischen Valtellina-Bahn planten und ausführten. Nach den erfolgreichen Betriebserprobungen entschlossen sich die FS, zahlreiche ihrer norditalienischen Strecken mit Dreiphasenstrom zu elektrifizieren. Kandó wurde zwischenzeitlich Konsulent der Lokomotivfabrik Società Italiana Ing. Nicola Romeo (Saronno), welche die Lokomotiven der Reihe E 552 (Foto: Archiv des Verfassers) mit »biellismo articolato brevetto Kandó« (ohne Kulisse), andere mit Bianchi-Antrieb baute.

Gliederrahmen nach Kandó

Die Königlich Ungarischen Staatsbahnen befaßten sich schon in den Jahren 1910 bis 1913 mit Elektrifizierungsplänen, wobei auch der Entschluß fiel, das von Kálmán Kandó (1869–1931) vorgeschlagene Dreiphasensystem zu erproben. Zur wirtschaftlichen Elektrifizierung der Eisenbahnen schien der Industriestrom aus dem Landesnetz am geeignetsten. Zunächst stand für die Fahrleitungseinspeisung nur 42-Hertz-Strom zur Verfügung, eine Frequenz, die aber bald auf 50 Hz erhöht wurde. Für die in der Zeichnung dargestellte Probelokomotive kam ein aus dem Jahre 1917 stammender und zu realisierender Kandó-Entwurf einer Phasenumformer-Bauart in Frage. Die mit Stangentriebwerk ausgerüstete, laufachslose Fünfkuppler-Lokomotive wurde kriegsbedingt erste 1923 fertig. Ihr mechanischer Teil ist in der Staatlichen Maschinenfabrik (Magyar Allami Gépgyár), die elektrische Ausrüstung von der Ganz'schen Elektricitäts-Aktiengesellschaft, beide in Budapest, hergestellt worden.

Die fünf Kuppelradsätze wurden von zwei halbhoch

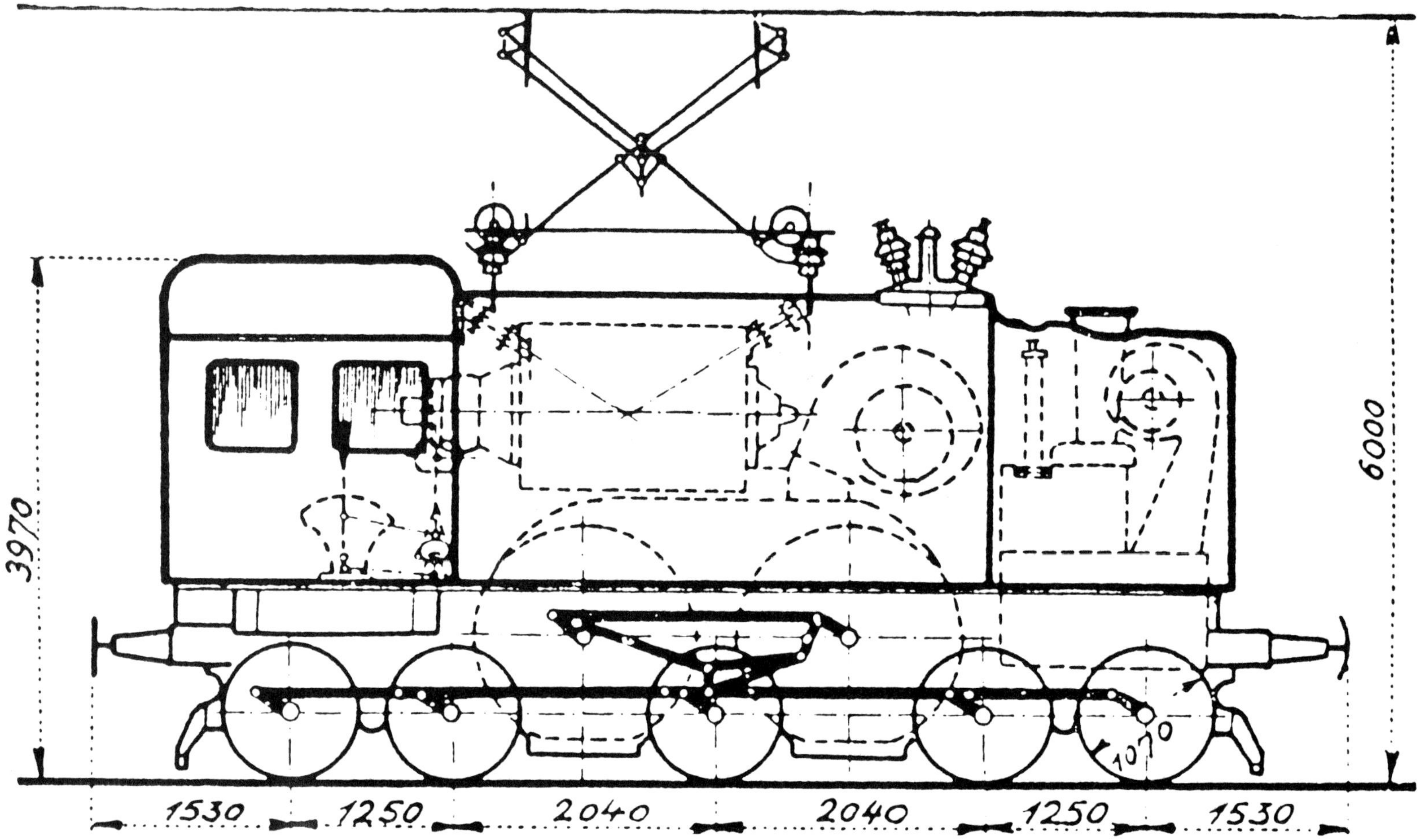

3970
6000
1070
1530
1250
2040
2040
1250
1530

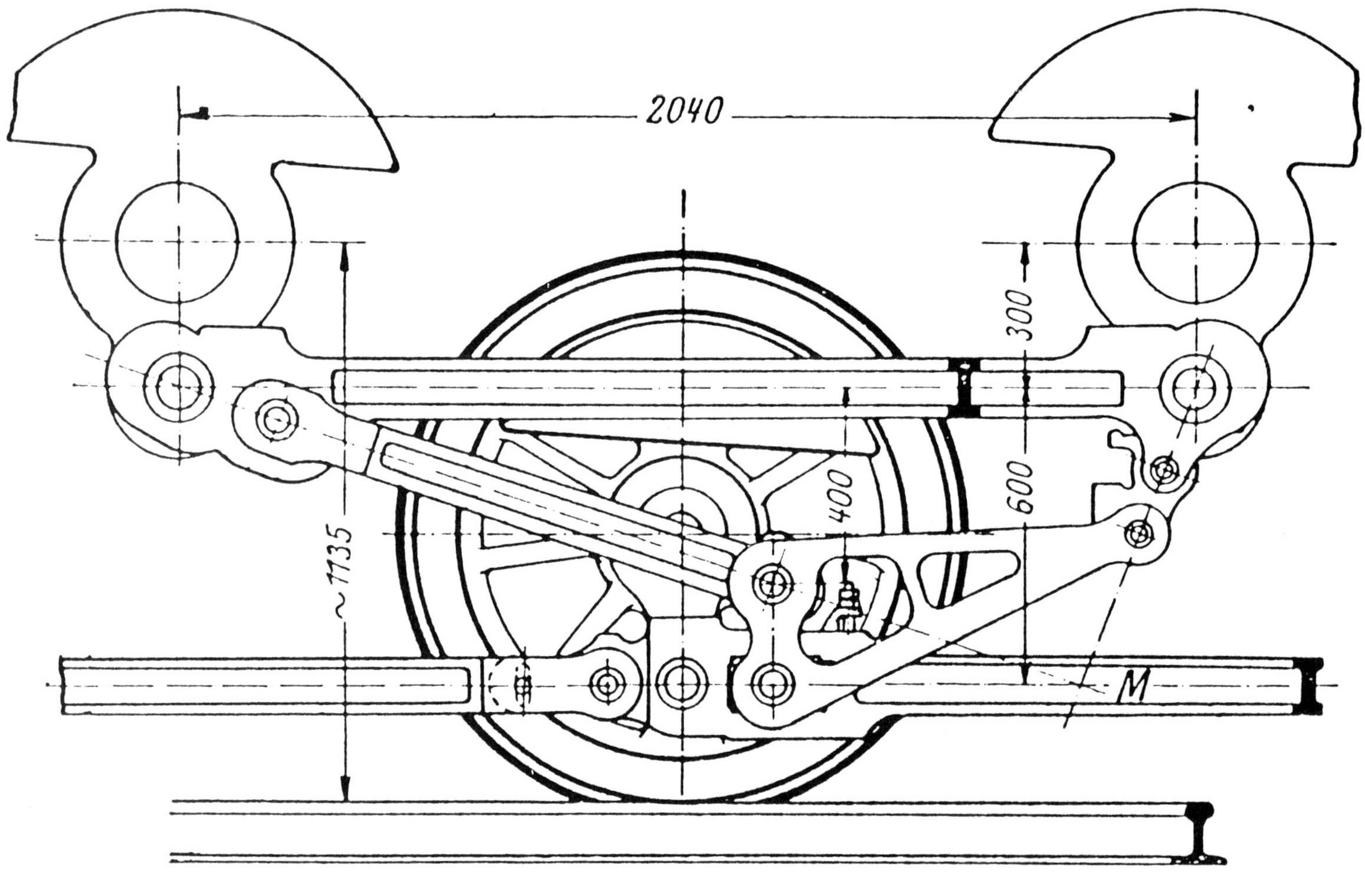

2040
300
600
400
~1135
M

im Rahmen gelagerten Doppelinduktionsmotoren angetrieben. Den von den italienischen Drehstromlokomotiven her bekannten Dreieck-(Kandó-)Rahmen, ähnlich dem von O. Kjelsberg geschaffenen, ein flaches gleichschenkeliges Dreieck bildenden beidseitigen Kuppelrahmen, hatte Kandó selbst durch seinen neuartigen gelenkigen Gliederrahmen ersetzt (siehe Skizze). Er vermied damit die am Kurbelzapfen des Treibradsatzes sonst notwendigen Kulisse. Das Kernstück des neuen Kandó-Antriebs war nun ein Gelenkstangensystem als Polygon in unsymmetrischer Viereckprojektion mit integriertem Gelenkdreieck. Es gelang hier, ohne Schlitzkurbel mit Kulisse, das vertikale Federspiel aufzufangen.

Stangen-Gelenkantrieb nach Bianchi für Güterzuglokomotiven

Eine sich durch Vielteiligkeit auszeichnende Kinematik ist der um 1927 von Giuseppe Bianchi angegebene Gelenk-Stangenantrieb für die in großen Stückzahlen gebauten italienischen Fünfkuppler-Drehstrom-Güterzug-Lokomotiven E 554. Der von den Vorgänger-Bauarten mit flachem Kuppelrahmen und Kulisse in abgewandelter Form übernommene Antrieb unterscheidet sich hauptsächlich durch ein Dreistangensystem mit Lenkergeradführung, das den Kuppelrahmen mit der reichlich Schmierung erfordernden Kulisse ersetzte. Die waagerechte, die beiden Fahrmotorzapfen verbindende Kuppelstange bildet mit den Mittellinien zweier Schrägstangen ein gleichschenkeliges Dreieck, dessen Spitze auf der Treibradkuppelstange in einem Kuppelzapfenmittelpunkt liegt. Ein zusätzliches System von drei Gelenkhebeln umfaßt mit sechs Druckpunkten den Treibzapfen und verhindert die Einleitung vertikaler Kraftkomponenten. Der Bianchi-Gelenkstangenrahmen ist also das zentrale Kupplungsglied zwischen den hochgelegenen Asynchron-Fahrmotoren und den einzelnen Kuppelstangen. Die konstruktive Ausführung geht aus unserem Foto (TIBB) der FS-Lokomotive E 554023 (Baujahr 1929) hervor.

Stangen-Gelenkantrieb für Schnellzug-Lokomotiven

Der von Giuseppe Bianchi entwickelte Stangen-Gelenkantrieb war nicht nur für die langsamen, für 50 km/h ausgelegten Güterzug-Lokomotiven E 554 der FS bestimmt, sondern auch – bei geringfügig geänderter Anlenkung des zentralen Kupplungssystems – für die 40 Drehstrom-Schnellzuglokomotiven E 432 der FS, die 1928/29 gebaut und mit ihrer großrädrigen 1'D1'-Achsfolge für 100 km/h Höchstgeschwindigkeit zugelassen wurden.

Die vielteilige Getriebe-Konstruktion (auf unserem Foto für die Lok E 432004) hat mehr als vier Jahrzehnte zufriedenstellend ihre Aufgabe erfüllt. Sie stellt eine spezielle Form des Gruppenantriebs elekrischer Lokomotiven dar, bei dem die Zahl der Fahrmotoren kleiner ist als diejenige der Triebradsätze. Der Antrieb wurde übrigens in Deutschland mit der Nr. 380044 beim Reichspatentamt eingetragen.

Die 1928 gebaute Lokomotive E 432008 hat mit dem Bianchi-Antrieb noch bis zum Ende des italienischen Drehstrombetriebes »durchgehalten«. Sie absolvierte im Jahre 1976 ihre letzten Fahrten auf der Apenninenhalbinsel.

Einzelachs-Antrieb

Tatzlager-Antrieb

Die häufigsten, im Elektrolokomotivbau praktizierten Antriebssysteme sind solche mit Tatzlager- oder mit Gestellmotoren. Ein Tatzlagerantrieb beruht auf ungefederten Massen, die dynamische Achslastwirkungen hervorrufen.

Der quer zur Fahrtrichtung eingebaute Tatzlagermotor gilt als eine der ältesten Bauarten in der elektrischen Zugförderung. Bereits im Jahre 1886 konstruierte Frank Julian Sprague einen solchen Motor, den er angesichts der typischen Aufhängung auch als »Schubkarren-Motor« bekannt machte. Manche Techniker bezeichneten dieses Antriebsaggregat auch als »Achsvorgelegemotor«.

Um die genauen Eingriffe im Stirnrad-Übersetzungsgetriebe zu sichern, war der Motor einerseits mit seinen »Tatzen« ungefedert mit Gleitlagern auf der Radsatz-Achswelle, andererseits nach Art einer Schubkarre gefedert im Fahrzeug- oder Drehgestellrahmen befestigt. Damit ruhte also praktisch das halbe Motorgewicht unelastisch auf der Achswelle. Es entstanden die gefürchteten unabgefangenen Massendrücke, die während der Fahrt über Schienenstöße und Weichen-Herzstücke den Motoranker in seiner Drehbewegung plötzlich beschleunigen oder verzögern, weil das große Zahnrad des Getriebes wie eine Zahnstange auf das kleine Zahnrad, also das Motorritzel einwirkte. Spätere gefederte Zahnräder und Dämpfungsglieder milderten die Massenwirkungen.

Beispiele von Lokomotiven mit Tatzlager-Antrieben sind die Reichs- und Bundesbahngattungen E 44 (144), E 50 (150), E 93 (193) und E 94 (194).

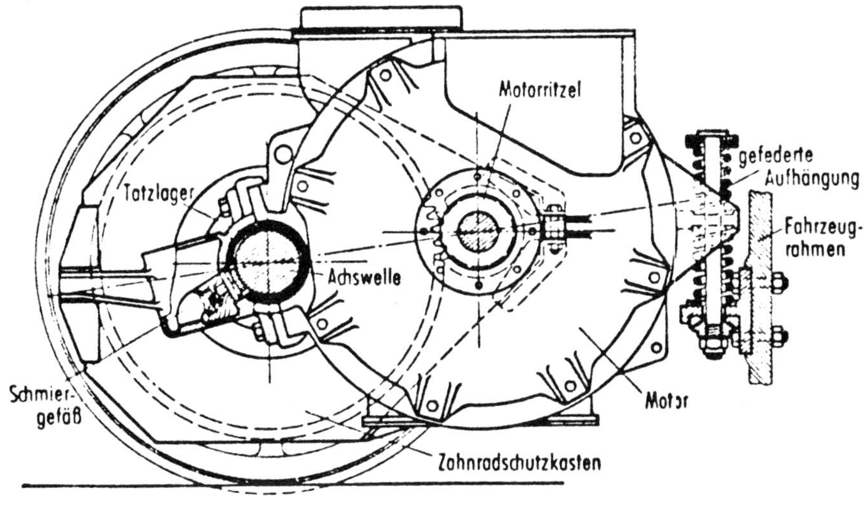

Der Tatzlagermotor bedingt einen konstanten Abstand zwischen den Mitten von Motorläufer und Radsatzwelle. Die elastische rahmenseitige Befestigung bildet zugleich die Drehmomentstütze. Die früheren Gleitlager in den »Tatzen« der Fahrmotoren sind inzwischen von Wälzlagern abgelöst worden, und für die ungefederten Übertragungsglieder zur Drehmomentweitergabe wird in jüngster Zeit gern Gummi verwendet. So ermöglicht beispielsweise ein Gummiringfeder-Antrieb eine federnde, statt der

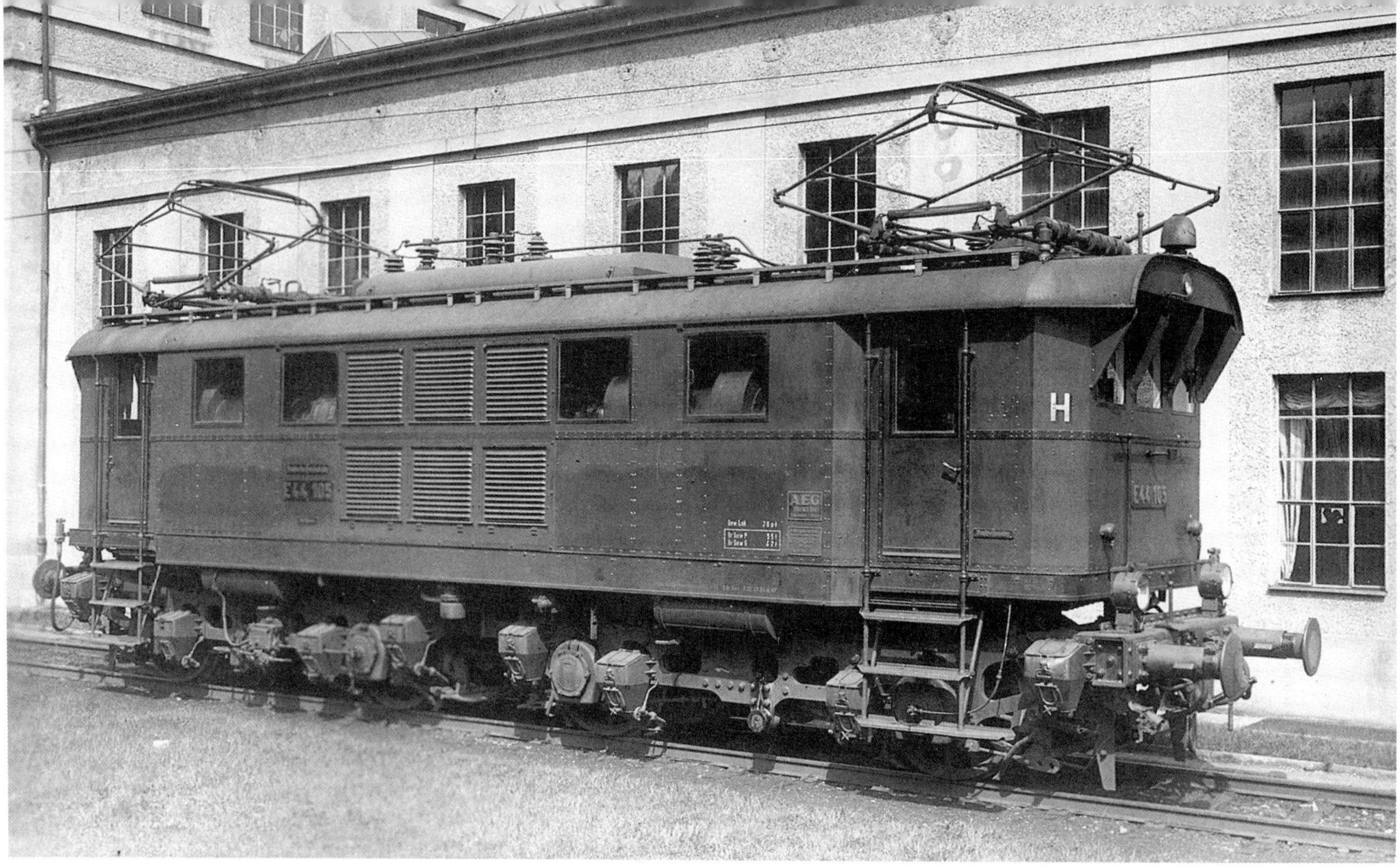

alten starren Anordnung des Tatzlager-Antriebs. Die physikalischen Eigenschaften der Gummi-Elemente müssen dabei allerdings allen Umwelteinflüssen (Hitze, Kälte, Staub, Öl und Betriebsbelastungen) gerecht werden. –

Das Schema eines Tatzlager-Antriebes geht aus der Skizze hervor. Das Bild der hier im Güterzugdienst eingesetzten E 44020 der DB zeigt uns die seinerzeitige Standardausführung dieser Baureihe. Sie hatte Tatzlagermotoren und doppelseitig ungefederte Zahnräder mit Schrägverzahnung. Auch die 1933 von der AEG und von Schwartzkopff gelieferte E 44105 (Foto: RVM-Filmstelle/Maey) hatte diese Art des Tatzlager-Antriebes, jedoch mit geänderter Übersetzung, nämlich 1:4,21 gegenüber 1:4,61 bei der Standard-Lokomotive.

Gestellmotor- und Federantrieb

Der Gestellmotor ist kraftschlüssig am Haupt- oder Drehgestellrahmen befestigt. Mit der Radsatzwelle hat er keine Berührung. Die Gestellmotoren gehören also zum abgefederten Teil der Lokomotiven. Zur Drehmomentübergabe auf die zugeordneten Radsätze ist die Zwischenschaltung allseitig beweglicher Kupplungen erforderlich, die eine störungsfreie Leistungsübertragung und die Relativbewegungen zwischen den ungefederten Radsätzen und dem gefederten Rahmen übernehmen können. Die Getriebeanordnung ist bei solchen Lokomotiven im allgemeinen aufwendiger als beim Tatzmotor.

Die Gelenkmechanismnen für die Einzelachsantriebe mit Gestellmotoren riefen wegen ihrer Vielgliedrigkeit anfangs eine gewisse Skepsis hervor. Man fürchtete höhere Betriebskosten. Hauptbestandteile der Kupplungen waren federnde Organe, darunter Schraubenfedern, Blattfederbündel und schließlich Gummielemente.

Als Musterbeispiel gelten hier die zwölfpoligen Reihenschlußmotoren in Gestellanordnung und Hohlwellenbauart der Reichsbahn-Schnellzuglokomotiven E 04 (AEG-Foto). Die Stahlguß-Hohlwellen umschließen die Radsatz-Achswelle mit genügendem Spiel. An

die scheibenartig ausgebildeten Endflansche der vom Motor angetriebenen Hohlwelle sind, um 60° gegeneinander versetzt, sechs Pratzen angeordnet, die als Vieleck unter Zwischenschaltung von Schraubenfedern in die Ebene der Radspeichen hineinragen. Der aus dem Westinghouse-Sécheron-Antrieb fortentwikkelte AEG-Kleinow-Federtopfantrieb (Zeichnung) erhielt vor allem deshalb seine praktische Bedeutung, weil die Federn in beiden Fahrtrichtungen nur auf Druck beansprucht werden und die zusätzliche Torsionsbeanspruchungen fast völlig ausgeschaltet sind. Der Kleinow-Federtopfantrieb ist erstmals 1925 angewendet worden und erfuhr zwischenzeitlich mehrere Modifizierungen. Anwendungsschritte bildeten die von der AEG, von SSW unter Mitarbeit von Borsig gebaute Reichsbahngattung E 17 (117), mit Zwillings-Gestellmotoren und Außenrahmen, außerdem die AEG-Lokomotiven E 04 (104), die E 18 (118) und schließlich die für 225 km/h ausgelegte E 19 (119).

Ähnliche Antriebe verwendeten auch die FS für ihre Schnellzuglokomotiven der Gattung E 326 (mit 2050 mm Treibraddurchmesser) und die in über 200 Einheiten gebauten (2'Bo')(Bo'2')-Schnellzuglokomotiven E 428 für 150 km/h Höchstgeschwindigkeit. Statt der Federtöpfe sind dabei Blattfederbündel (Zeichnung: FS) Bauart Negri/Bianchi, später Gummi-Elemente, zum Zuge gekommen.

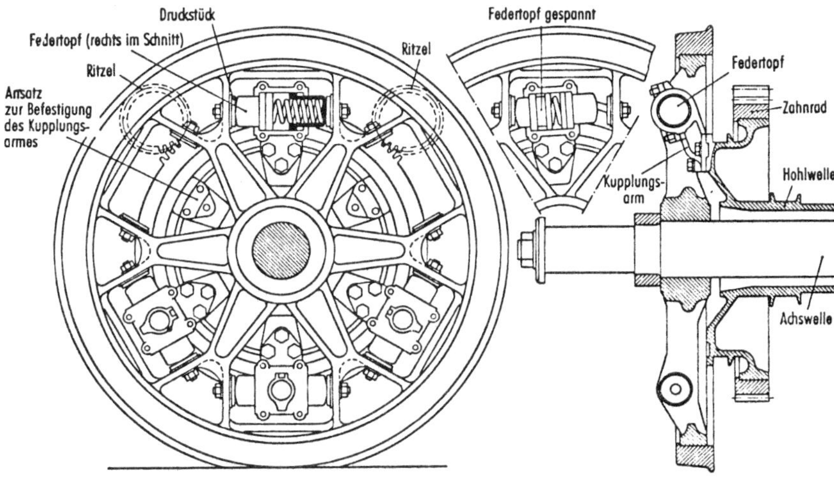

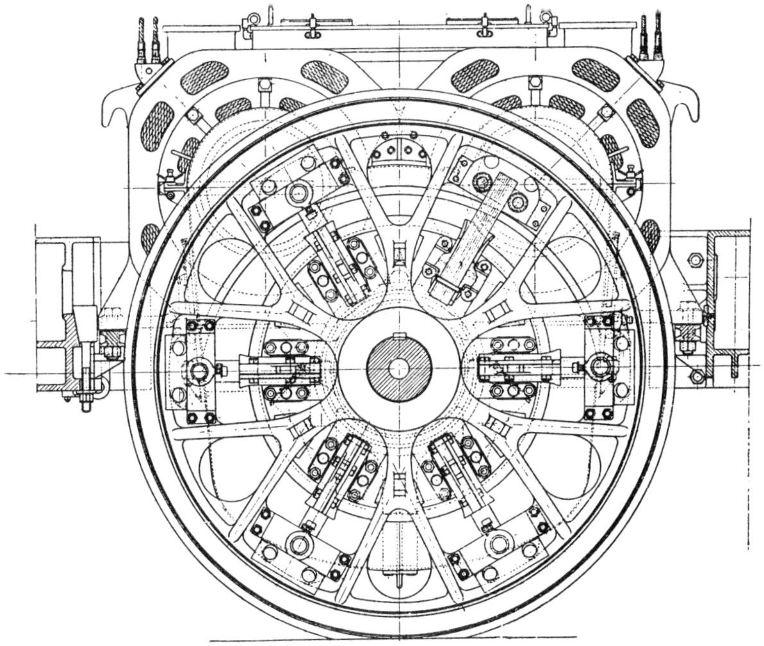

Buchli-Antrieb

Kennzeichnend für den im Jahre 1917 von Jakob Buchli (Brown Boveri & Cie) entworfenen Einzelachsantrieb mit Gestellmotor war die meist einseitig außerhalb des Treibradsatzes und außerhalb des Rahmens angeordnete Kupplung, bei der die Hohlwelle vermieden wurde. Es lag auch hier die Absicht zugrunde, einen praktisch zuverlässigen Einzelachsantrieb für elektrische (Schnellzug-)Lokomotiven zu schaffen, bei dem aber die kraftschlüssige Verbindung zwischen Motor und Treibrad durch ein symmetrisches Hebelsystem (mit Hebelverbindung über Zahnsegmente) hergestellt wurde. Jede Bewegungsfreiheit zwischen Treibrad und Zahnrad ist in den betriebsmäßig vorkommenden Grenzen gewahrt. Die Gelenklager erforderten eine besonders gute Schmierung, weshalb jedes Radsatzgetriebe eine Ölpumpe erhielt.

Zur Übertragung größerer Leistungen konnte der Buchli-Antrieb auch beiderseits des Radsatzes ausgeführt werden, eine interessante Bauart, von der die Paris-Orléans-Bahn bei ihren 2'Do2'-Lokomotiven Gebrauch machte. Als spezielle Konstruktion gab's den Buchli-Antrieb auch als innenliegende Variante.

2153 Buchli-Antriebe für insgesamt 413 elektrische Lokomotiven sind geliefert worden. Sie wurden in Lokomotiven der Schweiz, Frankreichs, Deutschlands, Italiens, Amerikas, Spaniens, der Tschechoslowakei und einiger Fernost-Länder verwendet. Die letzten Lieferungen gab es im Jahre 1951.

Die Deutsche Reichsbahn-Gesellschaft beschaffte von Mitte der 20er Jahre bis Anfang 1933 insgesamt 21 mit Buchli-Antrieben ausgerüstete 1'Do1'-Schnellzuglokomotiven (zusammen 84 Antriebe) der Baureihe E 16/16[1]. Probefahrten fanden im November 1926 mit 764 t Anhängelast zwischen Leipzig und Zerbst statt (Höchstgeschwindigkeit 114 km/h). Ein

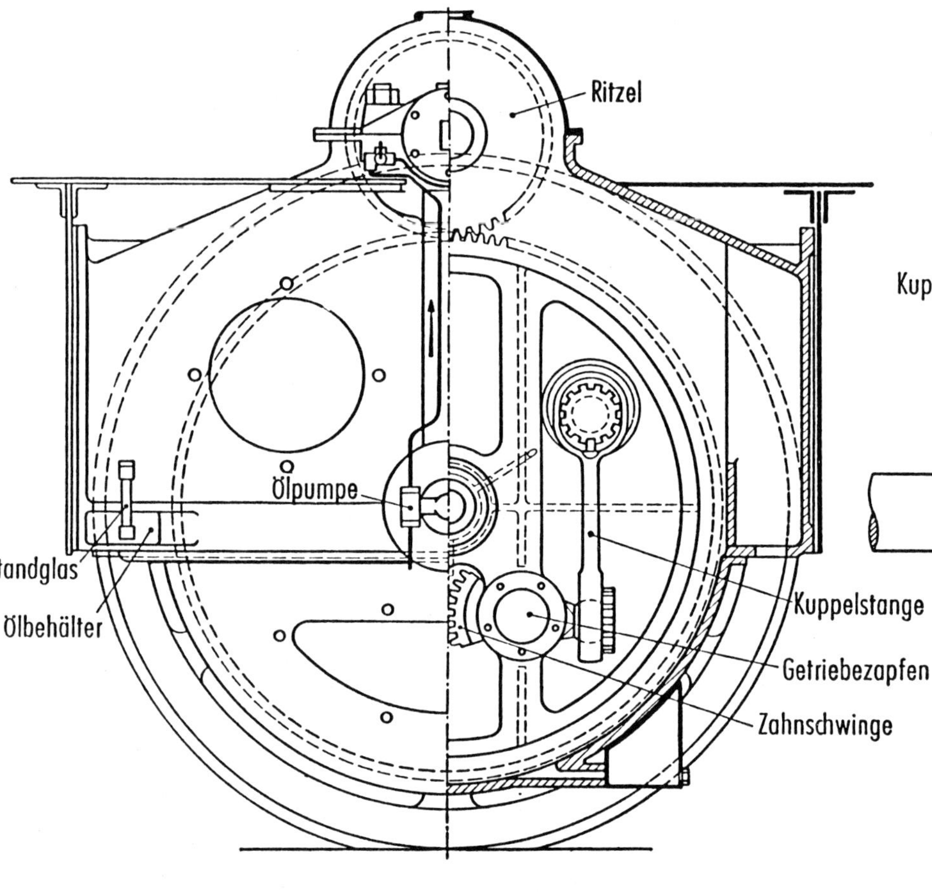

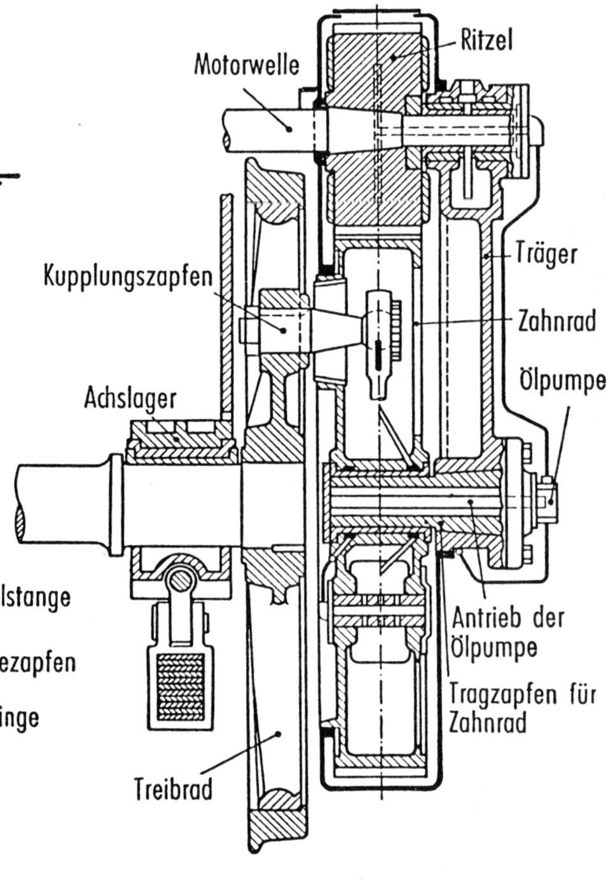

Jahr zuvor erreichte eine französische »Buchli-Lokomotive« bei der Eröffnungsfahrt der Strecke Orléans–Tours maximal 152 km/h. –

Das DB-Ausbesserungswerk München-Freimann hat die 1926 von BBC und Krauss & Comp. gebaute Lok E 1607 (DB-Pressedienstfoto) im Jahre 1974 für das Deutsche Museum hergerichtet. Auch die Lok E 1609 (116009) wurde Museumszwecken zugeführt. Über das Schicksal der in Aachen untergebrachten E 1603 (116003) wird demnächst entschieden.

Gelenkmechanismen mit »Tanzendem Ring«

Die allseitige Beweglichkeit wird bei diesen, für Einzelachs-Antriebe bestimmten Kupplungen zur Leistungsübertragung mit sinnvollen Gelenkmechanismen erzielt. Es handelt sich um Verzweigergetriebe, die es in verschiedener Form, meist ganz ohne oder nur wenigen Metallfedern als dämpfende Zwischenglieder gibt. ALSTHOM (Frankreich) und die FS (Italien) haben zahlreiche solcher Gelenkkupplungen mit im rechten Winkel zugeordneten Hebelpaaren, jedoch kinematisch voneinander etwas abweichend, für viele ihrer elektrischen Lokomotiven eingeführt. Die gelenkig ausgebildeten Scheitelpunkte derartiger Hebelpaare wurden mit einem die Rad-Achsschenkel ringartig umfassenden, freischwebenden »Tanzenden Ring« (»anneau dansant«) miteinander verbunden.

Der bei den italienischen Bo'Bo'Bo'-Mehrzwecklokomotien E 646 verwendete, zuvor in der vierachsigen E 434.068 erprobte Antrieb besteht aus einem Gelenk-Viereck mit gummi-elastisch gelagerten Lenkerstangen und dem die Achsschenkel umgreifenden »anello danzante« als Lenkerstütze. Die freien Enden der Lenkerstangen greifen, diagonal gegenüberliegend, einerseits an den beiden Treibzapfen an, die mit dem Getriebegroßrad verbunden sind, andererseits an den beiden in die Radscheiben eingepreßten Treibzapfen. Silent-Blocks übernehmen durch ihre Elastizität den Feinausgleich in der Antriebskinematik. Die Hohlwelle mit Getriebegroßrad ist am Gehäuse des Doppelmotors gelagert.

Der französische ALSTHOM-Antrieb erfuhr übri-

gens noch verschiedene konstruktive Modifizierungen, darunter die in zwei Ebenen angeordnete Gelenk-Kupplung und das Verzweigungsgetriebe mit Gummidrehfeder, womit die dadurch erreichte erhöhte Drehelastizität ein weiches Anfahren ermöglicht und dabei die Kollektoren vor Einbrennungen schützt. –

Das Radsatz-Foto (TIBB) verdeutlicht ein Lenkergetriebe mit »Tanzendem Ring« für die Bo'Bo'Bo'-Mehrzwecklokomotive E 646 der FS, und auf der FS-Drehgestellzeichnung sieht man die Antriebsanordnung der Schnellfahrlokomotive E 444.

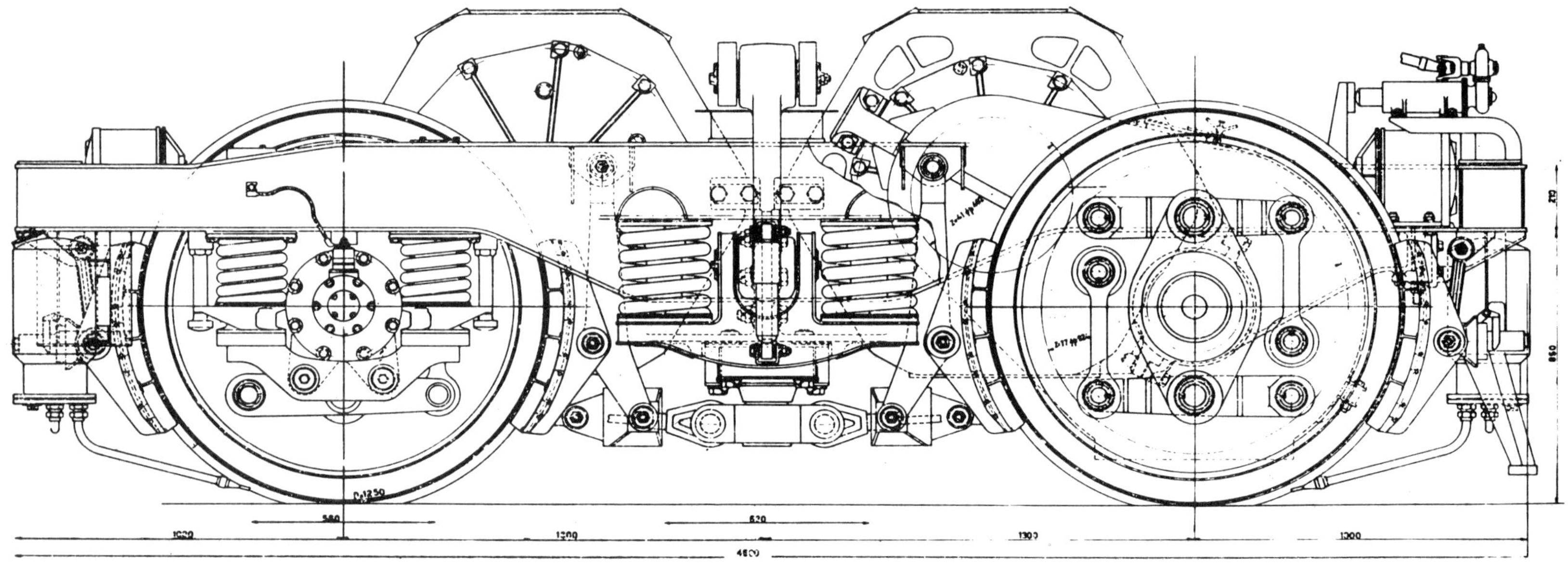

Rechte Seite oben:
Steuerungsantrieb der DB-Lokomotive 23 105, hier im Jahre 1989
Foto: Messerschmidt

Rechte Seite unten:
Äußere Steuerung mit gerader Schwinge der von Krauss mit Fabriknummer 2051 gebauten Werklokomotive der Feldmühle AG hier im Jahre 1987
Foto: Messerschmidt

JUNG
23105

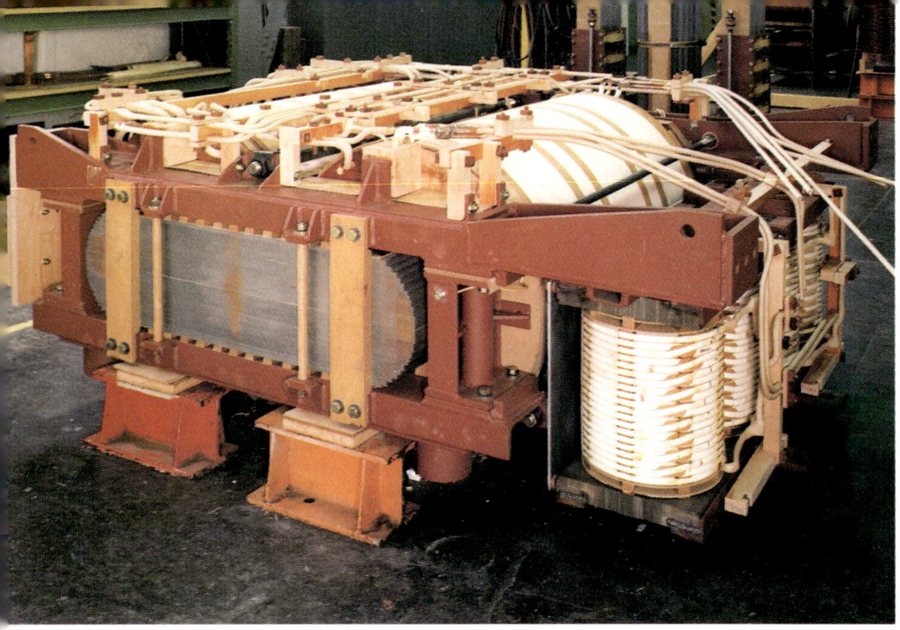

▲ Haupttransformator der DB-Lokomotiven 120 001–005 Foto: ABB

Fremdbelüfteter vierpoliger Asynchronmotor (Dauerleistung 1250 kW) mit Getriebe, Tragarm, Bremshohlwelle mit Bremsscheibe sowie Gummigelenk-Kardanantrieb für Triebkopf (ET) 401 Foto: Siemens AG

▼ Zusammenbau elektrischer Bundesbahn-Lokomotiven um 1964 in München Werkfoto: Siemens/KM

▲ Kompakte Stromrichter-Anlage zum Einbau in die diesel-elektrische MaK-Lok DE 1024 Foto: ABB

▶ Diesel-elektrische Prototyp-Lokomotive MaK DE 1024 in Drehstrom-Antriebstechnik, Lok im Versuchseinsatz Foto: ABB

Leipziger Fühjahrsmesse 1988.
Thyristor-Lok 243 335–7 der DR, gebaut 1988 mit Fabriknummer 19 577 vom VEB LEW in Hennigsdorf Foto: Messerschmidt

Modell der österreichischen Zweisystem-Lokomotive, Reihe 1822 (»Brenner-Lok«), vorgestellt vom 7. – 10. Oktober 1990 in der Technischen Universität Graz **Foto: Messerschmidt**

Lok 26004 (SYBIC) der SNCF im Juli 1990 in Paris **Foto: Messerschmidt**

Gummiringfeder-Antrieb

Die früheren Siemens-Schuckert-Werkte (SSW) nahmen die vor dem Zweiten Weltkrieg begonnenen Arbeiten zur Entwicklung von Gummikupplungen für Tatzlagermotoren im Jahre 1949 wieder auf. Die sich als sehr erfolgreich erweisende konstruktive Auslegung des Antriebes, die Gestaltung und Fertigung der Schwingmetallfedern sind in Zusammenarbeit mit den damaligen Continental-Gummiwerken abgestimmt worden.

Versuche mit den Radsätzen der DB-Elektrolokomotiven E 44038 und dann mit der E 10003 ermutigten. Es galt, aus Wartungsgründen und guter Zugänglichkeit den geschlossenen Gummiring in eine Anzahl Einzelgummifedern aufzuteilen. Die Meßfahrten dienten einer Klärung der Wirksamkeit und des Einflusses auf Fahrmotor und Oberbau, darüber hinaus der Ermittlung des thermischen Verhaltens der Gummifedern durch die Walkarbeit und die Bremswärme.

Die Siemens AG charakterisierte den Gummiringfeder-Antrieb als eine Konstruktion, bei der der (Tatzlager-)Fahrmotor über Rollenlager auf einer Hohlwelle gelagert ist, welche die Triebachse mit einem gewissen Abstand umschließt und sich federnd über Gummi-Elemente auf die Treibachse abstützt. Diese Elemente bilden einen in einzelne Segmente aufgeteilten, im Treibrad auf der Nabe liegenden Ring, woraus sich der Begriff des Gummiringfeder-Antriebs ableitet.

Bei den DB-Elektrolokomotiven der Reihen 110, 111, 140, 150 und 151 wirkt der Drehmoment-Antrieb beidseitig, also über zwei Motorritzel und Großradkörper. Die Baureihe 141 kam wegen ihrer geringeren Leistung mit einem einseitig, versetzten Drehmoment-Abtrieb aus.

Generell erweist sich diese elastische Antriebskonstruktion als sehr vorteilhaft. Sie dämpft die vom Gleis herrührenden Stoßbeanspruchungen und zeigt eine beachtliche Dreh-Elastizität, die zur Herabsetzung der thermischen Beanspruchung der Kommutatormotoren beim Anfahren beiträgt. Schon im Sommer 1978 wurde der zehntausendste Gummiringfederantrieb im Berliner Dynamowerk der Siemens AG

fertiggestellt. Darunter befanden sich 9677 Antriebe allein für die DB. Die anderen gingen an ausländische Bahnverwaltungen. Außerdem produzierten die Siemens AG Österreich und die Elin Union AG bis dahin weitere 1196 Gummiringfederantriebe in Lizenz für die ÖBB.

Unsere Bilder zeigen die Gummiringfeder-Elemente einer E 10 (Foto: Krauss-Maffei) und der DB-Lok 140697 (Foto: Bosch).

zuführen war. Dank der gleichförmigen Drehmomentabgabe des Drehstromfahrmotors war auf der Radsatzseite des Antriebes keine torsions-elastische Gummiringfeder mehr nötig. Die getroffene Entscheidung zugunsten von Monoblock-Radscheiben mit 1250 mm Laufkreisdurchmesser begünstigte die sich als richtig erweisende Wahl des BBC-Kardan-Antriebes (Foto: ABB Seite 27). Auch die Unterbringung einer Dauerleistung von 1,4 MW für einen einzigen Radsatz gelang.

Zusätzlich zur stationären Erprobung prüfte man aber noch die praxisbezogene Betriebstauglichkeit und Zuverlässigkeit einer solchen leistungsstarken Antriebstechnik. Der Nachweis in einer elektrischen 3'(1A1)'-Experimentierlokomotive 1600 P (Umbau-Version aus der diesel-elektrischen Lokomotive 202002/DE 2500) unter 1,5 kV Gleichspannungsfahrleitung der Niederländischen Eisenbahnen fiel positiv aus. Jene interessante Probelokomotive (siehe »Metamorphosen-Schema« von BBC Seite 26) bekam nur einen einzigen angetriebenen Radsatz, womit nicht nur die Funktionstüchtigkeit der Drehstromtechnik und die Netzrückwirkungen festgestellt werden konnten, sondern gleichzeitig auch für aufschlußreiche Haftwertmessungen gesorgt war. Die Antriebseinheit der Lokomotive 1600 P mit dem BBC-Gummigelenk-Kardanantrieb entsprach in ihrer Konzeption weitgehend der Konstruktion des tatsächlichen Antriebs für die Baureihe 120. Mit großem Vorteil bediente man sich der regeltechnisch gegebenen Möglichkeiten des Asynchronmotors zur optimaleren Ausnutzung der installierten Leistung, weil im Gegensatz zu den Wechselstrom-Direktmotoren und zu den Gleichstrommotoren, nun durch Wegfall des Kommutators, bei höheren Drehzahlen jetzt je kW Leistung leichter und einfacher gebaut werden konnte und zusätzlich eine bessere Ausschöpfung der jeweils verfügbaren Haftwertgrenze gegeben ist.

Inzwischen erlaubt es der gegenwärtige technische Stand der Leistungselektronik, in einer 84 t schweren Drehstromlokomotive für Fahrleitungsbetrieb (15 kV und 16⅔ Hz) mit Asynchronmotoren sogar eine Dauerleistung von bis zu 6 MW und eine Maximalleistung am Radumfang von 6,3 MW unterzubringen.

BBC-Kardan-Antrieb

Am 4. Oktober 1975 begannen Versuche mit von BBC neuentwickelten Antriebskomponenten für die sich damals im Entwurfsstadium befindliche DB-Drehstromlokomotivgattung 120. Ein 1,1/1,4 MW starker, stufenlos regelbarer Drehstrom-Asynchron-Fahrmotor wurde zusammen mit einem Radsatzantrieb und einem 1,5-MW-Wechselrichter im Prüffeld erprobt. Das Ingenieur-Team gewann dabei die Überzeugung, daß es möglich sein müßte, einen kommutatorlosen Fahrmotor für 1,4 MW Dauerleistung und dazu eine Drehmoment-Übertragung für den Radsatz mit Hilfe eines Kardan-Antriebes zu realisieren. So wurde für die Baureihe 120 ein geeigneter Kardan-Antrieb entwickelt, der als Hohlwellen-Konstruktion mit getriebeseitigen, in Gummi kugelig gelagerten Lenkern aus-

Zugkraft und Leistung

Merkmale von Zugkraft und Leistung

Die Lokomotiv-Dampfmaschine liefert über das Triebwerk die Zugkraft am Treibradumfang. Die Zugkraft überträgt sich ihrerseits über Achslager und Rahmen auf die Zug- und Stoßeinrichung. Eine solche Zugkraft wird übrigens rechnerisch auch dann so genannt, wenn die Lokomotive den Zug schiebt.

Der Bewegungsverlauf eines Zuges, gegebenenfalls einer einzeln fahrenden Lokomotive, wird durch das Zusammenspiel von Zugkraft und (Zug-)Widerstand bestimmt. Die zu befördernde Anhängemasse empfängt von der Lokomotive die effektive (wirksame) Zugkraft. Das ist die Kraft am Zughaken. Weil die Lokomotive selbst auch ihren Bewegungswiderstand, dazu die Übertragungsverluste in der Triebwerk-Kinematik hat, muß die Zugkraft am Kolben der Dampfzylinder größer sein als diejenige am Zughaken. Dementsprechend war auch eine größere indizierte Leistung gefordert. Die indizierte Leistung errechnete man aus dem Dampfdruckschaubild, das die Prüf-Ingenieure mit dem Indikator aufnahmen. Die Fläche aller vier Dampfdruck-Diagramme beispielsweise einer Zweizylinderlokomotive (mit vier arbeitenden Zylinderräumen) ergaben zusammen die während einer Radumdrehung vollbrachte Arbeit (Kraft mal Weg = Arbeit). Die dann zu ermittelnde Leistung repräsentiert die Arbeit pro Zeiteinheit.

Bei sehr hohen Geschwindigkeiten waren die konventionellen Dampflokomotiven kaum oder gar nicht mehr in der Lage, den mit der dritten Potenz der Geschwindigkeit anwachsenden Leistungsbedarf anzubieten.

Die zur Beförderung von Schlepplasten notwendige Zugkraft steigt ihrerseits nahezu quadratisch mit der Geschwindigkeit. Darüber hinaus gibt es physikalisch bedingte Grenzen: Die maximale am Treibradsatz erzielbare Zugkraft wird vom Produkt aus Achsfahrmasse (Achsdruck) und Haftwert zwischen Rad und Schiene erzwungen. Dabei ist zu beachten, daß die Kennlinien der Haftwerte, in Abhängigkeit von der Geschwindigkeit aufgetragen, eine recht unwillkommene Tendenz offenbaren. Mit zunehmender Geschwindigkeit verringern sich nämlich diese Haftwerte, auch Reibwerte genannt, womit die für die Zugkraft-Erzeugung notwendige Haftreibung nachläßt. Das Foto macht einen Anfahrvorgang mit großer Zugkraftentwicklung für einen Güterzug deutlich. Es strengt sich an die Lok 051 405 der DB im Bahnhof Giengen (Brenz).

01 194

Abhängigkeit von Zugkraft und Geschwindigkeit

Professor Lomonossoff schrieb 1924: »Vom wärmetechnischen Standpunkt aus läßt die Dampflokomotive viel zu wünschen übrig, vom Standpunkt der Mechanik des Zuges aus betrachtet, ist die Lokomotive aber ein idealer Motor. Sie läßt nicht nur eine Handregelung der Zugkraft und der Geschwindigkeit von Null bis zu den Höchstwerten zu, sondern macht dies fast völlig selbsttätig. Die Zugkraft der Lokomotive bei irgendeiner Stellung des Reglers und der Steuerung sinkt rasch mit wachsender Geschwindigkeit, während der Widerstand des Zuges in gleichem Maße wächst. Infolgedessen stellt sich zwischen der Zugkraft und dem Widerstand sehr rasch ein Gleichgewicht ein, auch wenn von derjenigen Regelungsmethode der Lokomotive, die durch das Gleichgewicht zwischen Dampf-Erzeugung des Kessels und dem Dampfverbrauch der Maschine bedingt wird, bedeutende Abweichungen stattfinden.«

Eine im Diagramm dargestellte Leistungskurve, hier das Foto (DB) und die vereinfachte Leistungs-Charakteristik einer 2'C1'-Reichsbahn-Schnellzuglokomotive 01 des Baujahres 1936, ist im Einflußbereich des Kessels meist ein nach oben gewölbter Linienzug mit einem ausgeprägtem Maximum über der sogenannten günstigsten Geschwindigkeit. Die Wölbung dieser Kurve kam deshalb zustande, weil bei hohen Geschwindigkeiten die Leistung infolge zunehmender Drosselverluste in den Dampfkanälen, bei niedrigen Geschwindigkeiten wegen der Anwendung großer Zylinderfüllungen, also hohen Dampfverbrauchs infolge unzureichender Dampfdehnung abnimmt. Bei noch kleineren Geschwindigkeiten tritt in der Reibung zwischen Rad und Schiene eine zusätzliche Begrenzung der Leistung ein.

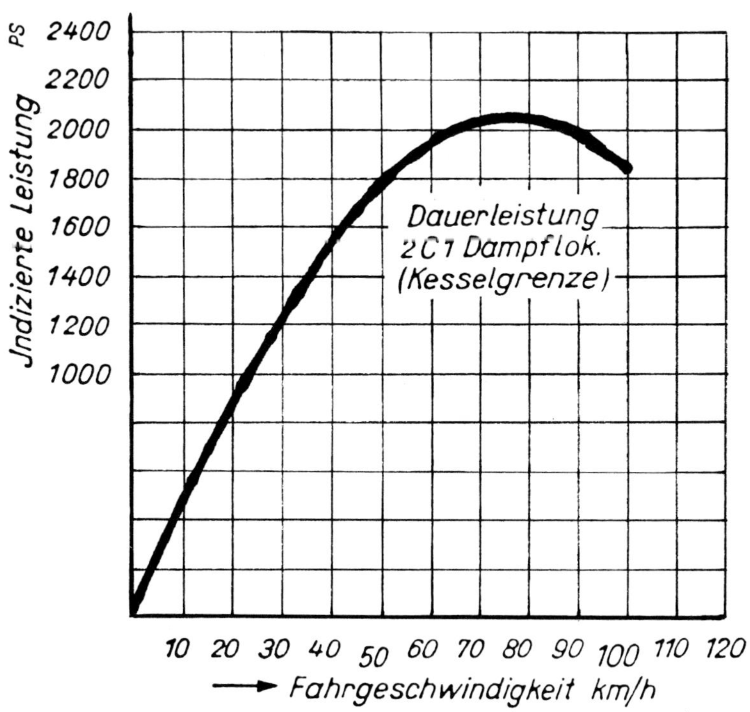

Allgemein gilt jedoch beim Fahren unterhalb der Reibungsgrenze, daß die Leistung durch die Leistungsfähigkeit des Kessels, also durch die größtmögliche Dampferzeugung, und durch das Reibungsgewicht der Lok begrenzt ist. Es ist aber möglich, unter Überanstrengung des Kessels auf Kosten des Kesselwirkungsgrades und in höherem Maße mit Absenkung des Wasserstandes und des Dampfdrucks im Kessel vorübergehend eine Überlastung in Anspruch zu nehmen.

Bewegung des Zuges

Das Treibrad und die Kuppelräder bilden zusammen mit der Schiene eine Rutschkupplung. Demzufolge darf das Drehmoment der angetriebenen Räder eine gewisse Größe nicht überschreiten. Andernfalls würden die Räder auf der Schiene gleiten. Das gefürchtete Radschleudern hätte das »Spiel« gewonnen.

Die unterhalb dieser Schleudergrenze noch realisierbare Zugkraft und Leistung erfüllen ihre Aufgaben, wenn sie die Lokomotive selbst und den angekuppelten Zug (die Schleppmasse) mit der gewollten Geschwindigkeit sowohl in der Ebene als auch auf den vorkommenden Streckenneigungen befördern. Aber Zugkraft und Leistung müssen selbstverständlich auch dafür ausreichen, darüber hinaus den Zug noch im höheren Geschwindigkeitsbereich zu beschleunigen.

Die Stetigkeit der Zugkraftkurven, wie hier im Diagramm für Reichsbahn-Baureihe 39° (P 10), ist in der

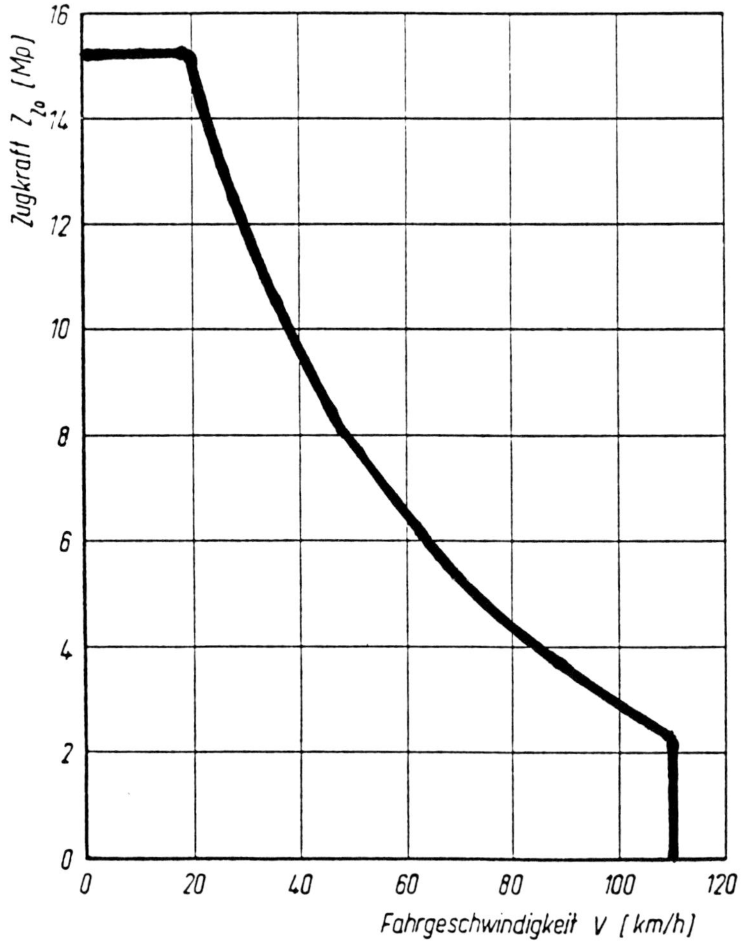

Regel idealisiert. Professor Hans Nordmann sagte hierzu, daß in Wirklichkeit die Zugkraftsenkung nicht hyperbelartig, sondern durch Füllungsverkleinerung nach Art einer Treppe mit zahlreichen niedrigen Stufen, möglichst nahe an der Hyperbel entlang, sich vollzieht.

Zur Bestimmung des Energie-Aufwandes für die Zugförderung sind noch Zuschläge nötig. Solche Zuschläge sind bei einer Dampflokomotive beispielsweise der Kohlenverbrauch für das Anheizen, für den Abbrand im Leerlauf (im Gefälle) oder bei Stillstand, natürlich auch zum Erzeugen des Luft- und Speisepumpendampfes, des Heizdampfes für den gesamten Zug sowie des Dampfes für den Turbogenerator. Leckverluste durch Undichtigkeiten einerseits, aber auch – soweit vorgesehen – Rückgewinnung der Abdampfwärme andererseits, machen die Energie-Bilanz nicht leichter. Alle diese Fakten, deren qualitative und quantitative Größenordnungen wie auch schon das exakte Maß der toleranzreichen Lokomotivwiderstände, die kaum einer streng wissenschaftlichen Vorausberechnung zugänglich sind, gehören zwar nicht direkt zur aktiven Zugförderungsdynamik, zur Bewegung der Züge, sind aber trotzdem in die konstruktive Auslegung des Kessels einzubeziehen. Der Kessel der abgebildeten Reisezug-Lok 39247 (hier am 13. Mai 1928 zwischen Berlin und Halle) erzeugt 12,4 t Heißdampf pro Stunde (Foto: Stoffels).

Zugkräfte verändern den Achsdruck

Die rechnerischen, statischen Radsatzlasten der allein stehenden ruhenden Lokomotive verändern sich im Dienstbetrieb während des Ausübens der Zug- und Bremskräfte. Die am Zughaken wirkende Kraft, je nach Lokomotivgattung bis zu 330 kN (ca. 33 Tonnen) und mehr, bildet mit ihren Gegenkräften zwischen Rad und Schiene ein starkes Kräftepaar, das zu einer Mehrbelastung der nachlaufenden und zur Entlastung der vorderen Radsätze führt. Diese unerwünschten Achslaständerungen wirken sich bei Dampflokomotiven und anderen Lokomotiven mit gekuppelten Radsätzen nicht so heftig aus, wenngleich die Dampflokomotiven zusätzliche Achsdruckprobleme haben. Bei Tenderlokomotiven (Reichelt-Foto mit Doppeltraktion in schwerer Anfahrt) ändert sich die Lastverteilung während des Wechsels und der Massenverlagerung der Kohlen- und Wasservorräte. Darüber hinaus ergeben sich beträchtliche Achslastveränderun-

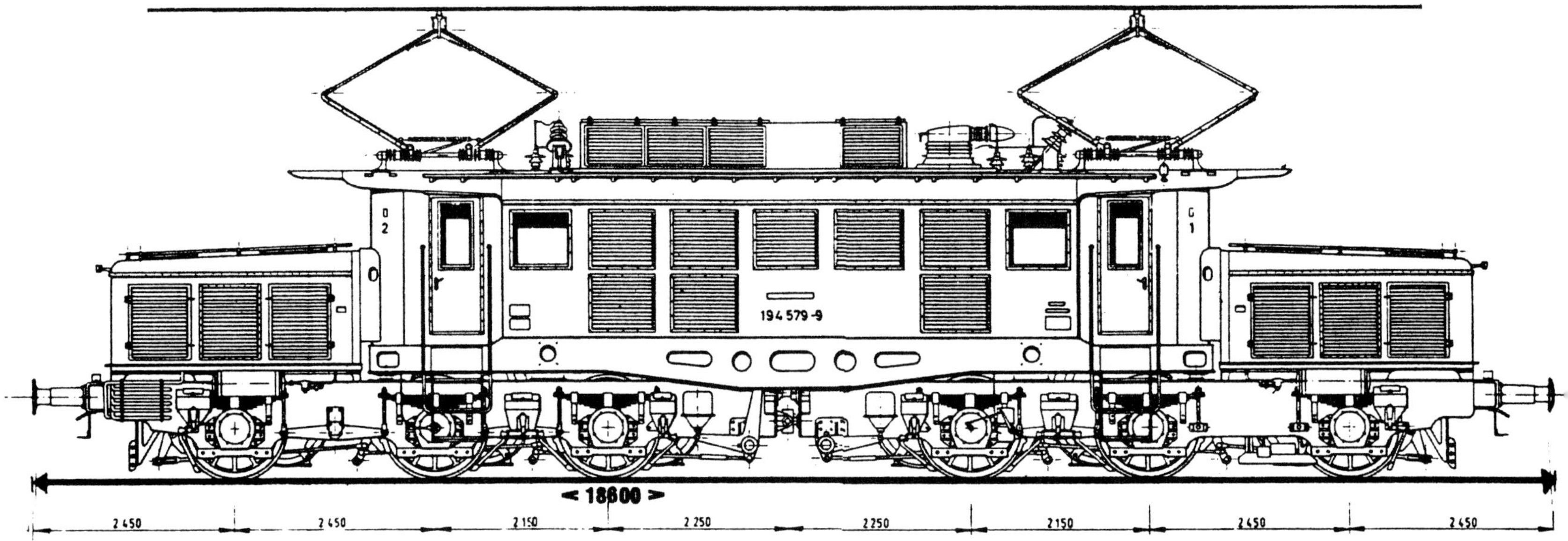

gen während der Fahrt über die Ausrundungsradien von Ablaufbergen und durch die Massenwirkungen im Triebwerk, vor allem bei schneller Fahrt. Das zweite Reichelt-Bild entstand bei der alten DDR-Reichsbahn und vermittelt einen Anfahrvorgang mit Lok 503618 vor schwerem Güterzug. Ist ein Schleudern zu befürchten oder bereits im Anfangsstadium ist sofort der Schieberkastendruck zu senken. –

Die mit Einzelachsantrieben ausgestatteten Lokomotiven sind gegen Achslast-Änderungen besonders empfindlich. Entlastete Triebradsätze neigen zum Durchdrehen, dem gefürchteten Schleudern, wodurch sich das Drehmoment, die Zug- oder Bremskraft wegen des Haftwertverlustes verringern. Eine Berechnung der einzelnen statischen Radsatzlasten muß die Kräfteverhältnisse der Kastenabstützung, das Federsystem, aber auch den direkten Einfluß der Motorenanordnung und der Antriebsdisposition berücksichtigen. Walter Kleinow (AEG-Lokomotivfabrik) hatte für die zu seiner Zeit neuentwickelte Reichsbahn-Güterzug-Elektrolok E 94 (Zeichnung und Foto der E 94180) nachgewiesen, daß bei einer Anfahrzugkraft von 360

kN die drei hinteren Drehgestell-Triebradsätze um je etwa 1400 kg (rund 7% des ruhenden Achsdruckes) belastet wurden. Das ist ein Betrag, um den die vorderen Radsätze »erleichtert« worden sind. Das Tragfedersystem mit den Längsausgleichhebeln sowie das Hauptkuppeleisen zwischen beiden Drehgestellen sorgten außerdem für die Schrägstellung des vorderen Drehgestellrahmens. Das waren unerfreuliche Erscheinungen, denen man zunächst mit mechanischen, pneumatischen oder elektrischen Achsdruckausgleich- und Schleuderschutzeinrichtungen zu begegnen versuchte, um bei schweren Anfahrten (Foto der Ost-Reichsbahn-Lok 211 090 in Leipzig Seite 27) und Beschleunigen gewichtiger Züge das Triebradschleudern abzufangen. Denn bei einer automatischen Wirkungsweise könnte auf das manuelle Zurückschalten oder »Anbremsen« durch den Lokomotivführer weitgehend verzichtet werden.

Radschleudern und (automatische) Schutzmaßnahmen

Die Größe der Achsentlastung durch das Zughakenmoment ist je nach Triebfahrzeug-Konstruktion unterschiedlich und hängt nicht allein von der Anordnung der Fahrmotoren und Getriebe, sondern auch von der Anlenkung der Drehgestelle ab. Wie meßtechnische Untersuchungen an den elektrischen Bo'Bo'-Lokomotiven der DB-Baureihe 110 (unser Foto Seite 26) deutlich machten, kommen zu den errechneten statischen Achslaständerungen bei fahrender Lokomotive noch überlagernde dynamische Laständerungen hinzu. Sie entstehen beispielsweise durch das Befahren von Weichenstraßen, Gleisunebenheiten und Schienenstößen. An der untersuchten Reihe 110 ergaben sich als Folge des Federspieles überlagernde dynamische Achslaständerungen von nahezu gleicher Größenordnung wie die statischen. Die DB-Lokomotiven der

Reihen 110, 140, 141 (Foto der E 41 001) und 150 erhielten eine, wenn auch nicht sehr wirksame Schleuderschutzeinrichtung, um bei großer Zugkraftentwicklung die Treibräder am Schleudern durch leichtes Anbremsen zu hindern. Dadurch ging zwar ein Teil der Zugkraft verloren. Dieser Verlust ist jedoch wesentlich kleiner als der Rückgang der Zugkräfte beim Schleudern. Und überraschende starke Ausgleitvorgänge stören ja nicht allein die Fahrdynamik, sondern können auch durch Überlasten der Antriebsaggregate erhebliche Schäden verursachen.

Die elektrischen DB-Lokomotiven der Reihe 103 erhielten einen automatischen Schleuder- und Gleitschutz mit empfindlicher Erfassung der Drehzahlabweichung eines Radsatzes, der »aus dem Tritt kommt«. Die von Impulsgebern und Grenzwertmeldern ausgehenden Signale werden zusammengefaßt und auf die Fahr- und Bremssteuerung weitergegeben.

Für die DB-Diesellokomotiven der Reihe 290 hat man eine Schutzeinrichtung entwickelt, die nur die Dieselmotorleistung (schon beim Beginn der Durchdrehbewegung der Triebräder) wegnimmt. Mit der schlagartigen Wegnahme der Motorleistung werden nach dem anfänglichen »Radsprung« mit Auslösung des Steuerimpulses die Treibräder sofort vom Drehmoment entlastet. Die Diesellokomotiven 212, 216, 217, 218, 221, 213, 210, 215 und 218 (siehe Fotos der beiden Lokomotiven 210 002 und 218 466 der DB, Seiten 94 und 25) haben von Krauss-Maffei entwickelte Schutzgeräte.

Neue elektronische Krauss-Maffei-Schleuder- und Gleitschutzgeräte verhindern Flachstellen der Radlaufflächen, Verdrehen von Gelenkwellen, Beschädigungen an Getrieben oder an elektrischen Fahrmotoren. Hierbei werden Ausgleitvorgänge schon im Entstehen erfaßt und durch entsprechende Eingriffe in die Fahr- und Bremssteuerung in Sekundenbruchteilen wirkungsvolle Gegenmaßnahmen eingeleitet.

Die Perfektionierung entstand nun in der Drehstrom-Antriebstechnik mit Asynchronmotoren, die nicht nur entscheidende Vorteile durch Wartungslosigkeit der Motoren (keine Kollektoren, keine Bürsten, keine Schleifringe) bot, sondern auch den Vorzug des Fortfalls der Schleudergefahr einzelner Triebradsätze brachte. Bei parallel geschalteten Motoren ist ein Schleudern oder Gleiten einzelner Achsen nicht möglich, weil die Fahrmotoren alle mit der gleichen Frequenz gespeist werden und sich damit zwangsläufig eine praktisch gleiche Drehzahl ergibt. Die Motoren sind sozusagen elektrisch gekuppelt. Dieses elektrische System sorgt automatisch für einen Lastenausgleich zwischen den Radsätzen. Verlieren dagegen alle Achsen gemeinsam ihren jeweils maximal möglichen Reibwert, dann greift ein sehr schnell wirkender elektronischer Schleuder- und Gleitschutz ein. Ein solcher Schleuder- und Gleitschutz ist in den damit ausgerüsteten Lokomotiven ein Bestandteil eines Software-Programms des Mikrocomputer-Systems.

Aber es gibt auch eine kombinierte mechanische und elektrische Achsdruck-Korrektur, beispielsweise bei den österreichischen Thyristor-Lokomotiven der Reihe 1044. Die Übertragung der Zug- und Bremskräfte erfolgt über tief angelenkte Zugstangen, wodurch die Achslaständerungen ohnehin möglichst gering gehalten werden können. Die nahezu volle Kompensierung der Achsentlastungen wird durch eine in jeder Fahrtrichtung wirkende Druckluft-Ausgleichvorrichtung erzielt, die eine entsprechende Belastung des Drehgestells ermöglicht. Und die Entlastung durch das Brückenrahmen-Moment, die auf mechanischem Wege nicht beseitigt werden kann, wird durch Maßnahmen in der elektrischen Steuerung berücksichtigt, wobei das mehrbelastete nachlaufende Triebgestell einen größeren Zugkraftanteil übernimmt.

Kessel, Maschinen und Motoren

Zur Dampflokomotive

Das »Rückgrat« der Dampflokomotive

Kennzeichnend für die Entwicklung von Lokomotivkesseln war – trotz aller Experimentier-Dampferzeuger – das Bestreben, verwickelte Bauformen zu vermeiden, die Langzeittauglichkeit zu maximieren und Werkstoff- sowie Gewichtseinsparungen zu erzielen. Die Bewährung des konventionellen Stehbolzenkessels beruhte im übrigen auch auf seiner Bauteilfestigkeit. Er war ein Gebilde großer Starrheit und übertraf in seiner Steife sogar noch den Lokomotivrahmen, womit er zugleich als Rückgrat der Dampflokomotive galt. Das geht auch aus dem Schnittbild (Henschel) der Baureihe 82 hervor.

Viele Bahnen waren – oft aus Kostengründen – auf Ölfeuerung »umgestiegen«, darunter auch die DB. Bei den von der DB verwendeten Flachbrennern, die nach dem Prinzip der Druckzerstäubung arbeiteten, wurde die Beschleunigung und Zerstäubung des aus dem Tenderbunker zulaufenden, auf etwa 90°C bis 95°C vorgewärmten schweren Heizöles mit Hilfe von Dampf ermöglicht. Systematische Versuchs- und Meßfahrten mit den Lokomotiven 01 1100, 01 1102, 41 224, 41 310 und 44 1264 mit jeweils einem Brenner sowie

mit Lok 01 1063 mit Doppelbrenner zeigten die volle Dampfleistung und bestätigten die Forderung einer Überlast von 10% ohne nennenswerte Rauchentwicklung.

Die Rekonstruktionskessel der imposanten Lokreihe 01^5, die Mehrzahl mit Ölfeuerung, die anderen mit Stückkohlefeuerung, waren die leistungsfähigsten und wirtschaftlichsten, die je auf den Reichsbahn-Einheitslokomotiven in Betrieb waren. Selbst bei höchsten Dauerbelastungen bis zu 70 kg verdampften Wassers je m^2 Heizfläche und Stunde stellten sich kaum Kesselschäden ein. Die Kessel dieser Maschinen konnten Zylinderleistungen von über 2500 PSi gewährleisten. Auf dem Archivfoto sieht man die in den 60er Jahren mit Ölhauptfeuerung ausgestattete Lok 01 503 der DR. Im Hinblick auf die DB-Neubaukessel sprach Theodor Düring sogar von einer Kurzzeit-Spitzenleistung nahe bei 2700 PSi und von Heizflächenbelastungen bei 87,5 kg/m^2.

Die vor dem Zweiten Weltkrieg zum Abschluß gekommene Entwicklung von Lokomotivkesseln mit Kohlestaubfeuerung (siehe AEG-Montagefoto) ist nach 1945 in Mitteldeutschland unter Leitung von Hans Wendler wieder aufgenommen worden. Der Filter-Braunkohlenstaub aus dem Senftenberger und Halleschen Revier erforderte konstruktive Neu-Orientierungen. Zahlreiche Versuche machten die Neukonstruktionen lohnend und führten zum Erfolg.

Dampfkessel und Anmerkungen zur Konstruktion

Sinn und Zweck des Kessels ist die Umsetzung der in den Brennstoffen (Koks, Holz, Torf, Steinkohle, Kohlenstaub, Öl) enthaltenen Wärme in eine leicht ausnutzbare Wärme-Energie des Wasserdampfes, der dann seinerseits nach weiterer Umwandlung in Kolbendampfmaschinen, Turbinen und Strahlpumpen mechanische Arbeit leistet. Die Dampfentnahme geschah im allgemeinen innerhalb des Dampfdomes durch Betätigen des Reglers. Der lange Weg des Arbeitsdampfes aus dem Kessel über einen Ventilregler, durch das Knierohr, Reglerrohr, den Naßdampfsammelkasten, durch die Überhitzereinheiten, den Heißdampfsammelkasten und durch die Einströmrohre in die Schieberkästen bedingte ein verzögertes Anfahren der Lokomotive. Man verbesserte die Situation durch einen am Überhitzersammelkasten angeordneten Mehrfach-Ventilregler, so daß die Überhitzereinheiten auch bei geschlossenem Regler mit Dampf gefüllt waren. Weil hierbei die Dampfentnahme nicht im Kesseldom erfolgte, war die Gefahr des Wasserüberreißens wesentlich geringer. Der MV-Regler hatte also den Vorteil einer schnelleren

Dampfzuführung in die Zylinder und nach Schließen des Reglers das Plus eines geringeren Dampf-Nachströmens. Unsere Reichsbahn-Zeichnung zeigt einen Schnitt durch den Kessel der Baureihe 03^{10} mit Stehkessel (und Feuerbuchse), Langkessel (mit Heiz- und Rauchrohren) sowie mit Rauchkammer (mit Dampfsammelkasten, Schornstein und Speisewasservorwärmer).

Die Werkstoffauswahl und Konstruktion leistungsfähiger Lokomotivkessel verlangte viel Erfahrung. Der »Standard«-Kessel europäischer Hauptbahnlokomotiven brauchte über 100 Stehbolzen je Quadratmeter und insgesamt bis zu 2000 Stehbolzen (einschließlich Deckenanker). Die im Stehkessel gewindelos mit Spiel eingeschweißten Seiten- und Deckenstehbolzen, in den Hauptdehnungszonen Kreuzgelenk-Stehbolzen, verankerten die Wandungen miteinander. Der abgebildete Reichsbahn-Einheitslokomotivkessel, Baureihe 50 (Werkfoto: ME), gibt eine Vorstellung von den Stehbolzenfeldern an einer Stehkesselseitenwand. Die Stahlbleche (früher Kupfer) der Feuerbuchsen mußten hohe Temperaturen unter großen Druckbelastungen schadlos überstehen. So wurde beispielsweise ein 1944 gebauter Kessel der Baureihe 52 vom seinerzeitigen Staatlichen Materialprüfungsamt, Berlin-Dahlem, zahlreichen Dehnungsmessungen bis zu einem Probedruck von 32 kg/cm^2 unterworfen.

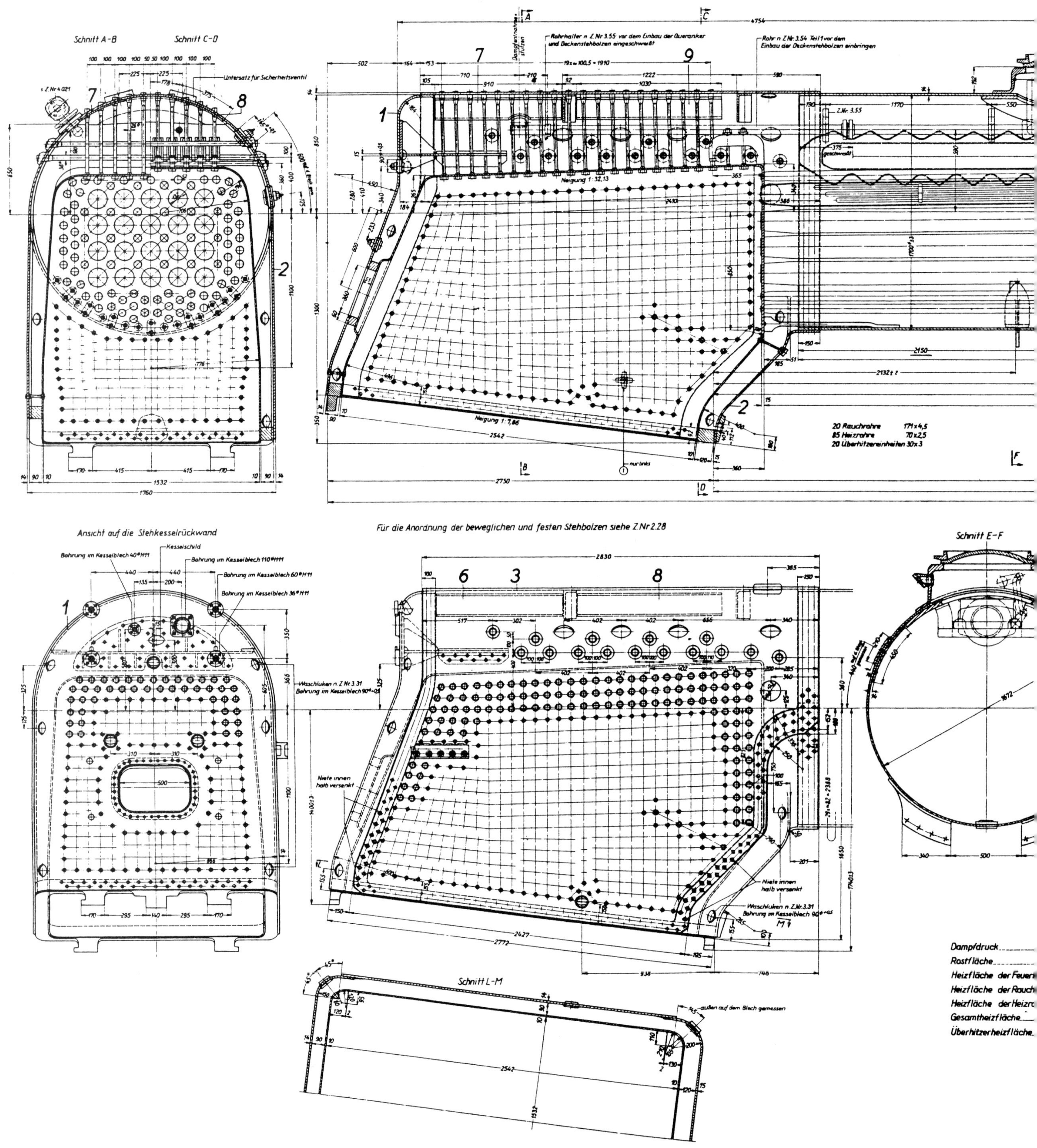

Schnitt A-B
Schnitt C-D
Untersatz für Sicherheitsventil
Rohrhalter n. Z.Nr. 3.55 vor dem Einbau der Queranker und Deckenstehbolzen eingeschweißt
Rohr n. Z.Nr. 3.54 Teil 1 vor dem Einbau der Deckenstehbolzen einbringen
Dampfentnahmestutzen
Neigung 1:32,13
Neigung 1:7,86
nur links
20 Rauchrohre 171 x 4,5
85 Heizrohre 70 x 2,5
20 Überhitzereinheiten 30 x 3
Ansicht auf die Stehkesselrückwand
Für die Anordnung der beweglichen und festen Stehbolzen siehe Z.Nr 2.28
Schnitt E-F
Kesselschild
Bohrung im Kesselblech 40ø H11
Bohrung im Kesselblech 110ø H11
Bohrung im Kesselblech 60ø H11
Bohrung im Kesselblech 36ø H11
Waschluken n. Z.Nr 3.31 Bohrung im Kesselblech 90ø +0,5
Niete innen halb versenkt
Schnitt L-M
außen auf dem Blech gemessen
Dampfdruck
Rostfläche
Gesamtheizfläche
Überhitzerheizfläche

selanordnung

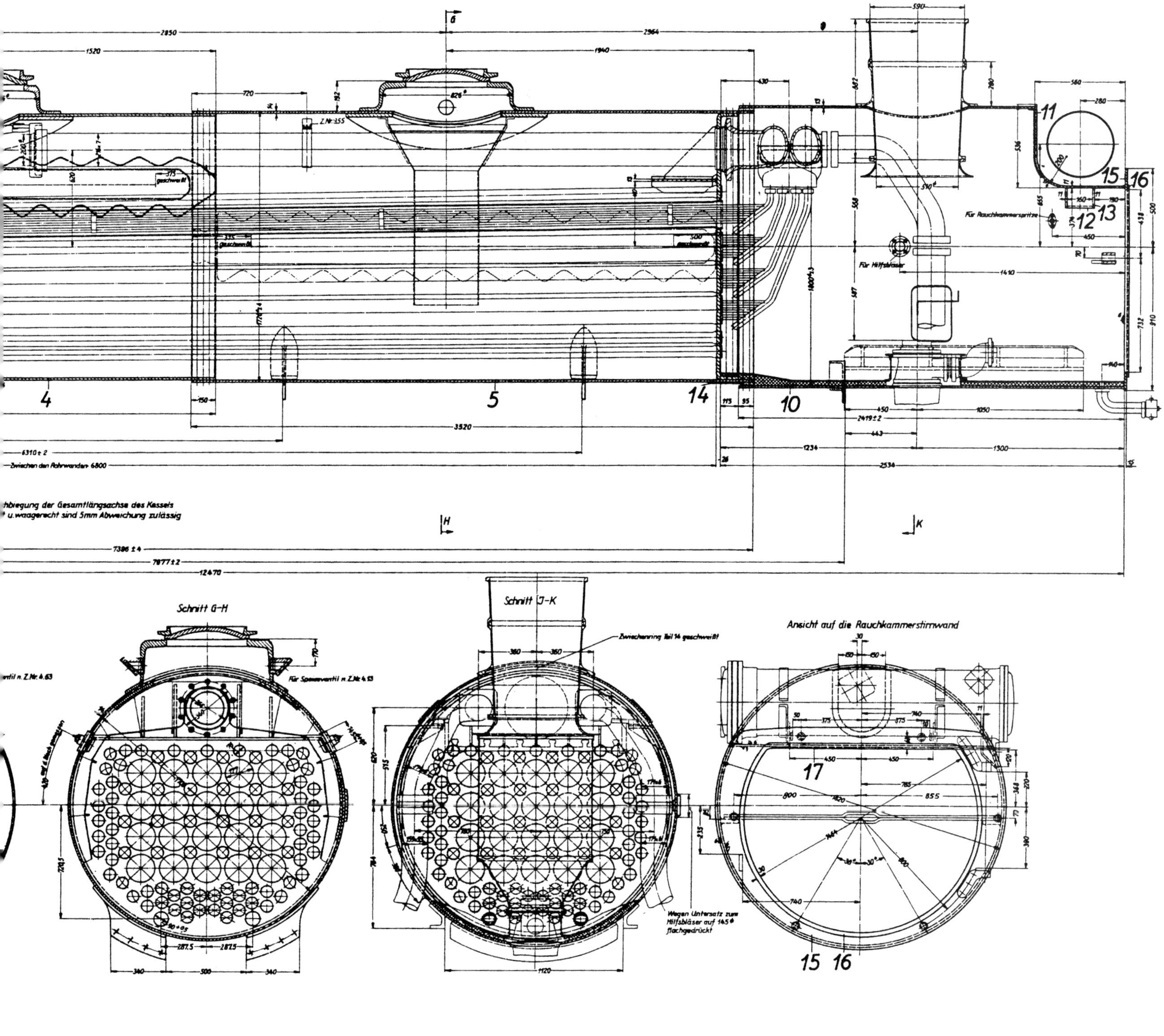

Alle Blechkanten ▽

____16 kg/cm²
____3,9 m²
____15,9 m²
____69,18 m²
____117,88 m²
____202,96 m²
____72,22 m²

Die Stemmkanten erhalten eine Abschrägung von 15°

Die Teilnummern stimmen mit denen auf Z.Nr. 2.07 „Nietteilung u. Abwicklung der Kesselbleche" eingeschriebenen überein

Vorrichten der Kesselbleche sowie das Nieten und Stemmen nach den „Lok. Bed."

Wasserdruckprobe mit 21 kg/cm²

Dampfdruckprobe nach „Lok. Bed."

Alle Untersätze mit Durchgangslöchern sowie die Waschlukenfutter am Stehkessel u. Langkessel sind vor dem Einbau der Feuerbüchse bzw. vor dem Zusammenbau des Kessels einzuschweißen

Alle übrigen Untersätze können nach dem Zusammenbau des Kessels angeschweißt werden s. Z.Nr. 3.701

Kesselschnitte s. Z.Nr. 2.10

Gewindelöcher:
Gewindeprofil für Queranker nach LON 286, Steigung 1/10"
Gewindeprofil für feste Stehbolzen und Deckenstehbolzen nach LON 282, Steigung 1/12"

Abmaße:
für die Gewindelöcher:
Außendurchmesser: +0,05 mm
Kerndurchmesser: +0,07 mm
Flankendurchmesser: +0,05 mm
für die Gewindebohrer:
Steigungsverzug: −0,04 mm auf 100 mm Länge
−0,06 mm auf 20 Zoll "
−0,08 mm auf 28 Zoll "
½ Flankenwinkel: ± 30'

Gewindelöcher für die beweglichen Stehbolzen nach Z.Nr. 2.28

16 Tonnen Dampf pro Stunde

Zu den interessantesten Aufgaben der Konstrukteure zählten die Bestimmung der Verdampfung und der Überhitzung, aber auch die Optimierung der Rohr-Dimensionen unter Berücksichtigung der Strömungswiderstände und des Leistungsaufwandes für die Förderung ausreichender Verbrennungsluft. Mit den DB-Lokomotiven der Reihe 23 wurde Außerordentliches erreicht: In der Beharrung schaffte der Kessel 84 kg Dampf pro Quadratmeter Heizfläche und Stunde. Kurzzeitig holte man sogar 90 kg/m²h bei Rostbelastungen bis zu 750 kg Stückkohle je m² und Stunde aus ihm heraus. Die stündliche Dampferzeugung belief sich auf ungefähr 11 Tonnen. Der ohne Verbrennungskammer entworfene Kessel der Baureihe 82 ließ Spitzenbelastungen bis zu 70 kg Dampf je m² und Stunde sowie eine stündliche Dampferzeugung von etwa 8 t zu. Der geschweißte Brennkammer-Kessel der Baureihe 23 zeigte seinen besten Wirkungsgrad mit 81,2%. Jener Kessel, auch diejenigen der Reihen 10 und 66, besaß einen vergleichsweise kleinen Wasserinhalt. Trotzdem war die Kesselreserve der DB-Lokomotiven »hochwertiger« als in den Langrohrkesseln der Vorgänger-Reichsbahn-Einheitslokomotiven, weil die neueren Kessel über die große Feuerbuchsheizfläche verfügten und den kurzen Leistungsspitzen viel besser »aus dem Feuer heraus« folgen konnten. Bis zu 16,2 t/h Dampf lieferte der Kessel der Reihe 10. Welche Größenordnungen der von der indizierten Leistung abhängige spezifische Dampfverbrauch annehmen kann, geht aus dem Diagramm für die Schnellfahrlokomotive 05 002 hervor. –

Die Isolierung der Lokomotivkessel ist recht oft Gegenstand lebhafter Diskussionen gewesen. Glas- und Steinwolle versprachen eine nur beschränkte

Lok 05 002 : Spezifischer Dampfverbrauch in Abhängigkeit von der indizierten Leistung

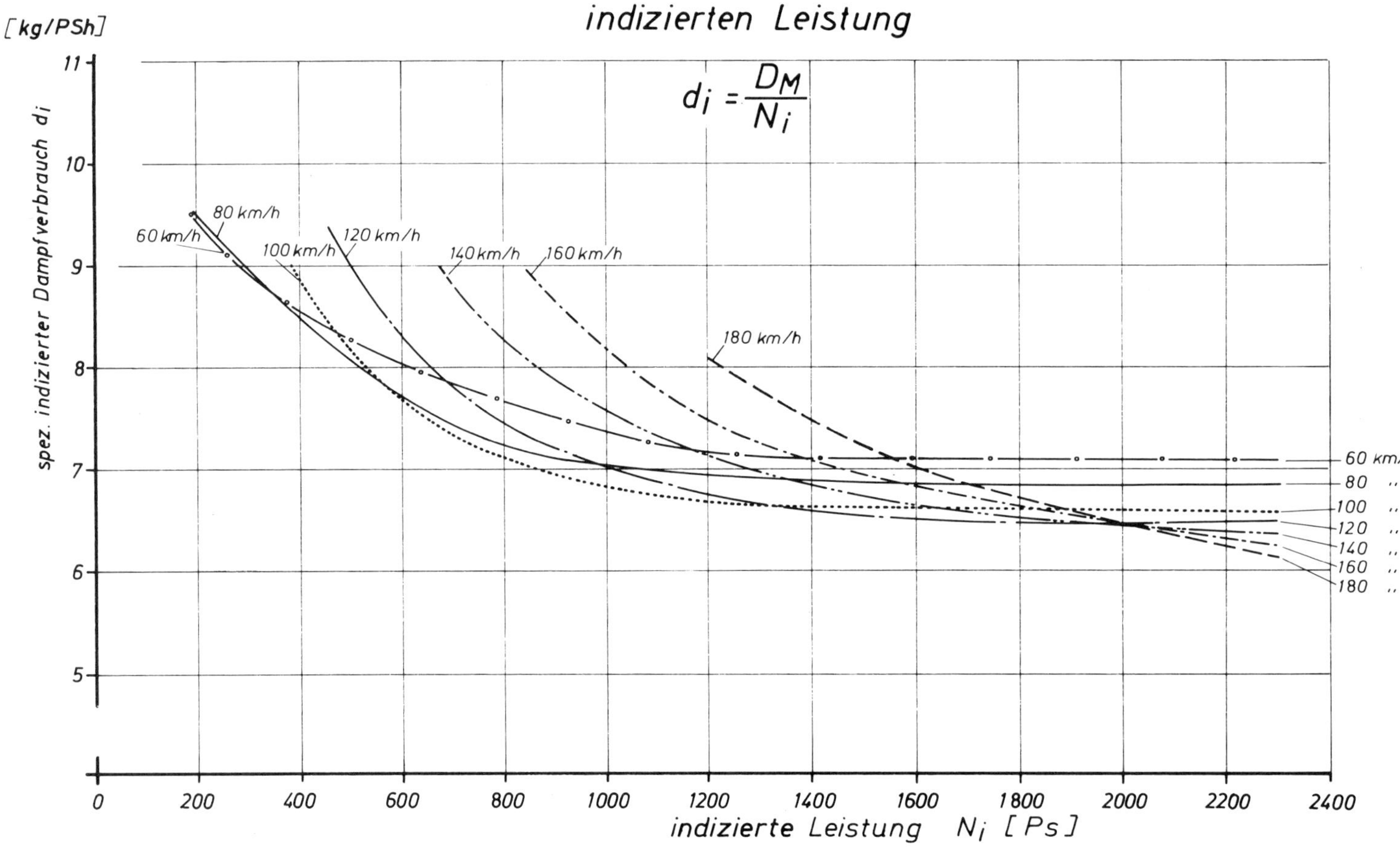

Lebensdauer und – nach Ansicht der DB – bestenfalls einen nur mäßigen Abstrahlungsschutz, der kaum besser war als der freie Luftraum zwischen Kesselaußenwandung und Blechverkleidung. Trotzdem hatte die Reichsbahn der früheren DDR die Stehkessel ihrer 1'D2'h2-Tenderlokomotiven 83^{10} mit Glasgespinstmatten geschützt. Manche andere Bahnverwaltung und auch die DB glaubten zunächst, den Aufwand für eine Isolierung sparen zu sollen. Doch schließlich entschied sich die DB für eine teure Vollisolierung mit Asbestmatten (unser Daimler-Benz-Foto vom Kessel der Reihe 23).

Der konventionelle Stehbolzenkessel, sei er mit besonderen wärmeübertragenden Einbauten (Wasserkammern, Verbrennungskammer) oder sei er mit Hand- oder mechanischer Rostbeschickung, behauptete sich gegenüber fast allen Sonderbauarten bis zuletzt.

Funktionsmerkmale der Dampfmaschine

Eine Kolben-Dampflokomotive kann – im Gegensatz zur Verbrennungskraftmaschine (Otto- oder Dieselmotor) – mit vollem Drehmoment anfahren, sobald der Dampf in die zwei, drei oder vier Zylinder einströmt. Das Foto zeigt den Anfahrvorgang der DB-Lokomotive 64 271 mit einem Reisezug. Wegen ihrer guten Anfahreigenschaften blieb die Dampflokomotive mit ihrer direkten, nicht schaltungsbedürftigen Kupplung zwischen Kolben und Radsätzen über Kreuzkopf, Kurbeltrieb und Stangen eine bewährte »Zugmaschine«. Auf dem zweiten Bild sehen wir das mächtige Triebwerk einer 03-Lokomotive der Reichsbahn. Natürlich hatten auch die Zylinder-Anordnung und -Positionierung einen wesentlichen Einfluß auf den Verlauf der am Radumfang auszuübenden Zugkraft mit allen unvermeidbaren störenden und ungleichförmigen Schwankungen, die der Ingenieur aus den jeweiligen Tangentialdruck-Diagrammen ablesen konnte.

Möglicherweise wäre aber bei größerer Wirtschaft-

lichkeit der Umwandlung der im Brennstoff enthaltenen Energie in mechanische Energie unserer Dampflok mehr entwicklungsrelevante Entfaltung eingeräumt worden. Ansätze mit Dampfmotoren, Dampfturbinen und mit ökonomischeren Kesselkonstruktionen gab es bereits innerhalb verschiedener Experimentierphasen. Daß es schließlich doch ganz anders kam, hat viele und wohl auch bekannte praktische Gründe.

Dampflokomotiv-Steuerungen

Die Steuerungen erfüllen besondere Aufgaben: Funktionsgerechte Dampfverteilung während der Bewegung des Kolbens im Zylinder, wirtschaftliche Dampfverteilung mit möglichst geringem Dampfverbrauch bei der geforderten Zugkraft, weitgehend gleiche Dampfverteilung für die Kurbel- und Deckelseite, Umsteuerbarkeit (gegebenenfalls Kraftumsteuerung mit Hilfsmotoren) für Vor- und Rückwärtsfahrt, schließlich ökonomische Varianten der Füllung (Füllungsregelung).

Die überaus große Anzahl verschiedener, für stationäre Dampfmaschinen praktizierte Steuerungen wird im Dampflokomotivbau, allein schon wegen der härteren Betriebsbedingungen nicht erreicht. Die in Europa bekanntesten Bauarten sind die Kulissensteuerungen von Stephenson, Gooch, Allan-Trick und Walschaerts-Heusinger, letztere in Deutschland meist mit dem alleinigen Namen Heusingers zitiert. Zwischen den Erfindungen von Egide Walschaerts und Heusinger von Waldegg bestehen relativ geringe, hier nicht zu erörternde Unterschiede, die in die Lokomotivgeschichte des vergangenen Jahrhunderts gehören. Die später fast ausschließlich mit Kolbenschiebern arbeitende Heusinger-Konzeption wurde bis zum Ende des deutschen Dampflokomotivbaues als »Normalsteuerung« verwendet. Die äußere Anordnung geht aus dem Foto (Seite 81) der DB-Lok 23105 hervor. Der Antrieb des Schiebers geschieht durch das Zusammenwirken zweier Einzelbewegungen, die eine vom Kreuzkopf über den zweiarmigen Voreilhebel,

die andere abgeleitet von der Gegenkurbel eines Radsatzes über die Schwinge (Kulisse), den Schwingenstein und die Schieberschubstange. Beide Antriebs-Pendel- und Schwingbewegungen werden dem Voreilhebel »mitgeteilt« und von ihm zur Schieberbewegung vereinigt.

In kontruktiver Hinsicht erscheint die Kulissensteuerung wie sie auch das Foto (H. Stemmler) vom Steuerungsgestänge einer Lok P 10 darstellt (hier mit Kuhnscher Schleife) recht einfach und übersichtlich. Die Kinematik, vor allem die Gesetzmäßigkeiten der Schieberbewegungen erforderte aber umfangreiche theoretische Überlegungen, um Klarheit über die resultierenden Schieberwege, Kanalöffnungszeiten, -Überdeckungen und -Freigaben sowie über die Beschleunigungen zu bekommen. Die größten Massendrücke des Steuerungsgetriebes entfallen übrigens im allgemeinen auf den Gelenkpunkt der Gegenkurbel (auch Schwingenkurbel genannt) an den Treibkurbeln des Radsatzes. Auf den Schwingenkurbelzapfen einer 2'C1'-Schnellzuglokomotive konnten bei 120 km/h Fahrgeschwindigkeit Massendrücke in der Größenordnung von 3,5 Tonnen einwirken.

Eine Abart der Heusinger-Steuerung mit bequemer herstellbarer geradliniger Kulisse (unter Verzicht auf die gekrümmte) rührt von Richard von Helmholtz (Lokomotivfabrik Krauss). Siehe hierzu das Foto (Seite 81) der äußeren Steuerung mit gerader Schwinge der von Krauss mit Fabriknummer 2051 gebauten Dreikuppler-Tenderlok, zuletzt im Dienst der Feldmühle AG. –

Die im Lokomotivbau erprobten Ventilsteuerungen (Lentz, Caprotti, Esslingen), deren vordergründiges Ziel es war, den Dampfverbrauch zu verringern, konnten sich allgemein nicht durchsetzen. Das Foto aus dem Daimler-Benz-Archiv zeigt den Ventilantrieb auf dem Zylinder einer 1'D1'-Lokomotive mit Esslinger Ventilsteuerung.

Maschinenschmierung und Hochdruckpumpen

Über die »lebensnotwendige« Schmierung der unter Dampf arbeitenden Kontruktionsteile, darunter Schieber, Zylinder, Kolbenstangen, hat man nur relativ wenig gelesen. Und doch war dieses Technikkapitel nicht unproblematisch. Man kam keineswegs mit einem Öldruck aus, der nur wenig über dem Schieberkastendruck lag. Es mußten Hochdruckschmierpumpen, wie sie beispielsweise Bosch in Abstimmung mit der früheren Reichsbahn entwickelte, eingesetzt werden. Verkrustete Ölleitungen erforderten Drücke von 200 bis 300 kg/cm^2! Die für die Reichsbahn-Einheitslokomotiven verwendeten Bosch-Hochdruckpumpen mit ihren nachgeschalteten Tropf-Sichtölern (Bosch-Archiv-Foto) wurden sogar genormt (LON 8021 und 8024). Zweizylinder-Lokomotiven kamen im allgemeinen mit einer Pumpe aus. Die Stromlinien-Drillingslokomotiven der Baureihe 05 brauchten jedoch zwei Hochdruck-Schmierpumpen. Beide Pumpen wurden, wie auch sonst üblich, im Führerhaus (Foto: Bosch-Archiv) auf der Heizerseite an der Steh-

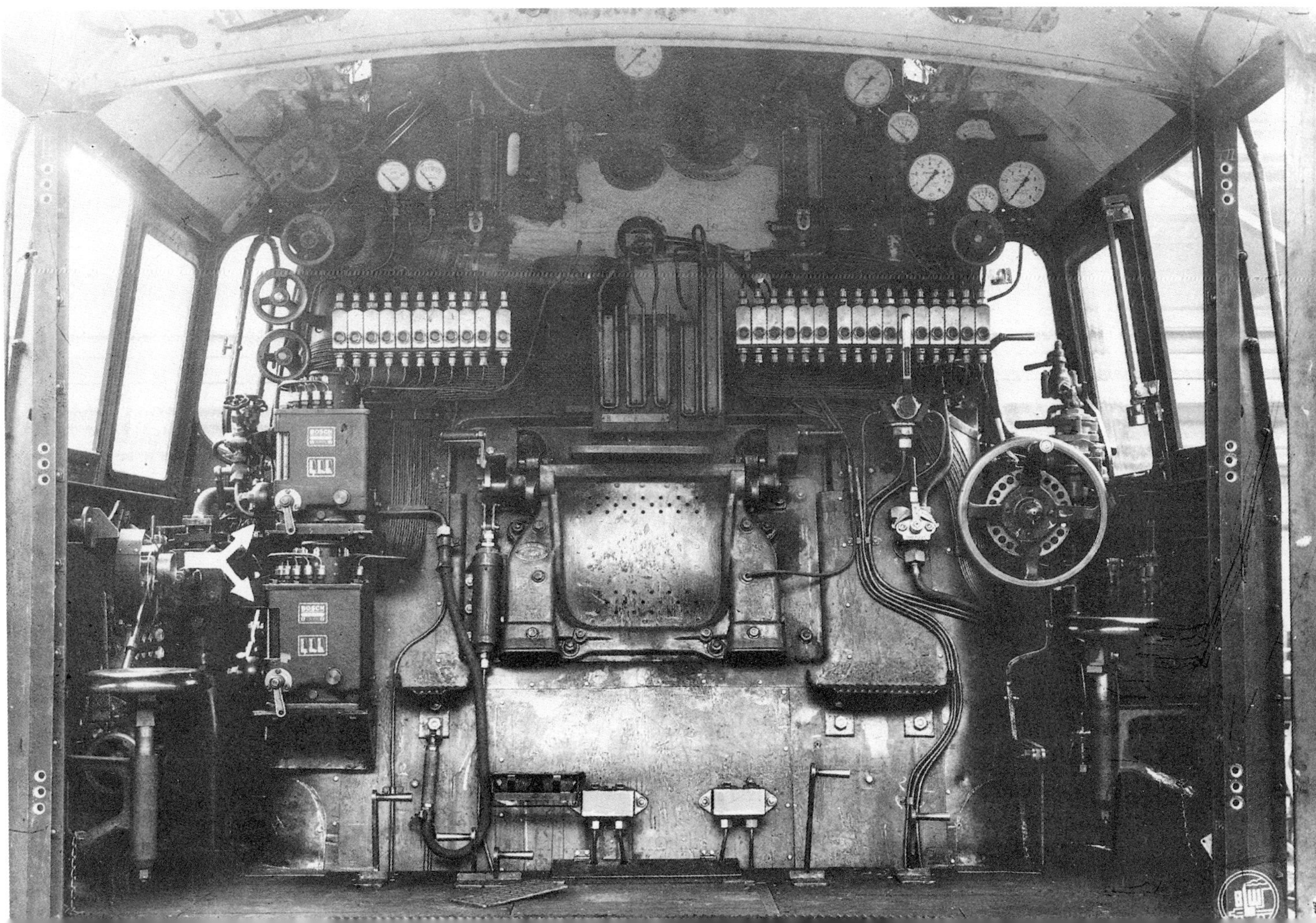

kesselrückwand angeordnet. Jede Pumpe war für 20 Anschlüsse eingerichtet, die jedoch nicht voll ausgenutzt wurden. Eine Pumpe übernahm mit 14 Anschlüssen den linken Außenzylinder und seine Schieberstangenlager sowie vom Innentriebwerk die hintere Kolbenstangenstopfbuchse und die Gleibahn. Die zweite Pumpe versorgte mit 15 Anschlüssen alle übrigen Schmierstellen des Mittelzylinders und des rechten Außenzylinders. Auch Vierzylinder-Lokomotiven brauchten in der Regel zwei Pumpen, wie auf unserem Führerhausbild (Archiv-Bild Bosch) von der Lok 02003 gut zu sehen.

Die recht hohen Dampftemperaturen der Gleitflächen in den unter (Heiß-)Dampf stehenden Schiebergehäusen und Zylindern beliefen sich im Vollastbereich auf 380 bis über 400°C. Bei den ölgefeuerten DB-Lokomotiven der Reihen 41 und 01^{10} wurden sogar 450°C überschritten.

Die Antriebe der Schmierpumpen, die das in kaltem oder nur wenig vorgewärmten Zustand recht dickflüssige Schmieröl durch lange Rohrleitungen an die Schmierstellen zu drücken hatten, wurden im allgemeinen mit Hilfe eines Gestänges vom hinteren Kuppel- oder Laufradsatz abgeleitet. Das war auch so bei den letzten deutschen Nachkriegs-DB-Dampflokomotiven der Baureihe 23, die Pumpen mit 14 Anschlüssen bekamen. Durch die Anordnung der Bosch-Pumpen am Stehkessel erfuhr der Ölbehälter-Inhalt eine indirekte, wenn auch schwache, Beheizung.

Zur elektrischen Lokomotive

Gleichstrom-Bahnmotoren

Ein für elektrische (Fahrleitungs-)Lokomotiven, Triebwagen und diesel-elektrische Schienenfahrzeuge viel gefragter Fahrmotor ist immer noch der Gleichstrom-Hauptschlußmotor (Reihenschlußmotor). Zur Steuerung und Regelung von Zug- und Bremskraft solcher Motoren bieten sich in der einfachsten Form die Fahrschalter, Schaltwerke oder Schützensteuerungen mit stufig schaltbaren Anfahr- und Bremswiderständen, bei höheren Anforderungen aber zeitgemäße stufenlose Steuerungen mit Thyristor-Gleichstromstellern (Chopper) an, die nahezu ohne Verluste arbeiten und damit einen hohen Wirkungsgrad erreichen.

Bei der herkömmlichen Spannungssteuerung durch Motorgruppierungs- und Widerstandsschaltungen muß zunächst beim Anfahrvorgang der volle Anfahrwiderstand stufenweise verkleinert werden. Dann liegen die Fahrmotoren entsprechend ihrer Gruppierung an voller, halber oder einer anderen, der Schaltung entsprechenden Spannung. Zur Ergänzung dieser Spannungssteuerung kann der Steuerbereich noch durch eine Feldsteuerung der Fahrmotoren im Hinblick auf höhere Geschwindigkeiten erweitert werden. Die Kraft des magnetischen Erregerfeldes wird durch Verkleinerung der Windungszahl geschwächt und damit die Drehzahl des Ankers erhöht. Allerdings muß für eine möglichst funkenfreie Kommutierung, vor allem bei stark geschwächtem Feld, eine Kompensationswicklung eingeführt werden. Die Belastungsgrenze der Motoren hängt weitgehend von der Wärmekapazität der Wicklungen und von der Stromdichte unter den Bürsten ab. Das FS-Foto zeigt einen Gleichstrom-Doppelmotor, Typ 82.400 (Stundenleistung 740 kW nach UIC 614), für die Schnellzuglokomotiven E 656 der FS.

Die Thyristortechnik hat es inzwischen ermöglicht, auch auf gleichstromgespeisten Lokomotiven kontaktlose Schaltgeräte zu nutzen. Zu den Vorteilen solcher Thyristor-Gleichstromsteller gehören vor allem der Fortfall der Anfahrwiderstände sowie der Gruppierungsschaltgeräte. Nunmehr ist eine stufenlose Motorsteuerung »machbar« geworden. Ein Ausführungsbeispiel ist der 1635 kW (UIC 614) stündlich leistende Motor für den Monomotorantrieb eines der drei Drehgestelle (FS-Foto) der FS-Mehrzwecklokomotive E 633 für 3 kV Fahrleitungsspannung. Das erste mit Thyristor-Gleichstromstellern gesteuerte Triebfahrzeug der Welt, eine elektrische Gleichstrom-Werkbahnlokomotive, hatte Siemens 1965 vorgestellt.

Einphasen-Wechselstrom-Fahrmotoren

Wie bei den Gleichstrommotoren muß auch bei den Wechselstrommotoren der elektrische Strom über schleifende Kontakte auf den Rotor (Anker), also auf den Läufer, übertragen werden. Dafür hat man den, wegen seiner mechanischen, thermischen und elektrischen Beanspruchung leider auch verschleißanfälli-

gen Kommutator vorgesehen. Trotzdem erreichen heutige Kommutatormotoren in Schnellzuglokomotiven, beispielsweise Baureihe E 110 der DB, bemerkenswerte Kommutator-Laufleistungen um 600 000 km. Für die mit höherer Getriebeübersetzung ausgestatteten Güterzuglokomotiven der Reihen 139 und 140 stiegen diese Laufleistungen sogar bis auf etwa 1,8 Millionen Kilometer an.

Die Geschwindigkeitsregelung des Wechselstrommotors geschieht in relativ einfacher Weise durch die Änderung der angelegten Spannung. Der dafür notwendige Stufentransformator erhielt diese Regelung mit Anzapfungen von Teilspannungen anfangs meist auf der Niederspannungsseite, also bei kleinerer Spannung, aber mit hohen Stromstärken. Mit der allmählichen Heraufsetzung der Lokomotivleistungen nahmen dabei die Schaltapparate recht massige Dimensionen an, so daß man zur Hochspannungssteuerung überging, weil die damit zu schaltenden Ströme wegen ihrer geringeren Stärke verschleißärmer zu schalten sind.

Der Fahrtwendeschalter übernimmt ebenso wie beim Gleichstrom die Umpolung der Erregerwicklung der Motoren zur Änderung der Fahrtrichtung.

In moderneren Hochspannungssteuerungen griffen die Konstrukteure zum Ersatz der mechanischen Schaltwerke durch wartungsfreie elektronische Schalter (Thyristoren).

Auf unseren Siemens-Fotos sind verschiedene Motoren abgebildet: Der fremdbelüftete Reihenschluß-Doppelmotor war für die Vorkriegs-Schnellfahrlokomotiven E 19^{1} bestimmt. Die Drehzahl der in diese Lok eingebauten vier Doppelmotoren war in 15 Grobstufen als Dauerfahrstufen und in weiteren 42 durch Zeitrelais überwachte Feinstufen regelbar. Der außerdem gezeigte zwölfpolige Reihenschluß-Kommutatormotor WB 368–17, dargestellt mit dem Kardan-Gummiringfeder-Antrieb, wurde mit einer Nennleistung von 1140 kW für die DB-Lokomotiven der Reihe 103 ausgelegt. Ebenso wie bei diesem ist auch beim dritten hier vorgestellten Fahrmotor WB 372–22f für die DB-Güterzuglokomotiven 151 (Zeichnung) die thermische Belastbarkeit durch Verwendung von Isolationsmaterial der Klasse F verbessert worden. Der Motor hat 14 Pole, je Bürstenhalter 5 Zwillingskohlen vom Querschnitt 40×12,5 mm mit einer Stromdichte von etwa 13 Ampère/mm^2 (bei Nennleistung).

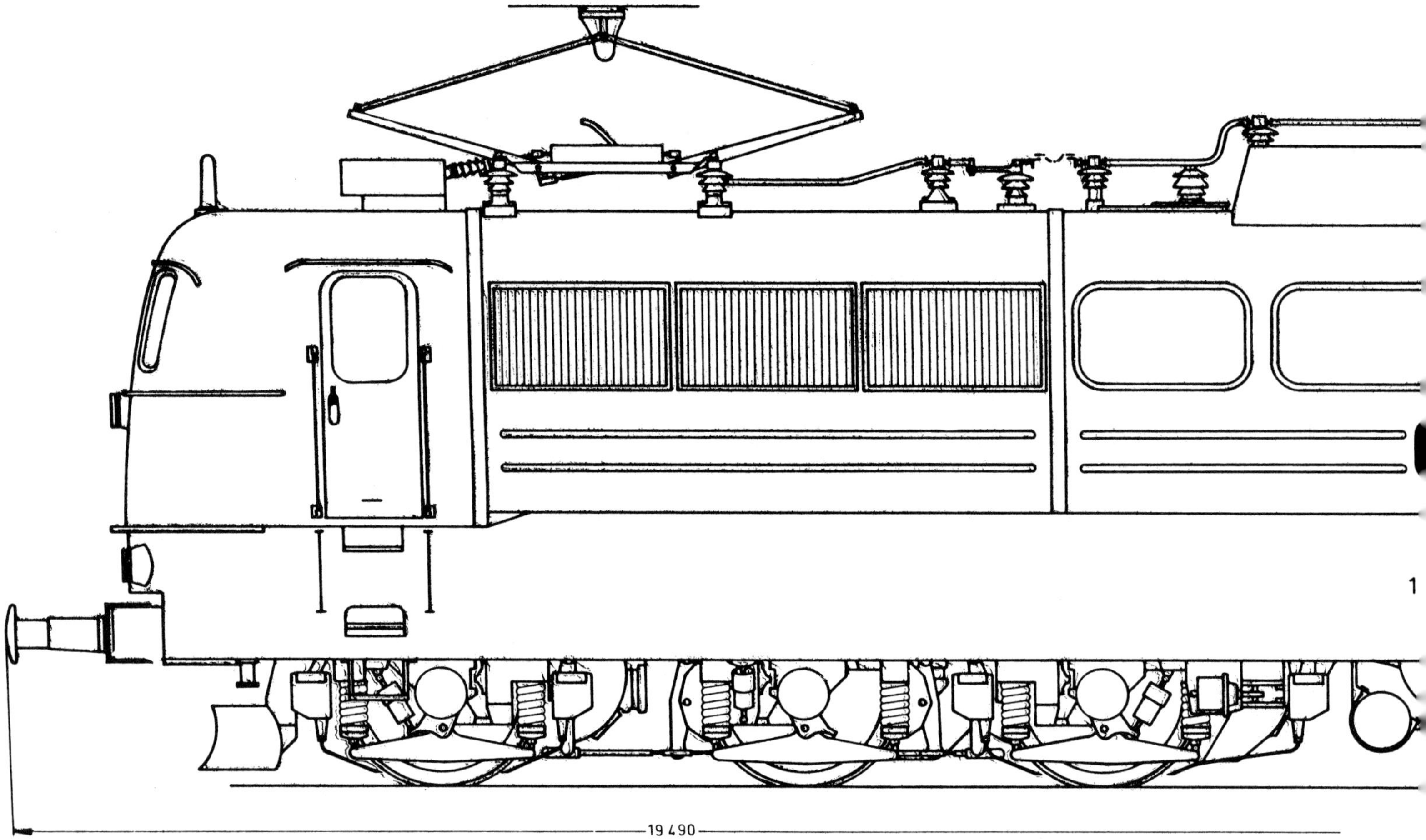

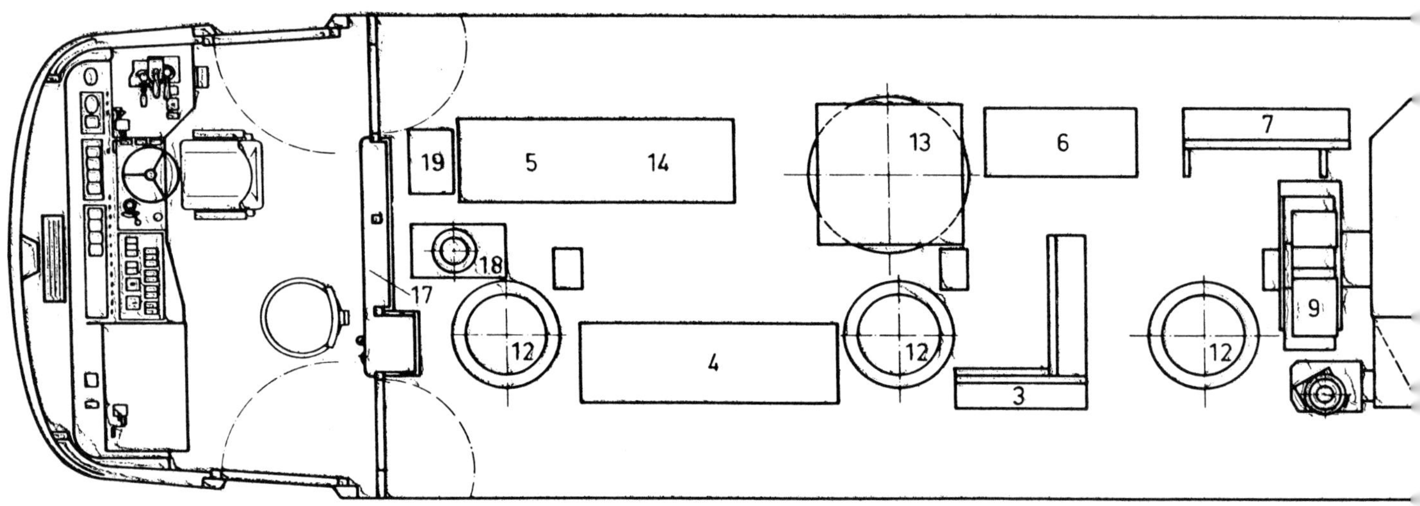

1 Gerüst: Hauptstrom Motor 1-3
2 " : Hilfsbetriebe
3 " : Schalttafeln, Relais
4 " : Hauptstrom Motor 4-6
5 " : Elektr. Bremse, Zugheizu
6 " : Druckluftgeräte
7 " : Indusi u. Sifa
8 Haupttransformator
9 Schaltwerk mit Antrieb
10 Ölpumpe

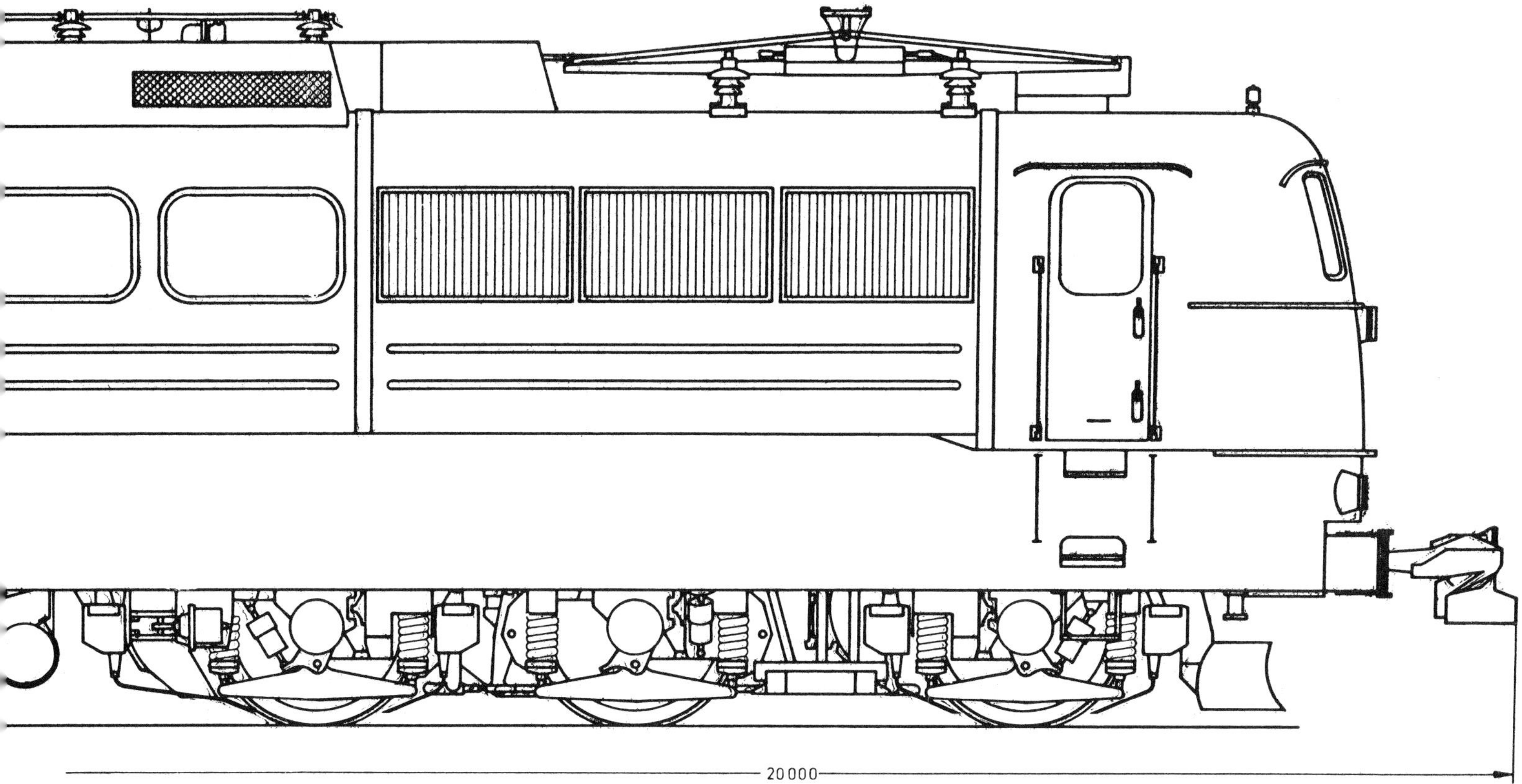

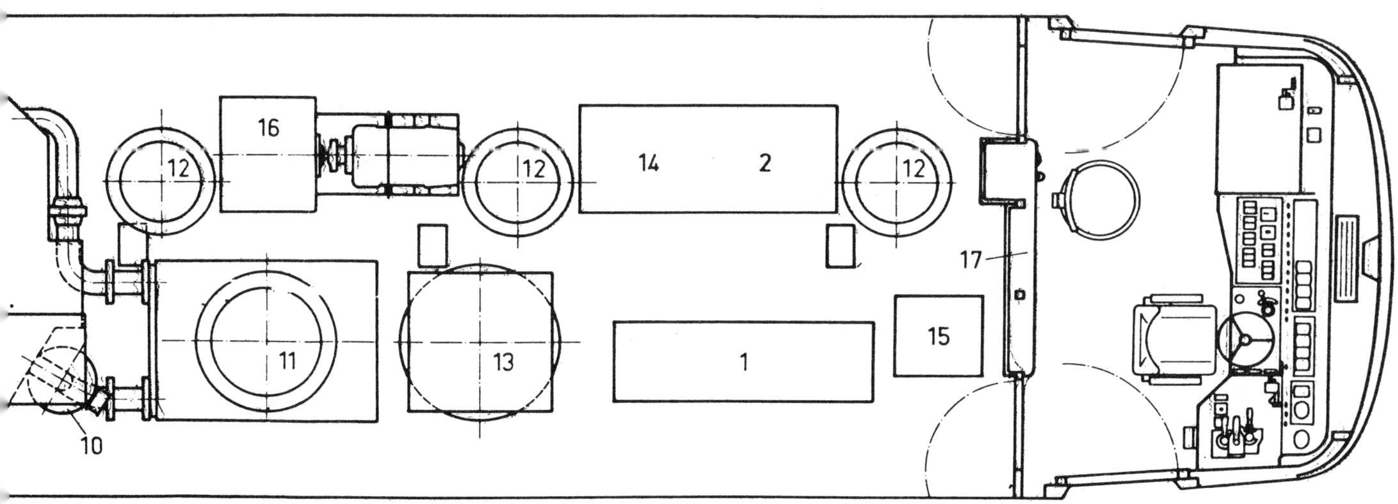

11 Ölkühler mit Lüfter
12 Fahrmotorlüfter
13 Bremswiderstand mit Lüfter
14 Erregergleichrichter
15 Schrank für Bremsregelung
16 Hauptluftpresser
17 Lichtschalttafel
18 LZB-Schrank
19 Kommutatorklappe

Lokomotiv-Drehstrommotoren

Drehstrommotoren zeichnen sich durch ein verhältnismäßig geringes Gewicht bei hoher Leistung aus. Sie sind wartungsarm und nahezu verschleißlos. Drehstrommotoren mit Frequenzsteuerung können wesentlich größere Drehzahlen erreichen und damit, die gleiche Eigenmasse vorausgesetzt, ungefähr die doppelte Leistung wie der Gleichstrom-Motor abgeben.

Das Drehmoment-Drehzahl-Verhalten der Drehstrommotoren, wie sie beispielsweise als Asynchronmotoren in den DB-Lokomotiven der Baureihe 120 und im ICE Verwendung finden, ermöglicht es, sehr große Zugkräfte mit hoher Reibwertausnutzung beim schweren Anfahren langer Züge dauernd fast ohne jede thermische Einschränkung aufzubringen. Für herkömmliche Elektrolokomotiven waren solche Anfahrten immer mit einem Risiko verbunden, weil bei voller Stromaufnahme der Kommutator leicht durch Lichtbögen (Funkenschlag) beschädigt werden konnte. Kommutatorlose Drehstrommotoren sind hier im Vorteil. Mit ihnen ist die Anpassung langlebiger »Universal«-Lokomotiven an wechselnde Transportaufgaben ganz wesentlich erleichtert worden. Die Lokomotiv-Drehgestelle können bei Verwendung der kleineren, kommutatorlosen Fahrmotoren leicht und lauftechnisch günstig ausgeführt werden. Die Umwandlung der Einphasen-Wechselstrom-Energie aus dem Fahrleitungsnetz in eine stufenlos regelbare Drehstrom-Energie wurde dank der Leistungselektronik zum Beispiel in den Lokomotiven der DB-Baureihe 120 bei einem guten Wirkungsgrad von etwa 0,86 möglich. Die Übertragung der elektrischen Energie vom Ständer auf den Motorenläufer und damit ihre Umwandlung in mechanische Energie geschieht durch elektromagnetische Wechselwirkung völlig berührungsfrei. Die Vorteile einer solchen weitgehend unempfindlichen Motorbauart müssen allerdings durch einen recht komplexen Aufbau der übrigen elektrischen Ausrüstung erkauft werden.

Einen entscheidenden Zugang zur heutigen Drehstromtechnik fand man in der zeitgemäßen Halbleiter-Elektronik und mit der intensiven Entwicklung der Kühlverfahren, welche der hohen Leistungsdichte moderner GTO-Stromrichter gerecht werden. Der GTO-Thyristor (Gate Turn Off) ist ein mehrschichtiges (Silizium-)Halbleiter-Bauelement, das einen über das Gitter (Gate) abschaltbaren Thyristor darstellt, der klein, leicht, robust und rüttelsicher sein muß.

Früher mußte man beim anfänglichen Drehstrombetrieb, zum Beispiel in Italien, ohne die Leistungselektronik auskommen. Damals wurden zwei getrennte Fahrleitungen gebraucht. Die dritte Phase war an die Schiene angeschlossen. Man fuhr mit fester Frequenz. Die Lokomotiven konnten nur in wenigen, von der Motorenkonstruktion abhängigen Geschwindigkeitsstufen wirtschaftlich fahren. Die schweren Fahrmotoren geringer Drehzahlen und die Stangentriebwerke trugen dazu bei, den gesamten Drehstrombetrieb damaliger Prägung aufzugeben.

Die Französischen Staatsbahnen (SNCF) machten durch ihre Bahnantriebe mit Synchronfahrmotoren (TGV Atlantik und Hochleistungslokomotiven BB 26000) auf ihre Technik aufmerksam. Es handelt sich um Zweisystem-Fahrzeuge für eine Wechselspannung (25 kV/50 Hz) und eine Gleichspannung (1,5 kV). Die Synchronmaschinen können in Verbindung mit Stromrichtern durchaus als Motoren mit variabler Drehzahl eingesetzt werden. Sie sind somit eine interessante Variante für Lokomotivantriebe. Die französichen Ingenieure »erkauften« jedoch die hohe Motorleistung (bei Fahrdrahteinspeisung mit Gleichspannung oder 50-Hertz-Strom), die einfacheren Stromrichter und die geringeren Anforderungen hinsichtlich Störstrom durch einen Verzicht auf die Netzbremse sowie durch einen etwas höheren Motoraufwand mit komplexerem Gesamtsystem, wobei vor allem das von der Steuerung zu koordinierende und zu beherrschende Zusammenarbeiten von Netzfiltern, Netzstromrichtern, Maschinenstromrichtern, von Zwangs- und Maschinenkommutierung sowie Erregerstromrichtern zu nennen sind.

Auf dem Siemens-Foto (Seite 82) ist ein fremdbelüfteter vierpoliger Asynchronmotor (Dauerleistung 1250 kW) mit Getriebe, Tragarm, Bremshohlwelle mit Bremsscheiben sowie Gummigelenk-Kardan-Antrieb für einen ICE-Triebkopf 401 zu sehen. Das andere Bild (Seite 26) zeigt die DB-Drehstromlok 120119.

Spannungswandler: Die Lokomotiv-Transformatoren

Transformatoren, auch Umspanner oder Spannungswandler genannt, wandeln ohne Mechanik die elektrische Leistung um in eine elektrische Leistung anderer Spannung und anderer Stromstärke. Dabei verhalten sich die Stromstärken umgekehrt wie die Spannungen.

Die Wechselstrom-Lokomotiven, auch andere Wechselstromfahrzeuge, besitzen in der Regel einen Transformator. Er nimmt den beherrschenden Platz im Maschinenraum der Lokomotiven ein und hat die Aufgabe, die ihm vom Stromabnehmer über einen Hauptschalter und die isolierte Dachzuführung zugeleitete hohe Fahrdrahtspannung (üblicherweise bis etwa 25000 Volt) auf eine für die Speisung der Fahrmotoren brauchbare Spannung herabzusetzen. Dieser Umspanner muß die gesamte Lokomotivleistung übertragen und hat zum Beispiel in der DB-Lok der Baureihe 103[1] eine Dauerleistung von 6250 kVA. Auf dem Siemens-Foto sieht man den 16 t schweren Transformator mit motorisch angetriebenen, 39-Stufen-Hochspannungsschaltwerk und Thyristor-Lastschalter.

Die Lokomotiv-Transformatoren sind meist mit Öl

zwangsumlaufgekühlt. Dabei sind der Eisenkern und die Wicklungen in einem Kessel oder ähnlichen Behälter untergebracht, dessen Ölfüllung ständig umgewälzt und über einen Ölkühler mit Kühlluft beblasen wird.

Wie früher der Hauptumspanner aussah, hier für die Reichsbahn-Lokomotiven E 1911/12 (Foto der RVM-Filmstelle), zeigen die beiden anderen Siemens-Bilder. Der Spulenaufbau ist auf dem einen, die Gesamtanordnung einschließlich Nocken- und Feinstufenschaltwerk auf dem anderen Foto ersichtlich. Die Motorspannung wurde hier durch die Wahl der entsprechenden Transformatoren-Anzapfungen an der Niederspannungswicklung in Grob- und Feinstufen von 90 bis 1350 V geregelt. Die Dauerleistung des damaligen Trafos belief sich auf 3500 kVA.

Die der AEG im Jahre 1924 in Auftrag gegebenen und 1926/28 gelieferten 122 t schweren, unsymmetrischen 2'D_o1'-Versuchs-Schnellzuglokomotiven E 2101/02 (AEG-Foto) für 110 km/h erhielten keinen ölgekühlten, sondern einen 13,5 t wiegenden öllosen Trockentransformator (Dauerleistung 2000 kVA) mit liegendem Eisenkern.

Energie-Umwandlung in der Drehstromlok

Die Gesamtkonzeption der DB-Drehstromlokomotiven, Baureihe 120, machte es notwendig, den Einphasen-Haupttransformator nicht im, sondern unter dem Maschinenraum, also in Unterflurbauweise anzuordnen. Nach UIC-Merkblatt 614 V beträgt die Lokomotivnennleistung 5,6 MW. Diese Leistung kann von den Drehstrom-Fahrmotoren im gesamten Geschwindigkeitsbereich oberhalb 80 km/h dauernd abgegeben werden. Bei einer solchen Traktionsleistung von 5,6 MW wird, einschließlich der Motor- und Stromrichterverluste sowie der Hilfsbetriebeleistung (150 kVA), vom Transformator eine Gesamtleistung von 6690 kVA gefordert. Bei 25°C Lufttemperatur und 85°C Öltemperatur kann der Trafo noch eine Dauerleistung von 5525 kVA abgeben. Das Verhältnis von Transformator-Dauerleistung zur traktionstechnisch verlangten Höchstleistung beträgt demnach 5,525:6,69 = 0,825. Bei der DB-Lokbaureihe 103 hat es die Größenordnung von 0,81.

Der mitsamt seiner Ölfüllung etwa 11,2 t wiegende Trafo der Lokomotiven 120 001–005 besitzt eine relative Kurzschlußspannung von maximal 30%, die für jede Sekundärwicklung gegen die Primärwicklung gilt. Er hat Fremdkühlung mit erzwungenem Ölumlauf. Die Unterflurbauweise des Umspanners (Foto: ABB Seite 82) ermöglichte das Einrichten eines durchgehenden Mittelganges im Kastenaufbau.

Der Aktivteil des Trafos ist zweisäulig und liegt quer zur Fahrtrichtung. Jede Säule ist elektrisch zweigeteilt. Das bedeutet: Vier getrennte Sekundärwicklungen und konzentrisch vier parallelgeschaltete Hochspannungswicklungen.

Dem Transformator ist ein sogenannter Vierquadrantensteller nachgeschaltet. Dieser bildet aus dem

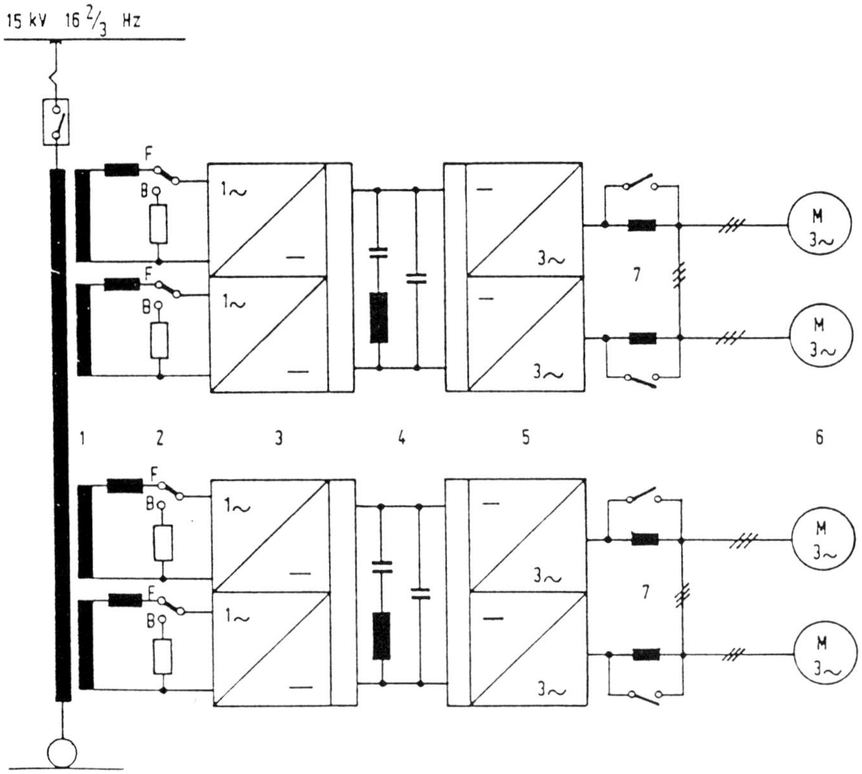

F Fahren
B Bremsen
1 Transformator
2 Bremswiderstände
3 Vierquadrantensteller
4 Zwischenkreis
5 Wechselrichter
6 Fahrmotoren
7 Motorvordrossel

Einphasen-Wechselstrom einen Gleichstrom, der über den Gleichstrom-Zwischenkreis einem Wechselrichter zufließt. Der Wechselrichter seinerseits wandelt als Puls- oder Phasenfolgewechselrichter den Gleichstrom in Drehstrom um, wobei durch eine elektronische Steuerung sowohl seine Spannung als auch seine Frequenz variiert werden kann. Unser Prinzipschaltbild (ABB) macht diese Energie-Umwandlungskette deutlich, deren Schlußglieder die vier Asynchron-Fahrmotoren bilden. Sie sind voll abgefedert in den Drehgestellen aufgehängt und übertragen ihr Drehmoment über pfeilverzahnte Getriebe und mit Kardangelenken auf die Radsätze. Sie wandeln damit die elekrische in mechanische Energie um. – Beim Bremsen fließt ein nutzbarer Strom in den Fahrdraht zurück.

Dachausrüstungen und Dachbesteigungen

Aus aerodynamischer Sicht gehören die Dachausrüstungen (Foto) elektrischer Lokomotiven und Triebköpfe zu den Erzeugern von Widerständen. Kein Wunder also, wenn bei schnellfahrenden Schienenfahr-

zeugen immer wieder an aerodynamisch optimierten und kontaktsicheren Stromabnehmern gearbeitet wird. Besonders günstig wäre es, wenn der eingefahrene Stromabnehmer in einer Dachwanne verschwände und nicht aus dem Dachprofil herausragen würde. Der vordere Stromabnehmer könnte dann durch ein bündiges Schiebedach verdeckt werden, weil in der Regel nur der hintere an der Oberleitung anliegt. Die übrigen »Dachgeräte« werden möglichst auf wenige Ausrüstungen beschränkt, darunter sind die Dachleitungen, Oberspannungswandler, Trennschalter, Isolatoren und gegebenenfalls die Bremswiderstände.

Die Dachbesteigungen haben im In- und Ausland ihre Unfallträchtigkeit noch nicht ganz verloren. Das bei älteren Lokomotiven vorgesehene Aufklettern mit Leitern, die seitlich angelehnt, oben eingehängt und unten mit Ledergurten gegen Abrutschen gesichert wurden, gibt's bei den renommierten Bahnverwaltungen nicht mehr. Der besonders für ältere Lokomotivmänner schwierige Aufstieg und das Übersteigen von der Leiter auf das Dach, hatte besonders bei Regen, Schneetreiben und bei Nacht seine Risiken. Sollte es auf der Strecke notwendig werden, einen beschädigten Stromabnehmer abzusichern oder Teile davon abzunehmen, so kann bei vielen in- und ausländischen Einheitslokomotiven das Dach von innen durch ein Mannloch oder eine Dachluke, beispielsweise vom Hochspannungsraum aus über eine dort einhängbare Leiter, betreten werden. Die Abschaltung der Fahrleitung und das Einhängen der Erdungsstangen vor und hinter dem Fahrzeug gehören dazu. Die DB hat dafür besondere Vorschriften.

Das Siemens-Werkstattfoto (Einbau der Lüfter Seite 82) läßt die verschiedenen Dachöffnungen und -Luken erkennen.

Elektrische Mehrsystem-Lokomotiven

Die frühere Lokomotiv-Baureihe 410 (später 184), die für den grenzüberschreitenden Verkehr mit Frankreich, Belgien und den Niederlanden bestimmt war und für vier verschiedene Stromsysteme (15 kV bei 16⅔ Hz – 25 kV bei 50 Hz – Gleichspannung 1,5 kV und 3 kV) geeignet sein mußte, wurde 1965 als »Europa-Lok« bekannt. Sie gilt als Vorläuferin der 1968 in Dienst gestellten DB-Lokbaureihe 181 und der 1974 erschienenen 181.2 für Planfahrten nach Frankreich und Luxemburg. Es sind Zweifrequenz-Lokomotiven, die sich durch die fehlende Technik für den Gleichstrombetrieb von der Bauart 410 unterscheiden. Wesentlichen Anteil an Entwicklungen und Bau dieser Mehrsystem- und Zweifrequenz-Lokomotiven hatten die AEG, BBC und Krupp.

Die französische SNCF hat 1988 die ersten vier Vorauslokomotiven einer technisch anders gearteten Zweisystem-Version für 1,5 kV Gleichstromfahrleitung und für 25 kV (50 Hz) Einphasen-Wechselstrom-Fahrdraht in Betrieb genommen und mehrere Testprogramme, auch in der Klima-Kälte-Kammer von Wien-Arsenal, durchgeführt. Unser Foto (Seite 84) zeigt eine solche 90 t schwere und 200 km/h schnelle, mit Monomotor-Drehgestellen ausgestattete Lok, hier Nr. 26004, im Jahre 1990 in Paris. Jene hochinteressanten Triebfahrzeuge der SNCF-Reihe BB 26000 nutzen die Drehstromtechnik mit einer ausgeklügelten Steuerelektronik und Synchronfahrmotoren. Die als SYBIC (Synchrone Bicourant) bezeichneten Lokomotiven besitzen eine Starkstromschaltung zweier Systeme, die beide voluminöse Lüfter- und Kühlsysteme, Drosseln und Hilfsbetriebe in Anspruch nehmen. Der Unterflur-Haupttransformator hat eine Hochspannungswicklung für 50 Hz (25 kV) und 6600 kVA. Die Fahrmotoren (Jeumont-Schneider) arbeiten über eine nicht schaltbare Übersetzung und elastische Kupplungen auf die Radsätze. Die Hersteller verwendeten in der SYBIC sowohl Komponenten aus der klassischen Elektrotechnik als auch aus der jungen Elektronik. Die SYBIC leistet 5600 kW (im Bereich von 80 bis 200 km/h), erreicht eine Anfahrzugkraft am Radumfang von 320 kN und ist – wie die deutsche 120 – eine »Universallokomotive« für den Güter- und Schnellzugdienst. Sie arbeitet mit elektrischer Widerstandsbremse mit maximal 120 kN Bremskraft, wobei die Fahrmotoren als Synchrongeneratoren, die Umrichter als Gleichrichter und der Gleichstromsteller (Chopper) als

Schalteinrichtung zur Verstellung des Bremswiderstandes funktionieren.

Es können heute mit zeitgemäßer Stromrichter- und Schaltungstechnik zuverlässige Mehrsystemlokomotiven konstruiert werden, wobei vorauszusehen ist, daß wir auch in nächster Zukunft europaweit noch mit den vorhandenen verschiedenen Bahnstromsystemen leben müssen. Als Beispiel zeigen wir das Modellfoto (Seite 84) der neuesten ÖBB-Zweisystem-Lok (»Brenner-Lok«), Baureihe 1822.

Zur Diesellokomotive

Lokomotiv-Dieselmotoren

Verbrennungsmotoren, also auch Lokomotiv-Dieselmotoren, können erst Leistung abgeben, wenn sich im Verdichtungsraum der Zylinder ein zündfähiges Kraftstoff-Luftgemisch gebildet und sich entzündet hat. Die Vorgänge des Ansaugens (oder des Einspritzens), des Verdichtens und der Zündung müssen erst mit fremder Hilfe eingeleitet werden, ehe der Motor überhaupt »anspringt«. Weil aber die fremde Anlaßkraft, ob Druckluft oder elektrischer Startermotor, im allgemeinen nicht fähig ist, das Vollastdrehmoment des Motors aufzubringen, kann die Lokomotivmaschine nicht unter Last anfahren. Die Belastung darf erst zugeschaltet werden, wenn der Motor eine gewisse Drehzahl erreicht hat. Seine Leistung wächst mit zunehmender Drehzahl. Dieses Grundprinzip gilt auch für die Höchstleistung und auf gesteigerte Drehmomente getrimmte Motoren, zum Beispiel mit rechnergesteuerten Nockenwellenverstellungen oder mit ausgeklügelten Ventilsteuerungsprogrammen. Ein Motor aus der MTU-Typreihe 956 (2400 bis 4100 kW) für Strecken- und Mehrzweck-Lokomotiven ist auf der Skizze zu sehen. Beim Diesel-Generator-Antrieb kann man auf eine zuschaltbare Kupplung, beispielsweise Reibungskupplungen, Schieberad-Getriebe, Magnetpulver-Kupplungen oder hydraulische Kupplungen (oft in Kombination mit Drehmomentwandlern), verzichten, weil die Belastung erst durch die elektrischen Schaltvorgänge eintritt.

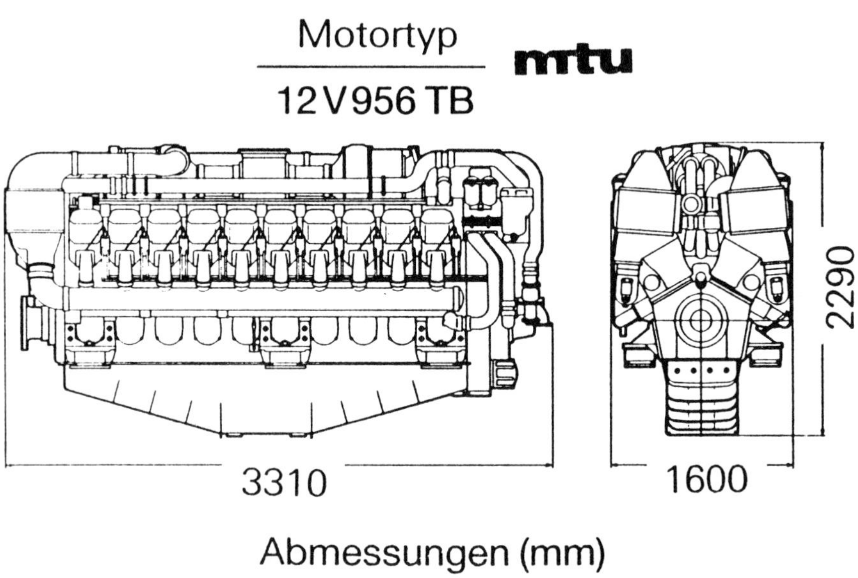

In rund 940 DB-Lokomotiven der Baureihen V60 (260/261) gemäß unserem ME-Foto haben sich die Maschinenanlagen der damaligen Maybach-Mercedes-Benz-Viertakt-Dieselmotoren GTO 6 und 6A (mit Scheibenkurbelwelle und Füllungsregler) gut bewährt. In die vierachsigen DB-Lokomotiven 211/212/213 und 216/217 konnten, je nach Bauart, immer weiter verbesserte Dieselmotoren aus den früheren Typ-Reihen Maybach MD 650 und Mercedes-Benz MB 820 (unser Foto zeigt den MB 820 Db mit Aufladung und Ladeluftkühlung) sowie MD 870 und MB 839, alle wassergekühlt, eingebaut werden. Inzwischen kamen weitere Baureihen, auch durch Umbenennungen (MB 16 V652 TB), hinzu. Die Motoren- und Turbinen-Union hatte zwischenzeitlich kompakte Motoren (Doppelbaureihe 331/396) mit 6, 8 und 12 Zylindern im Leistungsbereich von 460 bis 1180 kW und als Typ 16 V396 mit 1570 kW UIC-Nennleistung geschaffen. Die Motoren zeichnen sich durch eine

ziemlich strenge Einhaltung des Baukastenprinzips aus. Die 1976 gebauten Co'Co'-Mehrzweck-Diesellokomotiven Am 6/6 für die Schweizerischen Bundesbahnen wurden mit SEMT-Pielstick-Dieselmotoren 16 PA4 V185 (Henschel-Pressefoto) und Drehstrom-Leistungsübertragung ausgestattet. Die Lokomotiven erhielten eine Nennleistung von 1840 kW (2500 PS), hatten Motoren mit Aufladung und Ladeluftkühlung sowie 400 kN Anfahrzugkraft. SEMT ist die Abkürzung für Société d'Etudes de Machines Thermiques.

Diesel-Hydraulik

Im Lokomotivbetrieb erfüllen die Hydrodynamischen Getriebe mehrere Forderungen. In Form der hydraulischen Kupplung dienen sie als Trennungsglied zwischen Dieselmotor und den Radsätzen, weil eine

Brennkraftmaschine nicht vom Stillstand heraus unter Last anfahren kann, sondern mit Fremdhilfe (Starter) angelassen werden muß. Das Hydraulik-Aggregat ist aber auch gleichzeitig ein Untersetzungsgetriebe, weil die Drehzahl der antreibenden Kraftmaschine meist höher ist als die Drehzahl, die am Treibradsatz gebraucht wird. Darüber hinaus beansprucht der Lokomotivführer das Getriebe zum Wechseln der Fahrtrichtung (Wendegetriebe), denn der Dieselmotor ändert seine Drehrichtung nicht. Außerdem muß die Leistungsübertragung »umgelenkt« werden, wenn die Motorkurbelwelle nicht parallel zum Radsatz angeordnet ist. Zusätzlich ist das Getriebe notwendig zum Ausgleich von Drehzahl-Unterschieden, wenn die Raddurchmesser mehrerer Kuppelradsätze infolge ungleichmäßiger Abnutzung nicht mehr das exakt gleiche Maß haben. Schließlich ist ein Getriebe zum Anpassen der für den Fahrbetrieb meist ungünstigen Kennlinie des Motors an die Zugkraft-Geschwindigkeits-Forderungen des Lokomotivbetriebs notwendig (Steuerung stufenloser oder feinstufiger Wandlergetriebe).

Die Herstellung einer kinetischen Verbindung des fest im Lokomotivhaupt- oder Drehgestellrahmens gelagerten Dieselmotors mit den Treibrädern ist im Prinzip zwar unverändert geblieben. Sie hat aber durch die rasche Fortentwicklung (Hydromechanik, Hydrodynamik, auch noch die Hydrostatik) und Verfeinerung der Regelungstechnik bei hohem Wirkungsgrad im Hauptbetriebsbereich, vorangetrieben unter anderen von Voith, erstaunliche Fortschritte gemacht.

Die auf den beiden Fotos (Zusammenbau einer sechsachsigen 1900-PS-Diesellokomotive und eines der Triebgestelle mit Voith-Getriebe L 36r) zu sehenden Dreiwandler-Turbogetriebe arbeiten nach dem von Hermann Föttinger angegebenen Prinzip: Eine Kreiselpumpe und eine Turbine sind in einem geschlossenen Kreislauf eines Wandlers angeordnet.

Das vom Motor an die Kreiselpumpe abgegebene Drehmoment wird derart umgeformt, daß bei annähernd gleichbleibender Leistungsaufnahme des Pumpenrades an der Turbinenwelle bei kleiner Drehzahl ein hohes Drehmoment und bei großer Drehzahl ein entsprechend niedrigeres Drehmoment zur Verfügung steht. Ermöglicht wird diese Art der Umwandlung durch die Anordnung eines festen Leitrades, das die Differenz der Drehmomente aufnehmen kann. Die Gelenkwelle bildet das Kupplungsglied zwischen Dieselmotor und Getriebe wie auf dem Foto (KHD) einer DB-Diesellok der Baureihe V100 zu sehen.

Neuere diesel-hydraulische Lokomotivantriebe

Drehmomentwandler und hydraulische Kupplungen wirken schwingungstrennend zwischen den drehschwingungsfähigen Systemen der Antriebs- und der Abtriebsseite. Nachdem es gelungen war, mit den Turbogetrieben eine wirksame Bremsleistung zu erzielen und sie wärmetechnisch zu beherrschen, gewann die bis zu den höchsten Übertragungsleistungen verfügbare Hydrodynamik an zusätzlicher Bedeutung. Diese Art von Weiterentwicklungen über hydraulische Bremsen und Turbowendegetrieben bis zu einer neuen Getriebegeneration, die laut J. M. Voith in Heidenheim im Rahmen der Bauart Wandler-Kupplung einen Gesamtwirkungsgrad von 93% erzielt, brachte erneut Bewegung in die Technik der Schienenfahrzeug-Leistungsübertragungen. Repräsentative Beispiele deutscher dieselhydraulischer DB-Lokomotiven sind die Baureihen 221 (Montagefoto Krauss-Maffei) und 218 (Foto aus Ulm). Die Lok-Baureihe 218 wurde mit dem MTU-Viertakt-Dieselmotor MA 12 V956 ausgerüstet. Es ist eine einmotorige Lok, die wahlweise mit hydraulischem Zweiwandler-Zweigang-Getriebe MTU-Typ K 252 SUBB (siehe MTU-Foto) oder Voith-Getriebe L 820 Brs ausgerüstet werden kann.

Aber die hydrodynamischen Getriebe stehen auf einem export-orientierten »Lokomotiv-Markt« im unerbittlichen Wettbewerb mit der elektrischen Leistungsübertragung, die mit dem Einsatz der Drehstrom- Antriebstechnik einen bemerkenswerten Aufwind bekam.

Gelenkwellen

Als sich mit den leichten, schnelldrehenden Dieselmotorwellen eine gut geeignete Leistungsübertragung für diesel-hydraulische Schienenfahrzeuge anbot, verließ man die nicht mehr zeitgemäßen Kuppelstangenantriebe und ging auch für große Leistungen und hohe Geschwindigkeiten auf Gelenkwellen mit ihren Kreuzgelenken und auf Achsgetriebe über.

Die schnellaufenden Motoren liefern ohnehin ein der Kolbendampfmaschine überlegenes, in erster Annäherung gleichförmiges, also wunschgemäßes Drehmoment, das nicht mehr mit hin- und herschwingenden Maschinen-Elementen, sondern mit den sinnvolleren drehenden Elementen weitergeleitet werden konnte.

Die Gelenkwellenantriebe sind in den 50er und 60er Jahren unseres Jahrhunderts derart weiterent-

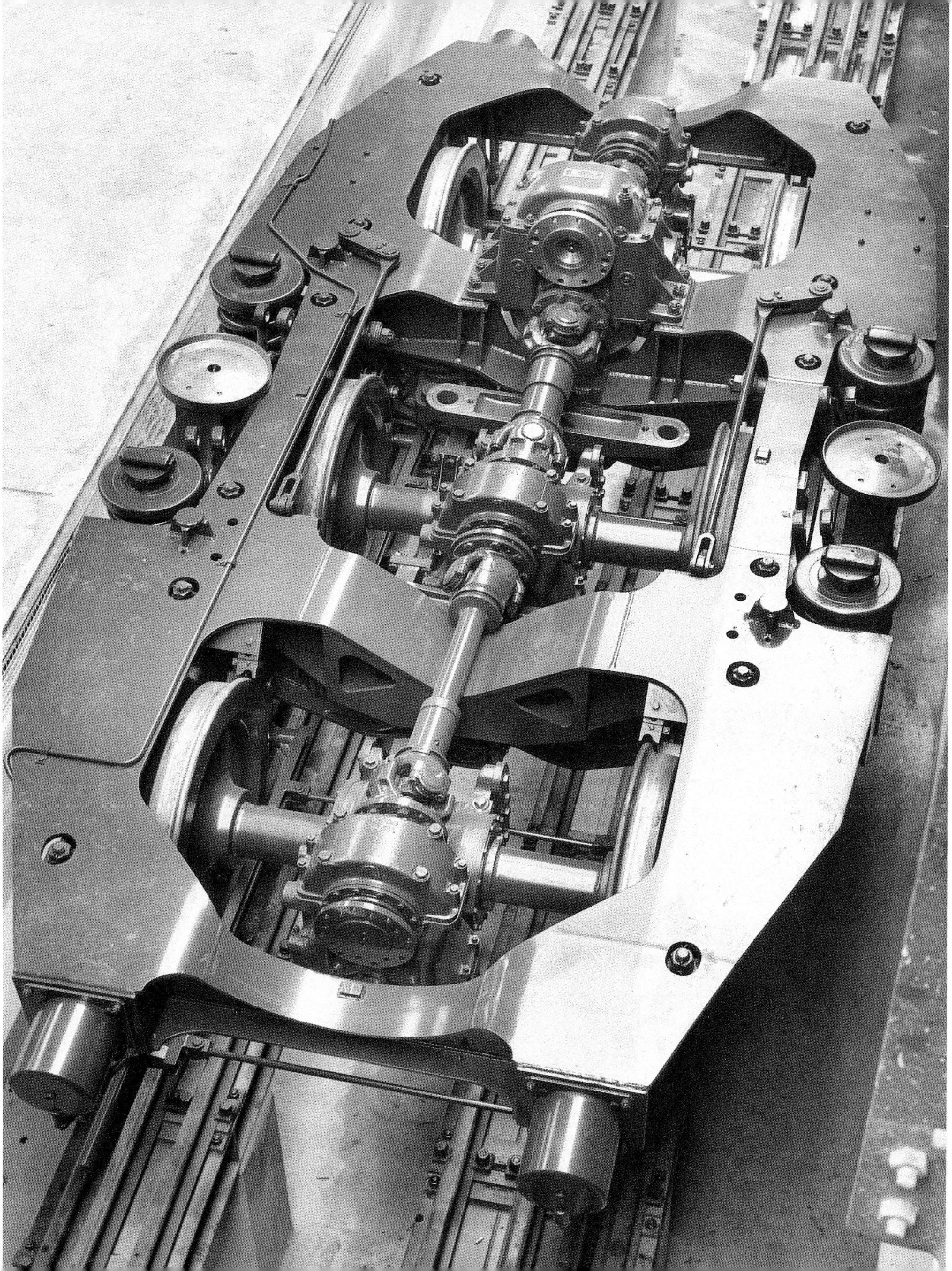

wickelt worden, daß sie als zuverlässige Glieder der Leistungsübertragung alle Momente bis zur vollen Ausnutzung der Haftwerte und bei allen vorkommenden Achsfahrmassen beherrschen.

Gelenkwellen sind wartungsarm. Ihre Instandhaltung ist ohne großen Werkstattaufwand möglich. Außerdem erleichtern sie den Einbau und den Austausch der Motoren, Getriebe und Drehgestelle. Gewisse Probleme gibt's bei räumlichen Beugungen der Gelenkwellen, beispielsweise während der Kurvenfahrt-Ausschläge der Drehgestellradsätze, die von fest im Hauptrahmen angeordneten Abtrieben beaufschlagt sind. Dabei ist bei Gleisbogenfahrt kein Gleichlauf von Ein- und Abtrieb, also keine Kardanfehlerfreiheit mehr zu erreichen. Mit der Festlegung gewisser Grenzbedingungen und in der Wahl des jeweils zweckmäßigsten Gelenkwellensystems sowie mit der geschickten Dimensionierung der Wellen (leicht, wenig dreh- und biegeschwingungsempfindlich) bekamen die Konstrukteure solche Antriebe in den Griff. Das Maß der Beugung konnte klein und damit der Kardanfehler gering gehalten werden. So kam das von Gerolamo Cardàno (1501–1576) für lagestabile Aufhängungen von Geräten verwendete Kreuz- oder Ringgelenk nicht nur im Kraftfahrzeug-, sondern auch im Lokomotivbau zu höchsten Ehren. –

Stränge von mehreren hintereinander geschalteten Gelenkwellen und dazwischen eingebundene Achsgetriebe sind mit geringen Beugungen, auch beim Federspiel, fast kardanfehlerfrei angeordnet worden. Der Gleichlauf von An- und Abtriebswelle ist praktisch herstellbar. Auf dem Krauss-Maffei-Foto sehen wir ein drehzapfenloses, dreiachsiges Drehgestell der 2700-PS/1987-kW-Diesellokomotive DH 27 (ML 2700 C'C') für die Türkische Staatsbahn. Es gibt den Blick frei auf das Krauss-Maffei-Zwischengetriebe, auf die Maybach-Kegelradachstriebe und die drehmomentübertragenden Gelenkwellen.

Diesel-elektrische Leistungsübertragungen

In der Lokomotivkonzeption mit diesel-elektrischer Leistungsübertragung hat es wohl nur wenig eines

Lok 215 101 der DB mit hydrodynamischer Bremse, hier am 28. 5. 1989 in Aalen. Kurzzeit-Bremsleistung 4000 PS Foto: Messerschmidt

Lok 218 466 der DB mit hydrodynamischer Bremse, hier am 28. 5. 1989 in Crailsheim Foto: Messerschmidt

▶ Massereduziertes Vollrad (Querschnittdarstellung) mit Bremsscheibe Foto: Messerschmidt

▼ Lok 120 110 der DB mit elektrischer Nutzbremse, hier mit Intercity am 9. 5. 1990 in Augsburg Hbf Foto: Messerschmidt

▲ DB-Lok 23 105 mit induktiver Zugbeeinflussung. Zwischen hinterem Kuppelradsatz und Laufradsatz befindet sich der Lokomotivmagnet
Foto: Messerschmidt

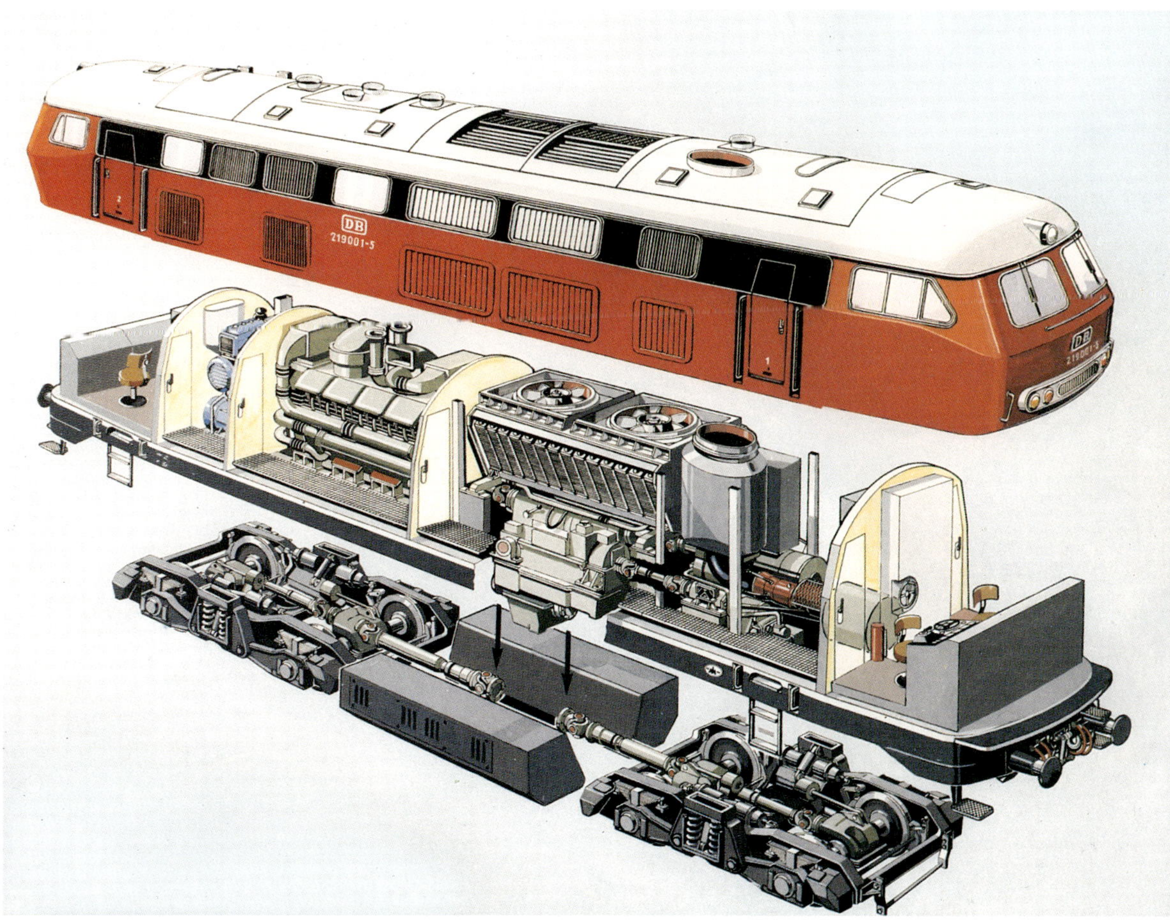

◀ Sektorenbild einer Bundesbahn-Diesellok 219 001
Foto: KHD

Zug- und Stoßvorrichtung sowie geschweißte Schienenräumer der Lok 243 576 (Leipziger Messe 13. 3. 1990) Foto Messerschmidt

Automatische Rangierkupplung für DB-Lok 365 819 27. 7. 1989 Foto: Messerschmidt

besonderen Anstoßes bedurft, auf die schwerfälligen Stangenantriebe zu verzichten und statt dessen den mit Gleichstrommotoren ausgestatteten Einzelachsantrieb vorzuziehen. Die für die herkömmliche elektrische Übertragung erforderlichen Maschinen waren ein mit dem Dieselmotor gekuppelter Gleichstrom-Generator (später auch Wechselstrom-Generator mit Gleichrichtern), der die mechanische Energie in elektrische umzuformen hat, sowie eine von den betrieblichen Forderungen abhängige Anzahl von (Reihenschluß-)Fahrmotoren, welche die elektrische Energie wieder in mechanische umwandeln. Mit Hilfe von Serie- und Parallelschaltungen einzelner Motoren oder ganzer Motorengruppen gab es verschiedene Kombinationsmöglichkeiten der Fahrstufungen. Der Wirkungsgrad eines fremd-, eigen- oder kombiniert erregten Generators beträgt etwa 93 bis 95%, so daß sich Bestwirkungsgrade des elektrischen Übertragungssystems von rund 88% ergeben. Mit der Verteilung der Fahrmotoren auf die Radsätze wachsen allerdings die Gewichte, und man mußte bei überalterten Konstruktionen erforderlichenfalls statt vier eben sechs Triebradsätze einplanen. Manchmal nahm man sogar mittragende Laufradsätze in Kauf. Das Archivbild zeigt eine solche 2250-PS/1656-kW-Lokomotive, Gattung E 8 mit (A1A) (A1A)-Radsatzfolge, der amerikanischen Chicago North Western Railroad. Die Lok wurde 1949 von General Motors (EMD) entwickelt.

Inzwischen haben neue Wege auf dem Gebiet des Elektromaschinenbaues und vor allem die Betriebsreife der Leistungselektronik die Voraussetzungen für erheblich verbesserte Übertragungssysteme geschaffen. Jüngstes Beispiel hierfür sind die von ABB und Krupp-MaK entwickelten diesel-elektrischen Co'Co'-Lokomotiven mit Drehstrom-Asynchronmotoren, einer Leistungssteuerung über GTO-Thyristoren und einer Steuerung der elektrischen Bremse über GTO-Bremssteller. Die 2650 kW starken und 160 km/h schnellen, bisher in drei Einheiten der Bauart DE 1024 gebauten »Universallokomotiven« eignen sich für schwere Güter- und schnelle Reisezüge. Während der Erprobung wurde den mit 405 kN Anfahrzugkraft ausgestatteten Prototyp-Lokomotiven die Baureihenbezeichnung 240 (ABB-Foto Seite 83) zugeteilt.

Die Funktionsweise der Bauart DE 1024 beruht auf einer Drehstrom-Leistungsübertragung: Das Diesel-Generator-Aggregat erzeugt einen dreiphasigen Wechselstrom. Der nachgeschaltete Gleichrichter formt die Generator-Ausgangsspannung in Gleichspannung um. Es folgen die angeschlossenen Wechselrichter. die ihrerseits die Asynchron-Fahrmotoren mit variabler Spannung und Frequenz speisen. Während man bisher mit konventionellen elektronischen Ventilen, den Thyristoren und zusätzlichen Kommutierungseinrichtungen auskommen mußte, setzte man hier nun ein- und abschaltbare Elemente, die sogenannten GTO-Thyristoren, ein. Damit verringerte sich die Anzahl der Halbleiter und der zugehörigen Komponenten. Das von ABB zur Verfügung gestellte Foto (Seite 83) präsentiert die für die Lok DE 1024 entwikkelte Stromrichter-Kompaktanlage. Sie besteht aus mehreren Schränken mit Stromrichtermodulen, Traktionswechselrichtern, Bremssteller, den Modulen zur Versorgung der Zugsammelschiene, den Kondensatoren, dem Hilfsgetriebe-Wechselrichter und den Schaltanlagen. Die GTO-Stromrichter erhielten eine Öl-Luft-Kühlung. Als Dieselmotor kam die Krupp-MaK-Bauart 12M282 in Betracht.

Die Diskussionen während der internationalen Schienenfahrzeugtagung 1990 in Graz offenbarten, daß der Wirkungsgrad der DE 1024, betrachtet im Verhältnis der am Treibradumfang abgenommenen Energiemenge zum Energie-Inhalt des Kraftstoffes, eine Größenordnung hat, die zwischen 35 und 40% liegt. Bei Versuchsfahrten am 8. August 1990 sind zwischen Gütersloh und Neubeckum Geschwindigkeiten bis zu 200 km/h erreicht worden. Die kritische Geschwindigkeit der Drehgestelle, die durch Tatzrollenlager-Drehstrom-Asynchronmotoren mit einstufigem Rädergetriebe gekennzeichnet sind, liegt bei 227 km/h.

Fahren und Bremsen

Führerhäuser und Kabinen

Wunschliste der Lokomotivführer: Führerhäuser deutscher Bundesbahn-Dampflokomotiven

Die einstigen Neubau-Dampflokomotiven der DB, Baureihen 10 und 23, sowie die »an Bord« mit Kohlen- und Wasserkästen ausgerüsteten Tenderlokomotiven 65, 66 und 82 besaßen allseits geschlossene Führerhäuser, die das Personal vor Wind und Kälte schützten. Regulierbare Rippenrohr-Fußbodenheizungen, Essenwärmer und federnde Fußunterlagen sorgten für einen gewissen Komfort. Die großen USA-Bahnen waren allerdings schon lange zuvor unseren Führerhaus-Inneneinrichtungen weit voraus.

Wegen der dort damals verbreiteten Stoker- und Ölfeuerungseinrichtungen konnten Lokführer und Heizer ihren Dienst ganz im Sitzen ausüben. Alle regelmäßig zu bedienenden Handgriffe und Handräder konnten im Sitzen bequem erreicht werden. Die Kohle schaufelnden Heizer der meisten europäischen Bahnen mußten überwiegend stehen. Doch trotzdem wurden dann auch bei den Reichsbahn- und Bundesbahn-Dampflokomotiven seitliche Führerhaussitze montiert.

Wiederholter Gedankenaustausch der Lokomotivpersonale mit der Hauptverwaltung der DB und dem Zentralamt Minden betraf die verschiedenen Mög-

lichkeiten zur Diensterleichterung in den Führerhäusern: Gute Sichtverhältnisse, besonders bei schnellfahrenden Lokomotiven, sollten durch den Einbau rotierender Klarsichtscheiben (wie im Schiffbau üblich) geschaffen werden. Die mit 2500 bis 3000 U/min umlaufenden kreisrunden, elektrisch angetriebenen Scheiben rissen die vor ihnen stehende Luftschicht mit und schleuderten dabei eintretende Wassertropfen, Eispartikel und Ölspritzer zur Seite. Probeweise sind tatsächlich solche (Atlas-)Klarsichtscheiben, die allerdings das Sichtfeld etwas einschränkten, in die vorderen Fenster mancher Führerhäuser der Reihen 10 und 23 eingebaut worden, ohne jedoch die allgemeine Einführung durchsetzen zu wollen. Druckluftbetätigte Feuertüren, um die Heizer vor allzu lästiger Hitzestrahlung in genügendem Abstand fernzuhalten, bewährten sich ebenso wenig wie der zunächst geforderte Not-Abort, den man in der Lokomotive 52001 erprobte. Ein solches »WC« stieß auf Ablehnung wegen Verschmutzung des Lauf- und Triebwerks, wegen Geruchsbelästigung und wegen der Schwierigkeit, den Abort ständig in hygienisch einwandfreiem Zustand zu halten. Schließlich wurden wirkungsvolle Lüftungsklappen und Oberlichtfenster (unser ME-Werkfoto des Führerhauses der Lok 23080) sowie die Geräumigkeit für wichtiger gehalten.

Tonnenschwere Konstruktionen: Führerhäuser deutscher Einheits-Dampflokomotiven

Das Erscheinungsbild der Dampflokomotiven wurde ganz wesentlich vom Führerhaus mitbestimmt. Es ist je nach klimatischen Bedingungen, unter denen die Lokomotiven Dienst taten, und je nach Wunsch der einzelnen Bahnverwaltungen und deren Lokomotivpersonale verschiedenartig gestaltet worden. Für tropische Einsätze gab es doppelte Führerhausdächer, deren Zwischenräume rund 100 mm betrugen. Die Wärme der äußeren Sonnen- und der inneren Stehkesselabstrahlung wurde mit dem durch den Luftspalt streichenden Fahrtwind abgeführt. In kälteren Klimazonen benutzte man die Doppelwandungen zur Isolation gegen die kalte Außenluft. In unseren Breitengra-

den genügten meist Stahlblech-Führerhäuser mit einfachen Holzauskleidungen. Die Reichsbahn-Einheits-Schlepptenderlokomotiven erhielten zwar nach hinten offene (genietete) Führerhäuser wie auf unserem Foto von der Baureihe 03, dafür aber als rückwärtigen Schutz gegen winterliche Kälte und gegen Fahrtwind bei Rückwärtsfahrt reißfeste Vorhänge. Seit der bewährten Form für die Baureihen 42 und 52 mit geschlossenen Führerhäusern wie bei den Bahnen des hohen Nordens, kam man dann im Nachkriegs-Deutschland von den nach hinten offenen Bauweisen mit halbhohen Einstieg-Klapptüren oder Ketten, die den Ein- und Ausstieg sicherten, ab. Nur fürs Kohleschaufeln und als Tenderzugang blieb eine, mit elastischen Gummiwulstgebilden ringsum abgedeckte Öffnung und Überbrückung frei.

Die aus Stahl-Blech, Glas und Holz bestehenden Dampflokomotivführerhäuser waren keine Leichtgewichtler: Das Führerhaus einer 01, 02 oder 03 wog rund 1,4 t, dasjenige einer P 8 (38^{10}) immerhin noch 1,2 t. Das geschweißte Führerhaus einer Lok der Reihe 23 (einige versuchsweise mit Schiebetüren) brachte zwar eine spezifische Gewichtsminderung. Aber mit dem Einbau von Rückwänden und relativ schweren Türen unter Verwendung 2 bis 3 mm dicker Stahlbleche war ein solches Konstruktionsgebilde insgesamt doch ein Schwergewichtler, der an Masse die Reichsbahn-Gewichtsklassen verschiedentlich übertraf.

Der massige hintere Kohlenkasten mit einem beträchtlichen Wasserkastenanteil der DB-Tender-Lokomotiven 65 und 82 (Foto) führte zur Trennung von Führerhaus und Kohlenkasten. Man ließ zwischen Kohlenkastenvorderwand und Führerhausrückwand ringsum einen 5 mm breiten Luftspalt, damit sich beide Bauteile, der Elastizität des Rahmens folgend, frei gegeneinander bewegen konnten und Rißbildungen ausblieben.

Führerhaus-Einblicke bei Dampflokomotiven

Die Öffnung in der Führerhaus-Rückwand einer deutschen 23er-Lokomotive (ME-Werkfoto) gibt den Blick frei (unten von links nach rechts) auf die Bosch-Hoch-

druckschmierpumpe mit 14 Anschlüssen, auf Ventil und Schlauch der Näßeinrichtung und auf die als Kipptür ausgebildete Feuertür. Das große Handrad (oben zwischen den beiden Wasserstandsanzeigern) gilt dem Dampf-Absperrventil des Dampfentnahmerohrs im Dom. In Bildmitte ist das Anstellventil mit Dampfzuleitung des Dampfbläsers, Bauart Gärtner (Offenbach), zu erkennen. Das Gärtner-Gerät diente zum Ausblasen und Reinigen der Heiz- und Rauchrohre, der Überhitzer-Umkehr-Enden, der Rohrwand und des Verbrennungskammerbodens durch ein schlagartiges Einblasen einer genügend großen Dampfmenge.

Das andere Foto des British Railway Board läßt uns in das Führerhaus der linksgesteuerten, im Jahre 1954 in Dienst gestellten 1'E-Güterzuglokomotive 92024 schauen. Seitenzugregler, die in Lokomotivquerrichtung angeordnete Steuerhandradwelle (gegenüber unseren Lokomotiven um 90° versetzt angeordnet) und gute Übersichtlichkeit im Führerstand sind die Charakteristika im Führerhaus dieser britischen Lokomotive.

Dagegen sah es im Führerstand unserer früheren Reichsbahn-Einheitslokomotiven (im Bosch-Foto die Baureihe 01) wesentlich »unruhiger« aus.

Übersicht vom Polstersitz:
Führerhaus für Diesellokomotiven

Das etwa mittig angeordnete Führerhaus der dieselhydraulischen DB-Lokomotiven V100 (später 211, 212, 213) ermöglicht – ähnlich wie bei den Diesel-Verschiebelokomotiven V60 (später 260, 261, dann mit Kleinlokomotiv-Gattungsbezeichnung) – den schnellen Führerplatzwechsel von der einen zur anderen Lokomotivseite. Das ist im Rangierdienst besonders vorteilhaft. Für jede Fahrtrichtung steht ein Führerpult, diagonal gegenüberliegend angeordnet, zur Verfügung. Das auf Gummileisten befestigte Führerhaus erhielt schalldämmende und schallschluckende Wände. Bei einer Vielzahl von Diesel- und Elektrolokomotiven war wegen der konstruktiven Ähnlichkeit zum Waggonbau das allseits geschlossene Führerhaus konzeptionell bedingt. Doch die Geräuschbekämpfung brachte umfangreiche Isolierschichten in die Führerkabine. Als besondere Geräuscherreger innerhalb der Diesellokomotiven gelten das Rollgeräusch des Fahrens, das Betriebsgeräusch des Hauptdiesels und der Hilfsmaschinen sowie das Mündungsgeräusch am Auspuff. Die Luftschalldämmung durch Faserstoff-Füllungen in Blechwänden, ergänzt durch biegeweiche Schwerschichten, sowie die Körperschalldämpfung durch aufgespritzte Entdröhnungs-

mittel, schließlich die maschinentechnischen Verbesserungen brachten Milderung. –

Die gepolsterten Sitze der V100 sind waagerecht und senkrecht verstellbar sowie um 180° drehbar und hochklappbar. Zur Ausrüstung gehört außerdem ein Warmhalteschrank für Speisen und Getränke. Verschiedentlich ist an Stelle des Warmhalteschrankes ein Frischhaltefach eingebaut worden, das sich kurzzeitig auch als Essenwärmer eignete. Ein Kleiderschrank und ein Geräteschrank, Ausstell- und Schiebefenster sowie eine sogenannte Scheibenklar-Anlage und Druckluftscheibenwischer vervollständigen die Führerhaus-Ausstattung, die allerdings im Laufe der Dienstzeit und durch Verkäufe zahlreicher Lokomotiven der Reihen V60, V100 und V200 an ausländische Abnehmer mehrfach geändert oder an andere Gepflogenheiten angepaßt wurde. Unser Foto (ME) zeigt Betriebsleiter Erwin Hoss während der Probefahrt im Führerstand einer fabrikneuen Lok V100.

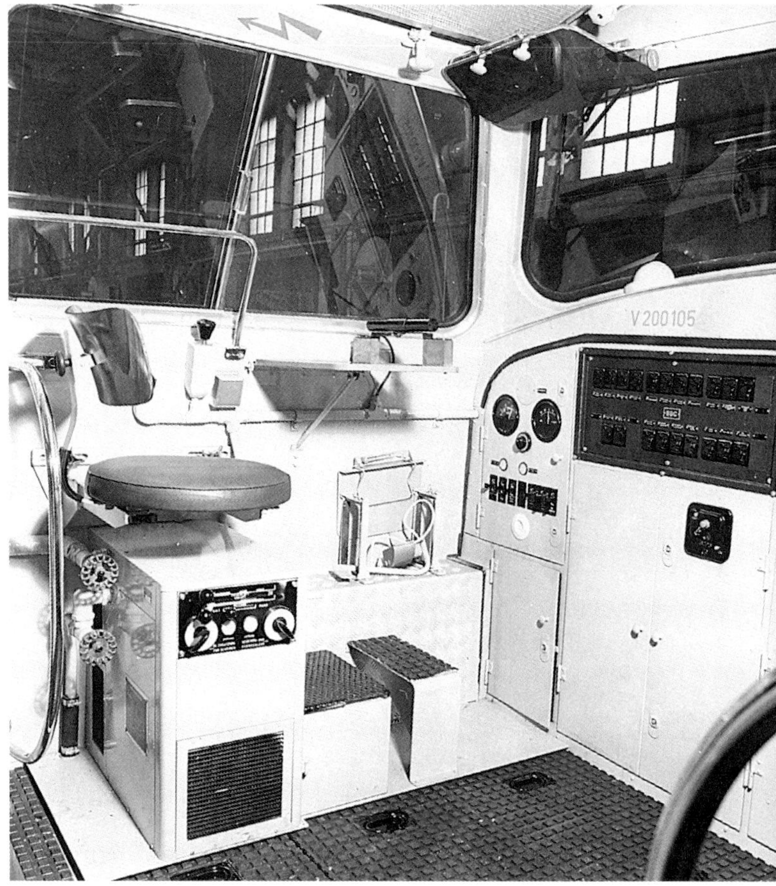

Komfort-Beispiel:
Führerkabine der DB-Diesellok, Reihe 221

Eine gute Führerkabinen-Konzeption wird oft im (Holz-)Modell 1:1 gefunden. Das Schaltrad für die elektropneumatische 15-Stufen-Steuerung, Führer- und Zusatzbremsventil sind räumlich griffgünstig einander zugeordnet. Der Fußkontakt für die elektronische, wegabhängige Sicherheitsfahrschaltung (SIFA) und die Fußraste der DB-Diesellok V200[1] (221) sind höhenverstellbar. Die Instrumente des Führertischs sind übersichtlich. Schalter und Leuchtmelder wurden nach dem Muster des Tisches der damaligen V160 (216) angeordnet.

Unsere Krauss-Maffei-Werkbilder vermitteln einen Eindruck von der in hellem Farbanstrich nach RAL 7032 gehaltenen Führerkabine der Lok V200 105 (221 105). Der Fußboden ist mit gleitsicheren festen Gummiklotzmatten ausgelegt. Über den Stirnfenstern der Führer- und der Beimannseite befinden sich verstellbare Sonnenblenden. Unter dem Sitz des Beimannes wurden die Bedienungshebel und Drehschalter für die Frischluftzufuhr, für die Heizung, die elektrische Scheibenheizung sowie für das Scheiben- und Raumgebläse untergebracht.

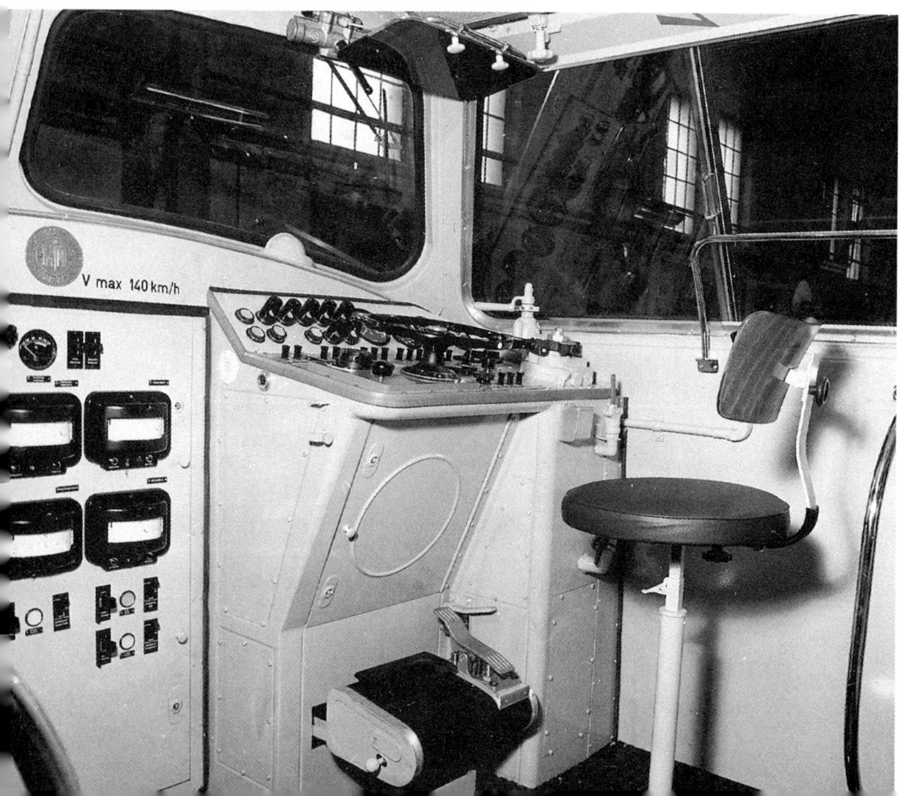

Führerkabinen als Gemeinschaftsentwicklung

Stahlblech, Aluminiumlegierungen und Kunststoffe sind nicht nur im Automobilbau, sondern auch in der Lokomotivkonstruktion die bedeutendsten Werkstoffe. Die Kunststoffanwendungen erstrecken sich vor allem auf elektrische und elektronische Komponenten, natürlich auf Motorenkomponenten und (versuchsweise) auf die Teile der Fahrzeugaufbauten. Bei der Reichsbahn der früheren DDR erhielten einige Diesellokomotiven besonders leichte Führerkabinenstirn- und -seitenflächen aus glasfaserverstärktem Plastikmaterial. Dabei berieten Industrie-Formgestalter ihre Konstrukteurskollegen. Eine solche Lokomotive, Betriebsnummer V 200 1001 (Archivfoto/Illner), zusätzlich mit blendfreien Frontscheiben sah man 1965 auf der Leipziger Frühjahrsmesse. Die spätere Reichsbahn- Bezeichnung lautete V 180 059 (118 059).

Das zweite Archivbild zeigt die herkömmliche Stirnseite aus geschweißten Stahlblechen der DR-Elektrolok E 251 002 für den 50-Hertz-Betrieb. Der im Jahre 1982 auf der Leipziger Frühjahrsmesse erstmals der Öffentlichkeit vorgestellte Prototyp, Baureihe 212/243 (Schnellzug-/Gemischtzugdienst), bot neue Lösungen, darunter erstmals auch einen Führerraum, der – ähnlich der DB-Baureihe 111 – unter ergonomischen, ästhetischen und physiologischen Aspekten gestaltet worden ist. Gegenüber der E 251 gab es klimatisierte Führerkabinen und vergrößerte Stirnfenster zur Verbesserung der Sichtverhältnisse (Seite 83, Foto der Lok 243 335). Der mit der linken Hand zu bedienende Fahrschalter, ein Zugkraft-Bremskraft-Hebel, wird in Längsrichtung betätigt. Für Rangierfahrten wurden zwei zusätzliche Hilfsfahrschalter installiert. Das Führer-, Zusatz- und Notbremsventil werden, wie schon früher bei den Dampflokomotiven, mit der rechten Hand bedient. Jene Führerraumkonzeption entstand im LEW Hennigsdorf in Zusammenarbeit mit dem Institut für Eisenbahnwesen im Zentralen Forschungsinstitut des Verkehrswesens, mit der Reichsbahn, dem Amt für industrielle Formgestaltung und dem Medizinischen Dienst des Verkehrswesens. Alle Teile des Führertischs wurden aus hautfreundlichen Kunststoffen mit geringer Wärmeleitfähigkeit gefertigt. Sie besitzen eine lichtbrechende, reflexionsarme Struktur mit entsprechender Farbgebung. Die Führerhaus-Frontseite der alten E 118 (Foto) wirkt dagegen ziemlich sichtbeengend.

Arbeitsplätze des Elektrolokführers

Während der Konstruktionszeit der DB-Lok E 111 ist im Hause Krauss-Maffei ein Modellführerraum im Maßstab 1:1 aufgebaut und optimal-realistisch ausgestattet worden. Jener neue Führerraum sollte zugleich zur Norm für alle DB-Triebfahrzeuge der nachfolgenden Fahrzeuggeneration, also auch für die Baureihe 120, heranreifen.

Als Leitlinie galt es, den Lokomotivführer weitgehend zu entlasten und ihn nicht unbedingt mit Informationen zu »füttern«, die nicht unmittelbar zum Führen der Zugfahrt gehören. Das Führerpult und die geräumige Kabine waren dem arbeitenden Lokomotivpersonal anzupassen. Damit wurden die Dimensionen des Führertisches, der Sitz- und Stehhöhe, der Fenster- und Türgrößen sowie die Gestaltung der Fußni-

sche bereits vorbestimmt. Der Führertisch erhielt seine Aufteilung in ein Aktions- und in ein Informationsfeld. Blend- und spiegelungsfreie Instrumente und der Fortfall des herkömmlichen Fahrschalter-Handrades gehörten ebenso zu den Maximen wie die Klimatisierung und die Verlegung aller nicht betriebswichtigen Leuchtmelder in ein Sammel-Tableau über dem Frontfenster (Siemens-Foto des Führerstandes der E 111 005).

Der um eine horizontale Dreh-Achse bewegliche Fahrschalter für eine Auf-Ab-Steuerung des Schaltwerkes mit einem Bereich diskreter Zugkraftvorgaben und einer zunächst damals noch zu erprobenden, weiterentwickelten »Automatischen Fahr- und Bremssteuerung (AFB)« zählten zu den weiteren Vorgaben. Mit den schließlich einbezogenen Schalldämmungsmaßnahmen (Polyurethanschaum) wurde bei Geschwindigkeiten bis 150 km/h ein maximaler Schallpegel von etwa 75 dB (A) nicht überschritten.

Im Führerraum des ICE-Triebkopfes (DB-Foto des Pultes für den ICE-V) sieht es kaum anders aus als in den neueren, vorerwähnten DB-Lokomotiven. Das Einheitsführerpult mit seiner ergonomisch optimierten Anordnung der Bedienungselemente, der Instrumente und der übrigen Ausrüstung ist auch hier eingebaut worden. Lediglich der Geschwindigkeitsmesser hat naturgemäß eine erweiterte Skala.

Baureihe 120: Führerraum mit Raffinessen

Die Grundanordnung des Führerraumes der DB-Drehstromlokomotive, Baureihe 120, entstand in Anlehnung an den integrierten Führerraum der Baureihe 111. Bereits bei den fünf Drehstrom-Vorauslokomotiven hatte die DB größten Wert auf eine hervorragende Schalldämmung mit besonders gut wirksamen Schallschluckwerkstoffen (Resonalflex K, Mineralwolle, Verbundbleche) gelegt. Diese Art der personalfreundlichen Ausstattung erstreckte sich vor allem auf die Führerraum-Rückwand, auf die Seiten- und Stirnwände sowie auf den Fußboden. Damit wurde bei Tempo 160 ein Schallpegel von 76 dB (A) gemessen.

Das Führertisch-Konzept (Krauss-Maffei-Foto) fällt durch eine konsequente Verwirklichung ergonomischer Prizipien auf. Die Konzeption des Informationsbereiches sah eine Gliederung in verschiedene Einzelregionen vor. Die Führertischplatte des waagerecht angeordneten Aktionsbereiches besteht aus glasfaserverstärktem Polyesterharz. Ein bedeutendes Charakteristikum bildet die fertigungstechnische Trennung des Führertisches in einen Teil für den Lokomotivführer (rechts) und in einen Beimann-Bereich (links). Damit sollte eine möglichst vielseitige Verwendbarkeit der Konstruktion des Lokomotivführertischbereiches auch in den anderen Triebfahrzeugen erreicht werden.

Die Führerraum-Heizung (elektrische Fußbodenheizung, Warmluftheizung und vollflächige Stirnfensterbeheizung) stimmt im wesentlichen mit derjenigen der Baureihe 111 überein. Außerdem ist ein von BBC und Behr entwickeltes Klimagerät mit integriertem Umrichter zur Versorgung des 220-V/60-Hz-Kältekompressors eingebaut worden.

Mit Rücksicht auf den Einsatz der Lokomotiven für Tunneldurchfahrten auf den Neubaustrecken mußten Vorkehrungen zum Druckschutz der Führerräume getroffen werden. Das waren Maßnahmen, die bei den Vorauslokomotiven zunächst nicht vorhanden gewesen sind. Zum Druckschutz gehören Abdichtungen der Führerkabinen, aber mit der erforderlichen Frischluft- Zu- und -Abfuhr über Lüfter und Ventile. Trotzdem entstanden, wenn auch geringe Druckwellen im Raum, zumal zahlreiche Durchführungen und Fenster, die leicht zu öffnen sein müssen, besonders abzudichten waren. Die äußeren Druck- und Sogwellen durften außerdem den Luftaustausch nicht behindern. Zusätzliche Versuche, vor allem mit Zugbegegnungen, werden nötig sein.

Bremssysteme und Merkmale, Zugsicherungstechnik

Zweistufige Luftpumpen für Dampflokomotiven

Die Bahnverwaltungen verwenden für ihre Hauptbahnen überwiegend verdichtete Luft, also Druckluft, zum Betätigen der Bremsen. Die Druckluftbremsen verfügen über einen Kompressor auf dem Triebfahrzeug, über Vorratsbehälter (Hauptluftbehälter), über die für den Zug notwendigen Einrichtungen, darunter Brems- und Steuerventile, über Bremszylinder und die Hauptluftleitung.

»Herzstück« der Druckluftbremsen ist die Luftpumpe (Kompressor, Luftverdichter). Unser Foto veranschaulicht eine zweistufige Luftpumpe, Bauart Tolkien, die Druckluft über einen Kühler in zwei quer auf dem Hauptrahmen der DB-Lok 23077 eingebaute Hauptluftbehälter von je 400 Liter Inhalt und 8 bar Höchstdruck fördert.

Zweistufige Luftpumpen (einfache Dampfdehnung und zweistufige Luftverdichtung) hatten einen Dampfverbrauch von etwa 5,4 kg je 1000 Liter geförderter (entspannter) Luft.

Doppelverbund-Luftpumpen für Dampflokomotiven

Die Doppelverbund-Luftpumpen (doppelte Dampfdehnung und zweistufige Luftverdichtung) arbeiten im allgemeinen wirtschaftlicher und sind leistungsfähiger. Sie verdichten bis zu etwa dreimal soviel Luft wie die zweistufigen Pumpen. Die Doppelverbund-Luftpumpen verbrauchten ungefähr 3,6 kg Dampf je 1000 Liter geförderter (entspannter) Luft.

Auf dem Foto (Zeithammer) sieht man die Doppelverbund-Luftpumpe der großen ČSD-Schnellzuglokomotive 498.109 im Jahre 1970. Der lufttechnische Teil dieser Pumpe arbeitet genauso wie bei einer zweistufigen Bauart, nur sind die beiden Luftzylinder nebeneinander angeordnet.

Funktionsprüfung einer zweistufigen Luftpumpe

Die Forderung nach betriebssicherer Arbeitsweise der Luftpumpen über lange Zeiträume appelliert an die zuverlässige Instandsetzung durch den Werkstättendienst.

Jede fertig zusammengebaute Pumpe wird exakt nach Vorschrift auf Leistung und Energieverbrauch geprüft. Eine der großen Zentralen Werkstätten für

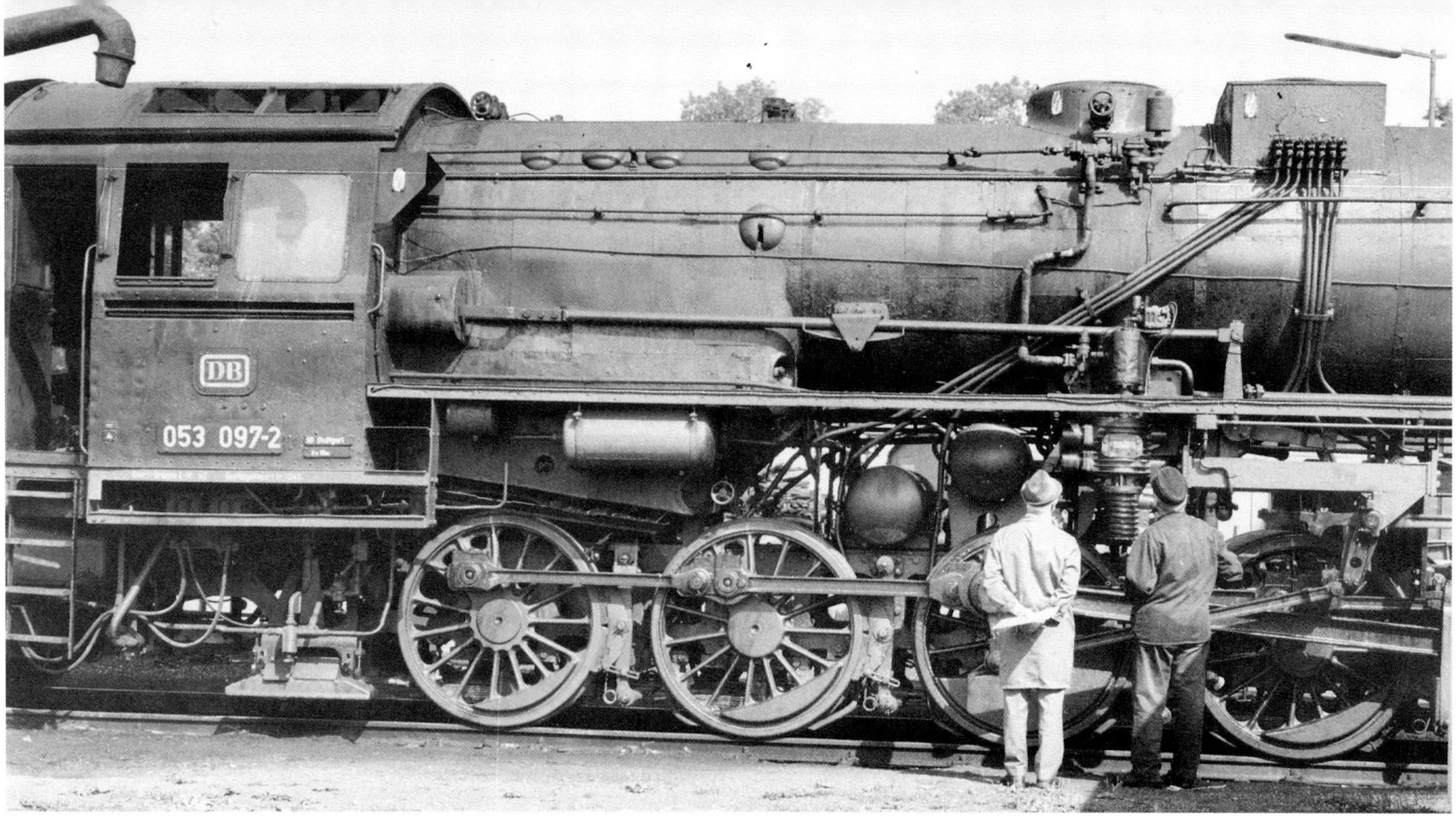

Pumpen der DB-Dampflokomotiven befand sich im Ausbesserungswerk München-Freimann. Die dort einer Schlußprüfung und Abnahme unterworfenen, fertig aufgearbeiteten Pumpen wurden mit Kurswagen den in Frage kommenden Ausbesserungs-, gegebenenfalls den Bahnbetriebswerken zum Einbau wieder zugestellt. Hier sehen wir die eingebaute zweistufige Luftpumpe der Lok 053097 im Jahre 1975 während einer Sichtkontrolle und Funktionsprüfung. Diese Pumpe mußte bis zu 85 Doppelhübe in der Minute machen und bei einem Dampfdruck von gut 8 bar immerhin Druckluft von ebenfalls 8 bar erzeugen können.

Druckluft-Bremsen und Bremsdruck-Regler

Die Haupt-Ausrüstungsteile einer konventionellen Druckluft-Bremse (Zeichnung: Knorr-Bremse) sind Luftpumpe, Hauptluftbehälter, Steuerventil, Hilfsluftbehälter, Führerbremsventil, Bremszylinder, Bremsgestänge und Bremsklötze. Die Kraftentfaltung zur Erzeugung des Bremsklotzdruckes erfolgte bei den Dampflokomotiven unter Zwischenschaltung von Übersetzungsgestängen durch Wurfhebel oder Spindeln (Handbremse, beispielsweise zum »Festhalten« abgestellter Lokomotiven) und durch Druckluft (selbsttätige Bremse). Die durchgehenden Druckluftbremsen ermöglichen ein Bremsen des ganzen Zuges vom Führerstand der Lokomotive oder des Steuerwagens aus. Sie müssen im Falle einer unbeabsichtigten Zugtrennung selbsttätig wirksam werden.

Frühere Sonderformen waren die Dampf-, Vakuum- und Gegendruckbremsen.

Die 05-Stromlinien-Lokomotiven der DR waren mit selbsttätiger Knorr-Einkammer-Druckluftbremse und mit Zusatzbremse ausgerüstet. Es wurde damals zum ersten Male im Reichsbahn-Lokomotivbetrieb ein geschwindigkeitsabhängiger Fliehkraftregler vorgesehen, der den bei höchster Fahrgeschwindigkeit angewendeten Bremsdruck von 6,5 kg/cm^2 mit sich vermindernder Geschwindigkeit auf 2,7 kg/cm^2 herabregelte. Unser Krauss-Maffei-Foto zeigt einen Teil des Bremsgestänges mit den im Gesenk geschmiedeten Flußstahl-Bremsschuhen und den unterteilten Bremsklotzsohlen. Die Reibungsmasse der Lok konnte hierbei über zwei 16-Zoll-Bremszylinder mit 180% abgebremst werden. Während das vordere Drehge-

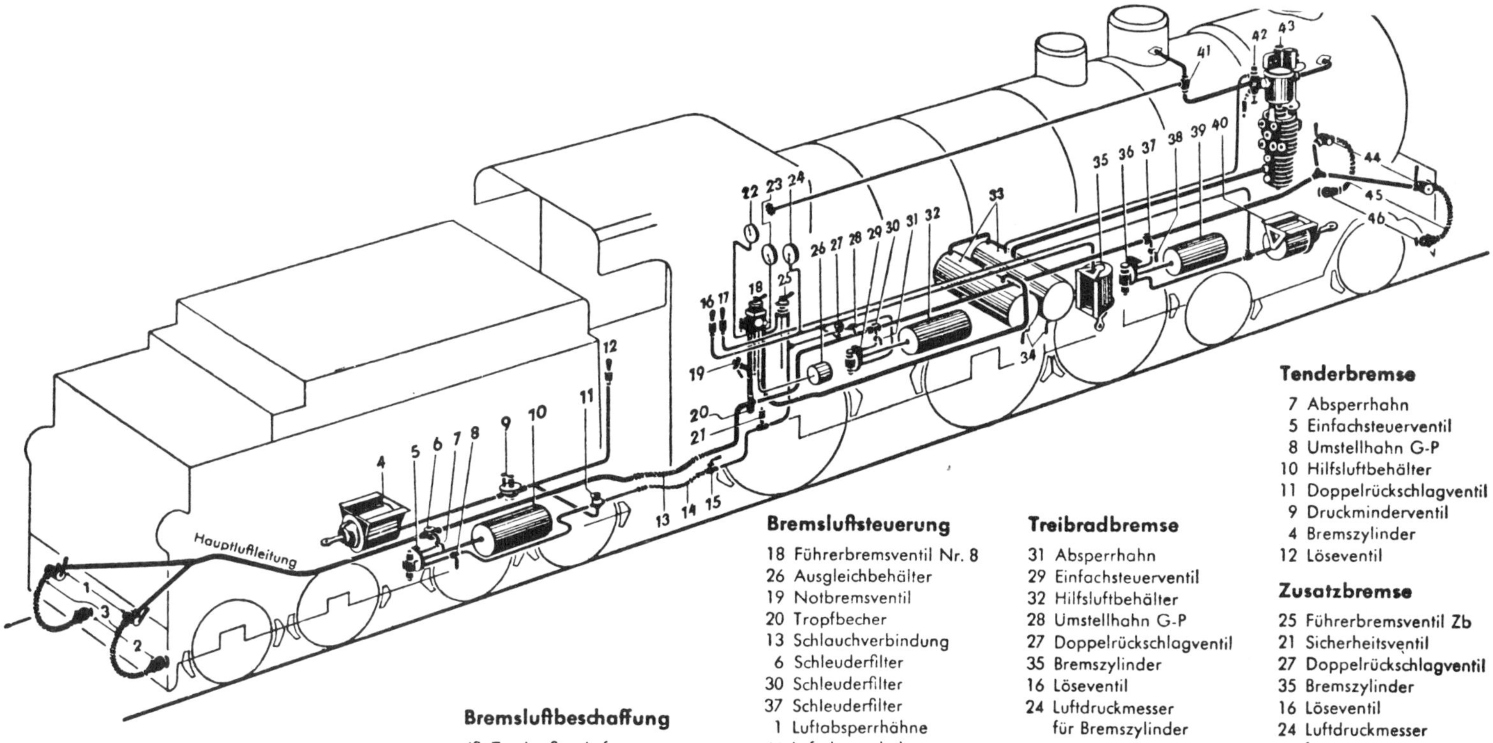

Bremsluftbeschaffung

43 Zweistufige Luftpumpe
42 Luftpumpendruckregler
41 Dampfventil
33 Hauptluftbehälter
34 Hauptluftbehälter-Ablaßhähne
23 Luftdruckmesser
für Hauptluftbehälter

Bremsluftsteuerung

18 Führerbremsventil Nr. 8
26 Ausgleichbehälter
19 Notbremsventil
20 Tropfbecher
13 Schlauchverbindung
6 Schleuderfilter
30 Schleuderfilter
37 Schleuderfilter
1 Luftabsperrhähne
44 Luftabsperrhähne
3 Bremsschläuche
45 Bremsschläuche
2 Brems-Kupplungsköpfe
46 Brems-Kupplungsköpfe
22 Luftdruckmesser
für Hauptluftleitung

Treibradbremse

31 Absperrhahn
29 Einfachsteuerventil
32 Hilfsluftbehälter
28 Umstellhahn G-P
27 Doppelrückschlagventil
35 Bremszylinder
16 Löseventil
24 Luftdruckmesser
für Bremszylinder

Drehgestellbremse

38 Absperrhahn
36 Einfachsteuerventil
39 Hilfsluftbehälter
40 Bremszylinder
17 Löseventil

Tenderbremse

7 Absperrhahn
5 Einfachsteuerventil
8 Umstellhahn G-P
10 Hilfsluftbehälter
11 Doppelrückschlagventil
9 Druckminderventil
4 Bremszylinder
12 Löseventil

Zusatzbremse

25 Führerbremsventil Zb
21 Sicherheitsventil
27 Doppelrückschlagventil
35 Bremszylinder
16 Löseventil
24 Luftdruckmesser
für Bremszylinder
14 Schlauchverbindung
15 Absperrhahn
11 Doppelrückschlagventil
9 Druckminderventil
12 Löseventil
4 Bremszylinder

stell geringer abgebremst wurde erhielt auch das im Bild gut sichtbare hintere Drehgestell ebenfalls 180% Abbremsung, und zwar über 12-Zoll-Zylinder.

Die Druckluftbremsen sind im Laufe ihrer Entwicklung, auch für elektrische und verbrennungsmotorisch angetriebene Lokomotiven, mehrfach verbessert sowie durch Komponenten-Ergänzungen und -Schaltungen wirksamer gestaltet worden. So erhielten zum Beispiel die DB-Lokomotiven der Baureihe V200 den von einem Triebradsatz beaufschlagten, geschwindigkeitsabhängigen Bremsdruckregler, der bei einer Geschwindigkeit von etwa 50 bis 60 km/h die Abbremsung von niedrig auf hoch und umgekehrt schaltet. Zusätzliche Gleitschutzregler verhindern das Gleiten (Durchrutschen) der Räder. Der Gestängewirkungsgrad konnte auf 90% und knapp darüber gesteigert werden.

Hydrodynamische Bremsen

Bremskräfte und Bremsweg erschweren den Konstrukteuren die Voraus-Ermittlung zugehöriger exakter Rechenwerte. So wird allein der zu erwartende Bremsweg von mehreren Faktoren beeinflußt: Zu nennen sind der Reibwert zwischen Bremsklotzsohlen und Rad, der Reibwert zwischen Bremsbackenbelag und Bremsscheibe, außerdem der Klotz- oder Bremsbackendruck, der Fahrwiderstand, die Fahrzeugmasse, die Fahrgeschwindigkeit sowie die Charakteristik der Druckluftbremse. Der Reibwert selbst, als Funktion von Reibgeschwindigkeit, Temperatur und spezifischer Flächenpressung, ist in seiner Abhängigkeit von der Fahrgeschwindigkeit eine recht »schwierige« Größe. Andere Bremsen arbeiten dagegen verschleißlos und ohne zusätzliche Belastung der Radreifen durch Reibungswärme.

Um die kinetische Energie rollender Fahrzeuge zu vernichten, hatte man bei früheren Diesellokomotiven mit mechanischer Leistungsübertragung außer der Druckluftbremse auch die Motorbremse herangezogen. Für Lokomotiven mit Strömungsgetrieben war diese Methode wegen der fehlenden Kraftschlüssigkeit zwischen Motor und Triebradsätzen jedoch nicht anwendbar. Statt dessen setzte man die nach dem Prinzip der Wasserwirbelbremsen funktionierende hydrodynamischen Bremsen ein. Die Bremswirkung wird dabei durch Füllen der Bremskupplung eines hydraulischen Getriebes mit Getriebe-Öl erreicht. Solche Bremsen wirken dann weich und stoßfrei. Die DB ließ die ersten Bremsen dieser Art (von der J. M. Voith GmbH) serienmäßig in zehn Steilstreckenlokomotiven der Baureihe 213 einsetzen. Die erzeugte Bremswärme im Öl wird in einem Wärmetauscher an das Kühlwasser des Dieselmotors abgegeben. Weil der Motor im Bremsbetrieb kaum Leistung abgibt,

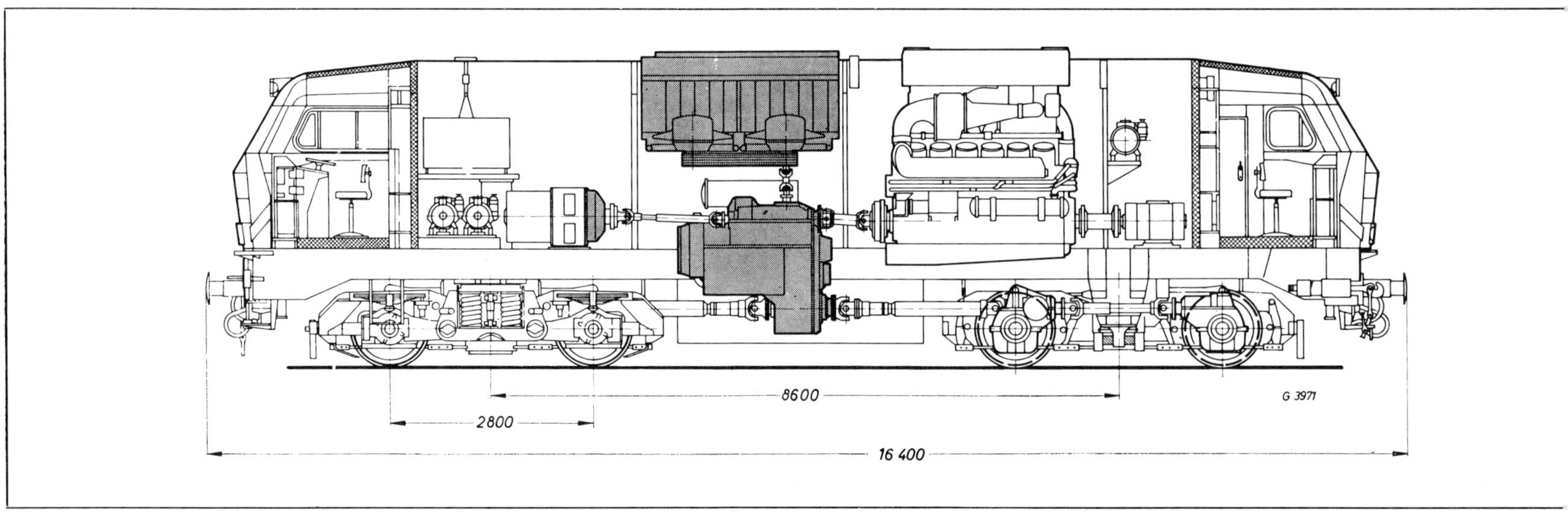

steht dann meist die sonst für den Motor und das Turbogetriebe vorgesehene Kühlerkapazität zur Brems-Ölkühlung zur Verfügung.

Die DB-Diesellokomotiven der Reihe 215 (Foto S. 129) haben eine hydrodynamische Bremse, deren Bremsleistung kurzzeitig bis zu 2941 kW (4000 PS) beträgt. Sie wurde aber für »Dauerbremsungen« mit Rücksicht auf die begrenzte Kühlleistung auf 1324 kW (1800 PS) begrenzt. Die Lok 218 (Foto Seite 129) erhielt ein Voith-Turbogetriebe L 820rs mit hydrodynamischer Bremse KB 510/4 (siehe DB/-Voith-Anordnungsskizze), womit im Zusammenwirken mit der Druckluftbremse auch in Kombination gebremst werden kann. Andere Lokomotiven derselben Baureihe bekamen Getriebe und hydraulische Bremse von der MTU in Friedrichshafen. Gleitschutzregler verhindern ein »Überbremsen«. Vor allem für Verschiebelokomotiven brachte die Entwicklung des Voith-Turbowendegetriebes (Typ L3r4) einen großen Fortschritt. Die Bremskraft steht hier bei verschleißfreiem Bremsen mit dem Gegenwandler bis zum Stillstand zur Verfügung.

»Grenzzonen« der Klotzbremsen

Die Druckluft-Bremsen arbeiten mit einem starken, raffiniert durchdachten Bremsgestänge (siehe Schema für ein Drehgestell der DB Baureihe 151) und den traditionellen Reibmitteln von Klotz (hartes Gußeisen oder auch Stahlguß) und Radlauffläche (Stahl). Der Reibwert zwischen Klotz und Rad ist nicht konstant. Er ist abhängig von der Fahrgeschwindigkeit, der spezifischen Flächenpressung und von der Reibflächen-Temperatur. So ist zum Beispiel eine Reibfläche bei Glühtemperatur nicht griffig, sondern sie »schmiert«. Weil aber, im Wechselspiel, der Reibwert einerseits und die Temperatur andererseits nicht konstant bleiben, können beträchtliche Reibwert-Ver-

Bremsgestänge der DB-Ellok, Baureihe 151

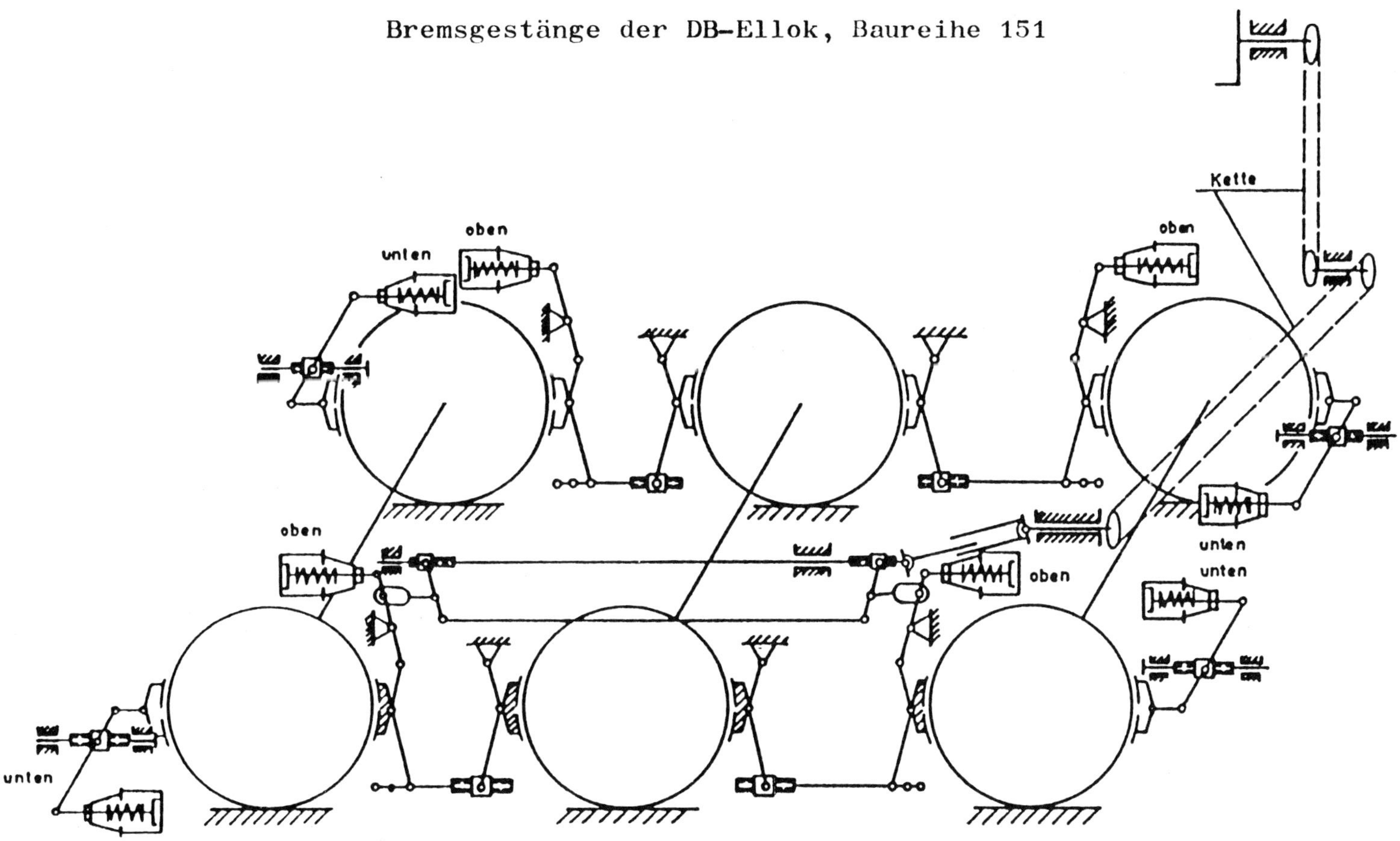

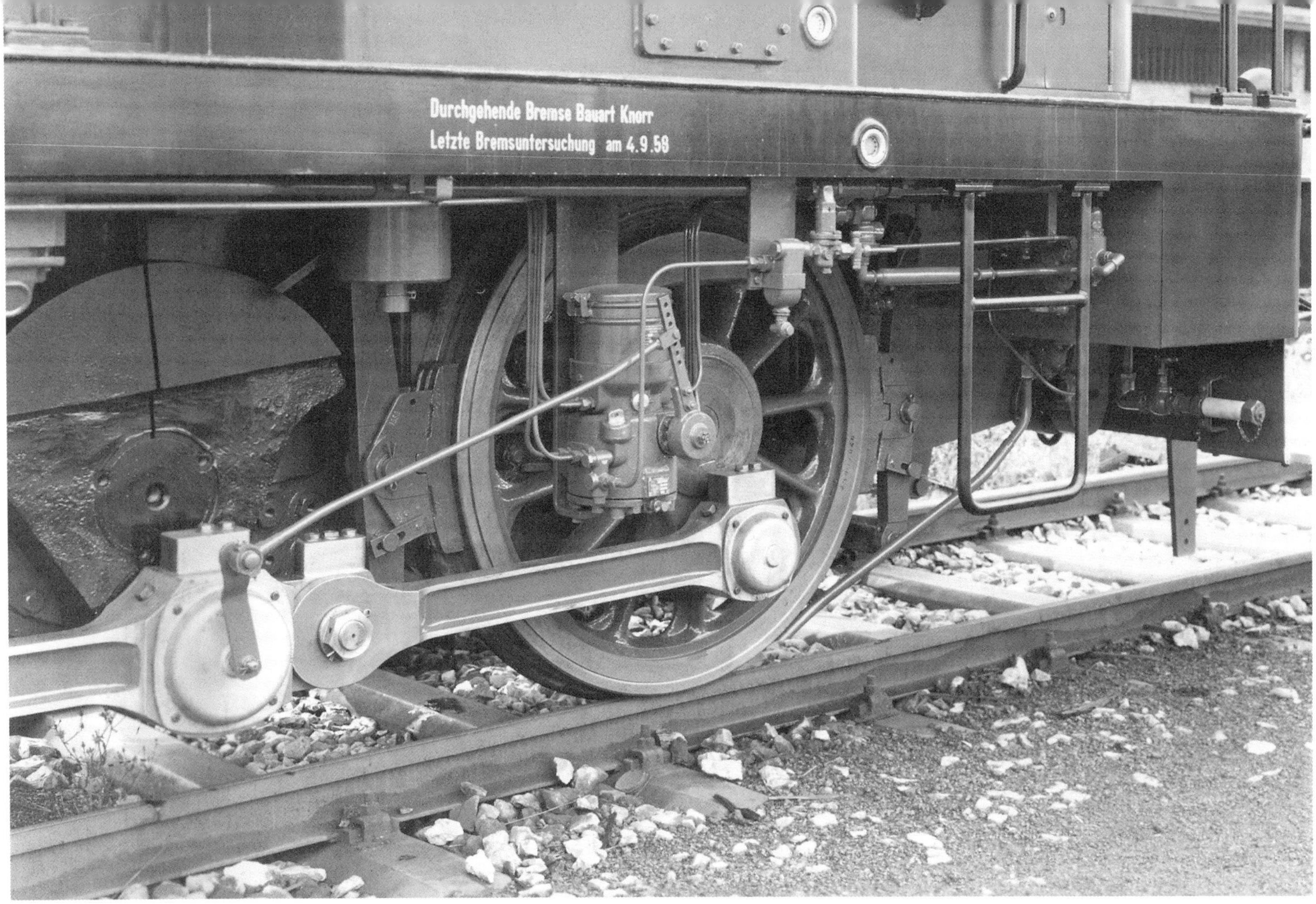
Durchgehende Bremse Bauart Knorr
Letzte Bremsuntersuchung am 4.9.58

2143

luste vorkommen und »Grenzzonen« der Wirksamkeit solcher Klotzbremsen, wie wir sie auf dem Bild des Kuppelradsatzes beiderseits des Rades einer V60 mit davor angeordneter Fettschmierpumpe (De Limon Fluhme) sehen können, erreicht werden. Ein zweites »Streuband« der Klotzreibwerte begünstigt die Flachstellenbildung auf der Radlauffläche.

Bremsen werfen also Wärmeprobleme auf. Während jedes Bremsvorganges wird kinetische Energie bewegter Körper in eine andere Energieform umgewandelt. Die Klotz-Reibungs-Bremsen (Krauss-Maffei-Foto eines mit Klotzbremse und zugehörigem Gestänge ausgerüsteten Drehgestells der V200[1]), aber auch hydrodynamische oder Wirbelstrom-Bremsen setzen die Energie in Wärme um. Elektrische Bremsen verwandeln die kinetische Energie in elektrische Energie, die bei Nutzbremsung ins Netz zurückgespeist und bei Widerstandsbremsen über Widerstände in Verlust- oder Heizwärme umgesetzt wird. – Die Leistungsgrenze der Klotzbremsen wird durch das Lösen der Radreifen markiert, denn stark erhitzte Radreifen dehnen sich aus, verlieren ihre Schrumpfsitzhaftung und haben auf der Felge keinen Halt mehr. Selbst Monoblockräder sind mitunter gefährdet, obwohl sie keinen Radreifen haben. Schon mancher Wärmeriß in Monoblockrädern hat nachdenklich gemacht. Dagegen hält eine Scheibenbremse die entstehende Reibwärme vom Radreifen , meist aber auch vom Radkörper fern. Sonst ist jedoch die höchste erzielbare Bremsleistung – der nötige Haftwert zwischen Rad und Schiene vorausgesetzt – durch die zulässige Erwärmung von Bremsklotz und Radreifen begrenzt. – Die Reichsbahn-Lokomotive E 18 hatte eine Bremse, die fähig war, einen Schnellzug aus einer Geschwindigkeit von 140 km/h auf eine Entfernung von weniger als 1000 m zum Stehen zu bringen. Sämtliche Räder, auch die der führenden Laufachse, wurden daher doppelseitig abgebremst. Die einzelne Lok konnte aus 150 km/h bei Schnellbremsung innerhalb eines Bremsweges von 950 m anhalten.

Scheibenbremsen

Im Gegensatz zu den konventionellen Klotzbremsen mit ihren Grauguß-Klötzen verlaufen die Reibwerte der für Scheibenbremsen üblicherweise verwendeten Kunststoffbeläge weitgehend unabhängig von der Reibgeschwindigkeit und dem Belagdruck.

Die kinetische Energie einer Lokomotive oder eines Zuges muß bei einer (Brems-)Verzögerung der Fahrt von den Klotz- oder Scheibenbremsen ohne mechanische oder thermische Überbeanspruchung der Baustoffe in Wärme umgewandelt werden. So wurde beispielsweise die höchste Temperatur, die bei den von Krauss-Maffei konstruierten, breitspurigen und 180 km/h schnellen TALGO-Lokomotiven (Typ M 3000 B'B') nach mehreren aufeinander folgenden Bremsungen gemessen wurde, an einer Innenscheibe mit 258°C festgestellt. Bis zur zulässigen Temperaturgrenze von 380°C für den Bremsbelag bestand ein ausreichender Sicherheitsabstand.

Die genannten TALGO-Lokomotiven (erstes Baujahr 1968) erhielten eine druckluftbetätigte, kombinierte Scheiben- und Klotzbremse, die im Zusammenwirken eine Bremsverzögerung von 1,2 m/s² ermöglichten. Die Scheibenbremse wirkt bei diesen 3000 PS (2208 kW) starken Diesellokomotiven doppelseitig auf alle acht Räder der vier Radsätze. Um die geforderte Bremsverzögerung zu erreichen, wurden die Bremsbacken aus einem wärme- und verschleißfesten

Werkstoff hergestellt, der einen hohen Reibwert von 0,38 aufwies. Die Bremsbackenhalter wurden verschleißfrei in Silent-Blocks pendelnd am Drehgestellrahmen befestigt. Jedem Rad (1150 mm Durchmesser) ist ein kurzhubiger Bremszylinder mit automatischer Nachstellung zugeordnet. Die Anfahrzugkraft dieser Lok betrug 34,4 t (rund 344 kN) auf trockenen und gesandeten Schienen, was einem Reibwert von 0,42 entsprach.

Unser Krauss-Maffei-Foto zeigt die Bremsanordnung einer TALGO-Lokomotive (Typ ML 2400 B'B') für 140 km/h Maximalgeschwindigkeit. Die Vorteile solcher Scheibenbremsen sind vor allem eine ziemlich gleichbleibende Verzögerung, kürzere Bremswege, weiches und ruckfreies Anhalten und geringer Verschleiß. Einen Laufradsatz mit Bremsscheibe und massereduzierten Vollrädern (im Foto aufgeschitten Seite 130) zeigte die Radsatzfabrik Ilsenburg auf der Leipziger Frühjahrsmesse 1988.

Elektrische Bremsen

Die thermische Belastungsfähigkeit und der relativ große Verschleiß haben die Grenzen der Verwendbarkeit mechanischer Bremssysteme abgesteckt. Deshalb haben viele Bahnen die »klassische« Druckluft-Klotz-Bremstechnik noch ergänzt und die Fahrmotoren elektrischer Lokomotiven zur elektrodynamischen Abbremsung herangezogen. Die Fahrmotoren können als Generatoren auf Widerstände arbeiten (Widerstandsbremse) oder ihren Strom ins Fahrleitungsnetz zurückspeisen (Netz-, Nutz- oder Rekuperationsbremse). Die elektrischen DB-Lokomotiven der ersten Nachkriegsgenerationen waren überwiegend mit Einphasen-Wechselstrom-Kommutatormotoren ausgerüstet. Solche Fahrmotoren können im Bremsbetrieb im allgemeinen als Gleichstromgeneratoren wirksam sein. In solchen Fällen unterscheiden sich die Bremsschaltungen von Gleich- und Wechselstrom-Triebfahrzeugen nicht sehr wesentlich voneinander.

Die Vorteile elektrischer Bremsen sind die Schonung der Radreifen und geringer Verschleiß, bessere Anpassung der Bremswirkung sowie leichtere Steuer- und Regelbarkeit.

Heutzutage ist es möglich, nicht nur die Fahrsteuerung, sondern auch die Bremssteuerung elektrischer Lokomotiven stufenlos auszuführen, womit das elektrische Bremsen sogar auch in die Geschwindigkeitsregelung mit einbezogen werden kann.

Aus dem Produkt von Bremskraft und Fahrgeschwindigkeit ergibt sich die Bremsleistung. Bei Widerstandsbremsen wächst demnach die Größe der Bremswiderstände mit der aufzuwendenden Bremsleistung. Das Siemens-Foto zeigt einen Widerstand für 3 Fahrmotoren eines Drehgestelles der DB-Baureihe 103. Bei 2400 kW Bremsleistung beträgt der Luftdurchsatz 10 m³/s. Aus dem Einbaugewicht und dem verfügbaren Raumangebot resultiert das Limit zum Einbau der Widerstands-Bremsausrüstung. In den DB-Lokomotiven der Reihe 103 wurde bei einer Gesamtbremsleistung von 4800 kW (kurzzeitig 9600 kW) eine Widerstandsmasse von 2,05 t und ein Einbauvolumen von 4,5 m³ erforderlich. Der hinzukommende Aufwand für Bremserreger-Einrichtung, Fahrbremswender, Bremssteuerung und Bremskraftregelung verlangte weitere 1,84 t und 2,25 m³. In manchen anderen Lokomotivkonstruktionen wurde übrigens auch die

Kombination von Widerstands- und Nutzbremsung mit Erfolg praktiziert. Nahezu bauartgleiche Bremswiderstände wie die Lokomotivreihe 103 besitzen auch die Güterzuglokomotiven der Reihe 151. Durch Umsteuern der Fahr-Bremswender der 151 arbeitet jeder Fahrmotor auf einen Widerstand. Im Falle des Radsatzgleitens kann sich jeder Motor unabhängig vom anderen stabilisieren. Die höchste elektrische Gesamt-Bremsleistung beträgt 6600 kW (bis 20 Sekunden). Die Dauerbremsleistung der Baureihe 151 beträgt 3260 kW. Mit Drehstromtechnik ausgestattete elektrische und diesel-elektrische Lokomotiven können bis zum Stillstand elektrisch bremsen, weil der Asynchronmotor im Bremsbetrieb die gleiche Charakteristik wie im Fahrbetrieb aufweisen kann und die Elektronik eine Regelung bis zum Anhalten ermöglicht. Die Bremsenergie elektrischer Drehstromlokomotiven kann sowohl bei Nutzbremsung in das Netz zurückgespeist, als auch bei Betrieb als netzunabhängige Bremse in einem Bremswiderstand in Wärme umgesetzt werden. Die Lokomotiven der DB-Baureihe 120 (siehe Foto Seite 130) erhielten eine 4-MW-Nutzbremse, dabei eine Dauerleistung mit der die Notwendigkeit zur Druckluftergänzung bei Schnellbremsungen reduziert werden konnte.

Neue, im oberen Geschwindigkeitsbereich wirkende Wirbelstrombremsen als verschleißfreie, haftwert-unabhängige, stufenlos regelbare Hochgeschwindigkeitsbremsen werden weiterentwickelt und erprobt. Sie sind sicherlich im Kommen, wenngleich im linearen Betrieb die Schienen kurzzeitig erwärmt werden und starke Magnetfelder die Signaleinrichtungen beeinflussen können. Die Probleme erscheinen lösbar.

Noch ein paar Worte über die Magnetschienenbremse, die schon vor 1939 für 160 km/h schnelle Triebzüge eingeführt wurde. Sie war als reine Not- und Gefahrenbremse gedacht und meist nur in Verbindung mit einer Schnellbremsung zuschaltbar. Mit der Magnetschienenbremse gelingt es, die Bremskraft zusätzlich zu steigern, wenn gleich ihre Polschuhe (meist mit auswechselbaren Verschleißsohlen) einer starken Abnutzung unterliegen. Die erreichbare und über Mitnehmer übertragene Bremskraft ist abhängig von der Anzugskraft des Magneten und dem Reibverhalten zwischen Polschuhen und Schiene. Unsere Skizzen (Knorr-Bremse) zeigen einen Gliedermagneten und den Verlauf der Kraftlinien im Magnet und im Schienenkopf. Bei Batteriespannung bis 24 V wird meist Parallelschaltung der Magnetspulen gewählt. Bei Versorgung aus Batterien mit höherer Spannung oder aus der Oberleitung können die Magnetspulen in Reihe oder parallel – mit oder ohne Vorwiderstand – geschaltet werden. Für das Heben und Senken sorgen (Pneumatik-)Federspeicherzylinder. Im Falle der Tiefaufhängung mit Schraubenfedern können sich die Magnete beim Einschalten des Stromes auch selbst gegen die Schiene ziehen.

Magnetschienenbremsen erhielten beispielsweise die DB-Triebfahrzeuge VT 627/628, ET 403 und (vorgesehen) ICE-M.

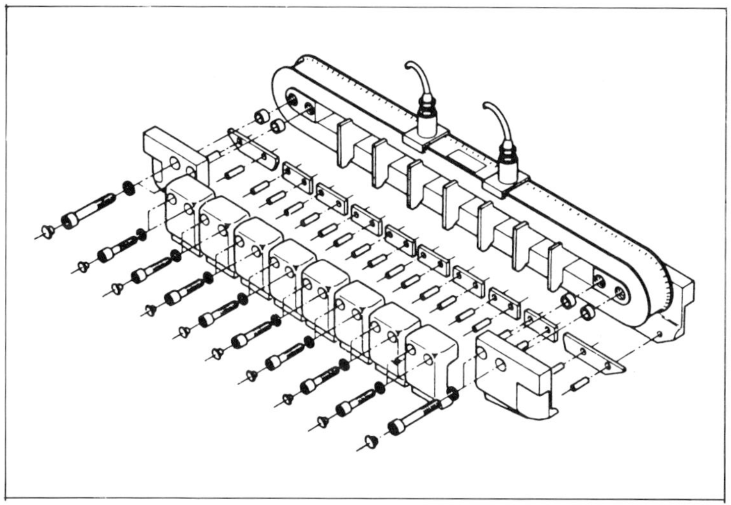

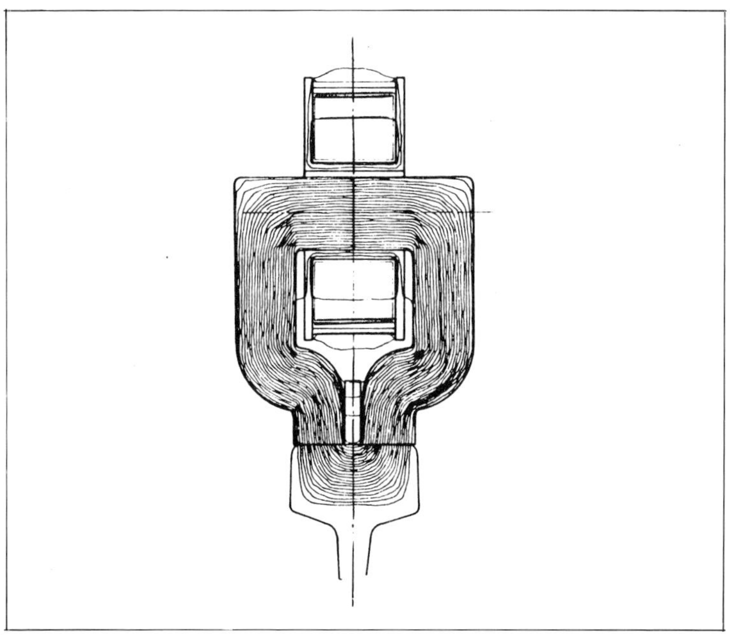

Induktive Zugsicherung (Indusi)

Die Indusi verknüpft die ortsfesten Signalanlagen an der Strecke mit dem Zug, um zu verhindern, daß Halt- oder Langsamfahrtsignale unbeachtet bleiben. Dieses System benötigt feste Einrichtungen auf der Strecke und bewegliche auf der fahrenden Lokomotive. Das heute bei der DB und in gleicher Weise bei den ÖBB eingesetzte System wurde 1929 in Deutschland eingeführt. Bis zum Jahre 1944 waren bei der früheren Reichsbahn schon alle Dampflokomotiven der Reihen 01, 01^{10}, 03, 03^{10}, eine Anzahl von Lokomotiven der Baureihen 17, 18 und 39 (Foto der Lok 39148 mit Magnet und Apparatekasten) sowie alle Schnelltriebzüge und mehrere elektrische Lokomotiven, insgesamt etwa 1000 Triebfahrzeuge, mit Zugbeeinflussung der Dreifrequenzbauart ausgerüstet. Die DB begann einige Zeit nach Kriegsschluß, auch ihre Neubaudampflokomotiven der Reihe 23 mit Indusi auszustatten (Foto der Lok 23105 Seite 131). Die Maschinenfabrik Esslingen montierte die Indusi für die 23077–080 gleich im eigenen Werk, desgleichen Jung bei den Nachfolgelieferungen. Die anderen 23er Lokomotiven erhielten ihre Indusi nachträglich in DB-Werkstätten. 1990 waren im DB-Streckennetz bereits rund 60000 Beeinflussungspunkte vorhanden, und alle etwa 5000 im Streckendienst eingesetzten Triebfahrzeuge verfügten über die entsprechenden Fahrzeuggeräte.

Die Streckenausrüstung arbeitet mit den Signalen zusammen, dabei besteht der Vorteil dieses Systems darin, daß auf der Strecke keine Energieversorgung nötig ist. Sie wird allein von der Lokomotive aus bewerkstelligt. Die an den Beeinflussungspunkten verlegten Gleis-Magnete (Foto eines kombinierten 2000/1000-Hertz-Magneten) enthalten lediglich einen elektromagnetischen Schwingkreis mit genauer Frequenzabstimmung, wobei drei verschiedene Frequenzen – 500, 1000 und 2000 Hz – verwendet werden, um unterschiedliche Beeinflussungen herbeizuführen: Wachsamkeitsprüfung des Lokführers, Geschwindigkeitsprüfung und sofortige Zwangsbremsung. Wenn das zugehörige Signal »Fahrt« zeigt, wird der Schwingkreis durch einen einfachen Kontakt »verstimmt« und damit unwirksam geschaltet. Der Lokomotivmagnet ist so montiert, daß er sich nur wenige Zentimeter über den Gleismagnet hinwegbewegt. Die Fahrzeugeinrichtung speist ständig alle drei Frequenzen in den Fahrzeugmagneten ein. Beim Befahren eines wirksamen Gleismagneten wird Energie derjenigen Frequenz, auf die der Gleismagnet eingestellt ist, dorthin abgestrahlt. Das führt zur Schwächung des Stromes der betreffenden Frequenz im Fahrzeuggerät und damit zur Steuerung des gewünschten Schaltvorganges.

An Vorsignalen, die im Bremsweg-Abstand von etwa 1000 m vor Hauptsignalen stehen, bewirkt der 1000-Hertz-Magnet die Wachsamkeitsprüfung des Lokführers, sofern das Vorsignal »Halt erwarten« oder »Langsamfahrt erwarten« anzeigt. Der Lokführer muß unmittelbar danach die Wachsamkeitstaste betätigen und die Geschwindigkeit bei schnellen Zügen innerhalb von 20 Sekunden auf unter 95 km/h verringern. Bei Güterzügen ist die Zeittoleranz etwas größer, dafür der Geschwindigkeitswert niedriger. Zwangsbremsung tritt ein, wenn die Wachsamkeitstaste nicht betätigt oder die Geschwindigkeit innerhalb der vorgesehenen Zeit nicht genügend vermindert wird. Durch einen 500-Hertz-Magneten 250 oder 150 m vor dem Hauptsignal kann eine zusätzliche Geschwindigkeitsprüfung herbeigeführt werden. Der 2000-Hertz-Magnet am Hauptsignal bewirkt, wenn es auf »Halt« steht, in jedem Fall sofortige Zwangsbremsung.

Das gesamte INDUSI-Betriebsprogramm ist darauf ausgerichtet, daß ein vom Lokomotivführer nicht vorschriftsgemäß gebremster Zug spätestens in der hinter dem Hauptsignal vorgesehenen Schutzstrecke zum Stehen kommt. Im Foto (Krauss-Maffei) sehen wir die DB-Diesellok V200 001 mit Lokomotivmagneten vor einem haltenden Schnellzug. Den Anbau des Indusi-Magneten an der Lok V100[20] sieht man im Foto von Standard-Elektrik-Lorenz.

Sicherheitsfahrschaltung (Sifa)

Sifa steht für Sicherheitsfahrschaltung. Im Sprachgebrauch der Eisenbahner hieß die Taste, die vom Lokführer während der Fahrt ständig bedient werden muß, »Totmannknopf«, ein Begriff der gelegentlich auch im Ausland zu hören ist. Der »Totmann« mußte ursprünglich dauernd bedient werden. Blieb der Druck länger als nur wenige Augenblicke aus, so bremste der Zug automatisch. Heute muß die Sifa – mit Hand oder Fuß – ebenfalls ständig betätigt, aber auch mindestens alle 30 Sekunden kurz losgelassen werden. Damit kommt der Zug selbst dann automatisch zum Stehen, wenn der Lokführer ohnmächtig vornübersinken und dabei die Sifa-Taste ständig niederdrücken würde. Das System verhindert also, daß ein Zug »führerlos« weiterrollt, wenn der Lokführer ausfällt. Bei der DB sind sämtliche Triebfahrzeuge mit Sifa ausgerüstet.

Die BBC-Sicherheitsfahrschaltung ist weg- und zeitabhängig. Hierbei verkürzt sich die Ansprechzeit mit zunehmender Fahrgeschwindigkeit, weil sie bei jeder Geschwindigkeit nach 150 m Fahrweg ansprechen muß.

Die Sifa ist mehrfach perfektioniert worden. In neueren Triebfahrzeugen wird entweder die elektronische Zeit-Weg-Sifa oder die elektronische Zeit-Zeit-Sifa verwendet, die nach und nach die älteren Sifa-Bauarten ablösen wird. Bei der Zeit-Zeit-Sifa ist die Wegabhängigkeit durch eine zusätzliche Zeitabhängigkeit ersetzt worden.

Das ABB-Foto macht uns vertraut mit der Anbaudisposition an einem Triebgestell. Deutlich zu erkennen sind der BBC-Sicherheitsapparat, der Luftleitungsanschluß und der Deuta-Radkasten für den Sifa-Antrieb.

Das SEL-Foto zeigt uns die Teilansicht der Instrumentenanordnung mit modularem Führerraum-Anzeigegerät (MFA) im Einheitsführerstand. Das MFA, hier als an den Einsatzbedarf noch anpassungsfähige Anzeige-Einheit, gestattet den modularen Ausbau bis zur vollen Führerraumsignalisierung. Es kann sowohl zugkraft- als auch geschwindigkeitsgeregelt gefahren werden. Für die Displays, darunter die Leuchtmelder, Prüftaster und die im Bild sichtbare Sifa-Anzeige, wurden wegen der vielen Tunneldurchfahrten auf Neubaustrecken mit häufigen Helligkeitsschwankungen besondere Hinterleuchtungen nötig. Die Zahlensäule in der Mitte des Tableaus gehört zur LZB. Sie dient der Zielentfernungsangabe. Das rechte Rundin-

BBC 30821

strument zeigt die Ist-/Soll-/Ziel-Geschwindigkeit an. Ob die vorgeschriebene, konventionelle SIFA für die späteren Vergaben von ICE-Triebköpfen noch in Betracht kommen wird oder ob ein integriertes System zu verwenden ist, wird erwogen.

Linienzugbeeinflussung (LZB)

Trotz Sifa und Indusi hat die DB für hohe Geschwindigkeiten über 160 km/h ein zusätzliches Sicherungssystem, die Linienzugbeeinflussung (LZB), eingeführt.

Im Gegensatz zur Indusi, die nur an bestimmten Punkten eine Beeinflussung herbeiführen kann, arbeitet die LZB zur bidirektionalen Übertragung von Sicherheitsinformationen linienförmig, also jederzeit an jeder Stelle der damit ausgerüsteten Strecke (siehe Foto). Den dafür benötigten ständigen Datenaustausch ermöglichen im Gleis verlegte Linienleiter (in Langschleifen-, neuerdings in Parallel-Kurzschleifentechnik) zusammen mit der Fahrzeugeinrichtung. Durch die Einbeziehung relevanter Daten in die Verarbeitung der LZB ist sie im Zusammenwirken mit der automatischen Fahr- und Bremssteuerung (AFB) in der Lage, den Zug vollautomatisch zu führen. Die Funktionen müssen dabei automatisch und signaltechnisch sicher ablaufen. Die Signalbegriffe werden bis zu 5 km (10 km) voraus in den für die LZB eingerichteten Lokomotiv- oder Triebkopf-Führerstand (SEL-Foto) übertragen.

Die ortsfesten Steuereinrichtungen errechnen mit Computerhilfe ständig die zulässige Geschwindigkeit und bewirken eine selbsttätige Bremsung, wenn der Lokomotivführer nicht von sich aus unter dem zulässigen Limit bleibt. Bei der DB werden alle Neubaustrecken und die mit mehr als 160 km/h befahrenen Abschnitte des alten Netzes mit LZB ausgerüstet. Es werden nur noch wenige Signale gebraucht, denn die Linienzugbeeinflussung überwacht und führt die Züge zuverlässig und sicher. Inzwischen werden auch die schweren Güterzuglokomotiven der Baureihe 151 mit LZB ausgerüstet.

Das in den 70er Jahren eingeführte Fahrzeuggerät LZB 100 hat zwischenzeitlich die Anpassungen an neue betriebliche Anforderungen erschwert. Dazu gehören die längeren Bremswege infolge der Heraufsetzung der größten zulässigen Geschwindigkeit von 200 auf 250 km/h bei einem Gefälle auf Neubaustrecken von bis zu 12,5 Promille (gegenüber den bisherigen LZB-Strecken mit einem Gefälle von maximal 5 Promille), ein neues Betriebsverfahren mit Verzicht auf Blocksignale, die nur der Zugfolgeregelung dienen, sowie die für die Ausdehnung des LZB-Betriebes auf Güterzüge erforderlichen Verbesserungen der LZB-Einstiegs- und Ausstiegsverfahren. Deshalb entwickelte das »Konsortium LZB 80« der Unternehmen Siemens und Standard Elektrik Lorenz (SEL) die Fahrzeugeinrichtung LZB 80 für die Linienzugbeeinflussung und lieferte im Frühjahr 1987 die ersten Seriengeräte an die DB. Die Prototypgeräte wurden schon 1983 erstmals in den Lokomotiven 103 222, 103 224 und 120 004 erprobt.

Stromabnehmer in Variationen

Stromabnehmer-Bauarten

Die vom Beginn des elektrischen Bahnbetriebes an gewählte Lösung, mit Stromabnehmern die elektrische Energie zwischen einer stationären Fahrleitung und dem mehr oder weniger schnellen Fahrzeug zu übertragen, hat sich gut bewährt, so daß die Fremdstrom-Triebfahrzeuge auf Fernbahnen mit Oberleitung oder mit Stromschienen den »autonomen« Akkumulatoren-Fahrzeugen nur relativ wenige Chancen einräumten. Die Energie-Übertragung muß im gesamten Geschwindigkeitsbereich des elektrischen Triebfahrzeuges gesichert sein und möglichst ohne Unterbrechung erfolgen, wobei ein nur geringer Verschleiß an den Stromabnehmer-Schleifleisten und an der Fahrleitung angestrebt wird.

Die früheren Lyra-Bügel und Rollen-Stromabnehmer spielten auf Vollbahnen keine entscheidende Rolle, zumal sie den Nachteil der Fahrtrichtungsabhängigkeit aufwiesen und bei Richtungswechsel umgelegt werden mußten. Eine bemerkenswerte Eigenheit früherer Arlberg-Lokomotiven waren ihre speziellen Stromabnehmer. Das knappe Profil des Arlberg-Tunnels zwang zur Verwendung recht schmaler Stromabnehmer. Aber auf freier Strecke mit großer Mast-Entfernung von 75 m in der Geraden war es wirtschaftlicher mit einem breiten Stromabnehmer zu fahren. Man rüstete demzufolge die dort eingesetzten Lokomotiven mit zwei verschiedenen Stromabnehmern aus, die derart miteinander korrespondierten, daß der Wechsel beider selbsttätig vor sich ging. »Impulsgeber« hierfür war die Höhenlage des Fahrdrahtes: 4850 mm im Tunnel und 5750 mm auf freier Strecke. Die Österreichischen Brown-Boveri-Werke entwickelten hierfür ein fahrdrahthöhenabhängiges Druckluftventil zum Wechsel der Bügel. Die Österreichischen Siemens-Schuckert-Werke konstruierten die zugehörigen Gestelle und Gelenklagerungen. Bei einer Oberleitungshöhe von 5100 mm lagen beide Stromabnehmer am Draht, bei höheren Lagen nur der breite, bei niedrigen nur der schmale Bügel.

Die frühere Deutsche Reichsbahn-Gesellschaft verwendete für ihre Lokomotiven E 18, E 19 und E 94 die Scherenstromabnehmer des Typs SBS 39. Zum Auf-

richten und Andrücken dienten Druckluftzylinder. – Bei der DB erhielt manche E 17 einen abgewandelten SBS 10, dessen Oberschere – zum Aufbau einer Doppelwippe des DBS 54 – beidseitig eingezogen wurde. Ähnlich verfuhr Die DB auch mit Loks der Reihe 118 (Foto 118045).

Für die ersten DB-Einheitslokomotiv-Baureihen kamen zunächst die Scherenstromabnehmer der Bauart DBS 54 (Doppelschleifstück-Bahn-Stromabnehmer der Bauart 1954) in Betracht, die mit je vier Stütz-Isolatoren auf dem Lokomotivdach befestigt wurden. Solche 275 kg wiegenden Stromabnehmer eigneten sich bis 150 km/h, bewiesen aber später auf den Lokomotiven der Baureihe 112 ihre Tauglichkeit bis 160 km/h. Die Weiterentwicklung des DBS 54 geschah mit Verwendung der Schnellfahrwippe und der Oberscherendämpfung sowie mit einem weniger gewichtsaufwendigen Einholm-Stromabnehmer von Siemens (SBS 65). Damit konnte die elektrische Energie bei Geschwindigkeiten bis über 200 km/h zuverlässig übertragen werden. Vom Basis-Typ SBS 65 wurden dann die Folge-Bauarten SBS 66, 67 und 70 abgeleitet.

Einige Entwicklungssprünge der Stromabnehmerkonstruktion gehen aus den Abbildungen hervor: Die Aufnahme der italienischen Schnellzuglok E 432004

des Jahres 1928 zeigt die schwere FS-Pantographenbauart für den Drehstrombetrieb unter der mit 960 mm Mittenabstand ausgelegten zweipoligen Fahrleitung. Die 1934 gebaute Personen- und Güterzuglok E 44509 (Foto: Deutsches Lokomotivbild-Archiv) besaß Scherenstromabnehmer der damaligen Reichsbahn-Einheitsbauart. Die FS entschieden sich bei ihren 200 km/h schnellen Gleichstrom-Lokomotiven E 444 für die eigene Pantographenbauart 52 FS. Das dritte Foto zeigt einen solchen Stromabnehmer-Typ auf der Thyristor-Versuchslokomotive E 444005. Eine einwandfreie Stromabnahme unter weitgehender Vermeidung von Lichtbögen erfordert optimale Anpreßkräfte. Sie betragen beim stehenden Fahrzeug für den deutschen SBS 65 im Mittel 70 N (ca. 7 kg). –

Die Einholm-Stromabnehmer, auch Halbscherenstromabnehmer genannt, sind bei der DB nach längerer Erprobungszeit zunächst auf den Lokomotiven der Baureihe 103 (5. Serie) eingeführt worden. Danach wurden auch die übrigen Fahrzeuge dieser Reihe mit dem SBS 65 ausgerüstet (Foto), ebenso die Mehrsystem-Lokomotiven 181.2 und 184. Der früher übliche Antrieb verschiedener Stromabnehmer-Konstruktionen – Heben durch Druckluft, Senken durch Eigenmasse – ist längst umgestaltet worden. Zum Absenken dient nun eine pneumatisch betätigte Senkfeder, die in der Senkposition eine Auflagekraft von ungefähr 70 bis 120 N gewährleistet. Ansonsten bevorzugt man ein Absenken durch Druckluft und Anlegen durch Federkraft oder elektromotorisches Absenken und Anlegen durch Federkraft. Schleifstücke gibt es aus Kohle, aber auch einer Kupferlegierung. Die Fahrdrähte können aus Kupfer oder aus silberlegiertem Kupfer bestehen. Für den Kontakt Oberleitung/Stromabnehmer bevorzugt die DB die Materialpaarung Kupferfahrdraht/Kohleschleifstück nach DIN VDE 0875.

Stromabnehmer für hohe Geschwindigkeiten

Auch bei den höchsten Geschwindigkeiten muß möglichst ständiger (mechanischer) Kontakt zwischen Stromabnehmer und Fahrleitung sichergestellt sein. Die Schleifstücke müssen den Toleranzen im Höhenprofil der Oberleitung verzögerungsfrei folgen, um Abreißfunken und Abbrandschäden zu vermeiden. Dies gilt auch unter der verstärkten Einwirkung von Luftströmungen mit Auf- und Abtriebkräften. Die mit der Stromabnehmer-Entwicklung einhergehenden Untersuchungen fahrdynamischer Anpreßkräfte als

Summe des statischen Druckes und der aerodynamischen Kraftkomponente unter Einfluß des Fahrzeuglaufs im Spiel zwischen Fahrleitung und Stromabnehmer gewinnen im Höchstgeschwindigkeitsbereich ganz wesentlich an Bedeutung.

Im internationalen Vergleich läßt sich leicht feststellen, daß zahlreiche der praktizierten Oberleitungs-Stromabnehmer in ihrer konstruktiven Gestaltung mehrere Gemeinsamkeiten aufweisen. Anstelle des einfachen Schleifstückes sind meist bewegliche Pendel-Wippen mit Doppelschleifstück zu sehen, womit auch bei der Fahrt mit nur einem Stromabnehmer zwei Kontaktstellen am Fahrdraht anliegen, die der notwendigen Stromdichte gerecht werden.

Schon als die Wiener-Starkstrom-Werke (WSW) eine neue Einholm-Konstruktion entwickelten und als man außerdem eine neuartige Wippe, Bauart Wanisch, mit einem Schleifleisten-Abstand von 640 mm auf das Scheitelgelenk einer Vierholm-Schere aufsetzte sowie Versuche auf der E 03 der DB machte, kam man schon damals, im Jahre 1965, zur Überzeugung, daß mit 200 km/h Fahrgeschwindigkeit die Grenze der Leistungsfähigkeit solcher Stromabnehmer noch nicht erreicht ist.

Die Stemmann-Technik GmbH rüstete den amerikanischen AMTRAK-Metroliner-Schnelltriebzug (11 kV Oberleitungsspannung) mit dem eigenen Stromabnehmer BS 134/IV aus, dessen Wippe an 4 Schwingarmen aufgehängt und senkrecht abgefedert ist. Es wurden Kohleschleifstücke verwendet und erfolgreiche Versuche bis 250 km/h durchgeführt. Dem deutschen ICE (Experimental) diente ein neu entwickelter Dornier-Einholm-Stromabnehmer-Typ DSA 350. Für die Vorauslokomotiven 120001–005 der DB wurde der Stromabnehmer-Typ SBS 80 A1 vorgesehen, den man zuvor bei Siemens Österreich in Leichtmetall-Ausführung für den Schnellverkehr konstruierte. Die Nachfolge-Lokomotiven 120[1] wurden, wie auf dem Foto (G. Katzer) zu sehen, mit dem Siemens-Halbscheren-Schnellfahr-Stromabnehmer SBS 81 ausgerüstet. Dagegen profitierte der Serien-ICE mit seinem DSA 350 S von den – mit Hilfe des aerodynamischen und rechnergestützten Instrumentariums entwickelten – Dornier-Stromabnehmern, aber auch von den Erkenntnissen aus der Siemens-Bauart. Das Bild vom fotografisch angeschnittenen Triebkopf 410002 (Foto: G. Katzer) gibt den Blick frei auf den Hochgeschwindigkeits-Stromabnehmer SSS 87 (Siemens AG Austria, Schunk Bahntechnik Salzburg).

Stromabnehmer verursachen eine auf die Fahrleitung nach oben gerichtete Kraft, wodurch wegen des gleichzeitigen Fahrens der Lokomotive eine unliebsame Wellenbewegung in der Oberleitung entsteht.

Die Ausbreitungsgeschwindigkeit einer solchen Welle beträgt beispielsweise beim französischen TGV je nach anliegender Spannung ungefähr 450 bis 500 km/h. Sie ist also im allgemeinen höher als das Tempo des Zuges. Bei Rekord-Fahrversuchen kann die Welle durchaus eingeholt oder gar überholt werden, womit die kritische Geschwindigkeit erreicht und eine Beeinträchtigung des Stromabnahme-Kontaktes zu erwarten wäre. Man muß in derartigen Fällen im voraus die mechanische Spannung des Fahrdrahtes heraufsetzen, um die »Laufgeschwindigkeit« der Welle zu erhöhen.

Die Stromabnehmer-Bauarten sind in Frankreich andere als bei uns. Im französischen TGV-Südost erprobten die dortigen Ingenieure die Einholm-Stromabnehmer »à double étage« der Konstruktion Faiveley AMD (für Einphasen-Wechselstromfahrleitung) und Faiveley AM »à simple étage« (für Gleichspannung). Eine andere Version, die vor allem im Hinblick auf die im Plandienst verlangte Geschwindigkeitsanhebung des TGV-Atlantik auf 300 und 350 km/h notwendig war, ist der Stromabnehmer-Typ GPU (»Grand Plongeur Unique«).

Mehrsystem-Lokomotiven vergrößern die Vielfalt der Stromabnehmer-Bauarten. Um alle wesentlichen europäischen Bahnstrom-Systeme befahren zu können, sind mindestens vier verschiedene Wippenausführungen erforderlich, denn die zulässigen Abweichungen der Fahrdrahtaufhängungen und die zu verwendenden Schleifstückwerkstoffe unterscheiden sich voneinander. Eine Vereinheitlichung, auch im Hinblick auf den Hochgeschwindigkeitsverkehr, wird noch lange auf sich warten lassen.

Stromabnehmer und Lokomotivbetrieb

Im Bereich der DB und bei vielen anderen Verwaltungen herrscht die Praxis, wonach bei Zugfahrten mit elektrischen Lokomotiven, die im allgemeinen zwei Stromabnehmer haben, stets der hintere Stromabnehmer an die Oberleitung anzulegen ist, damit im Falle von Stromabnehmerschäden und Abrißteilen der zweite Stromabnehmer nicht in Mitleidenschaft gezogen wird und somit der vordere Stromabnehmer als Reserve »einspringen« kann. Hiervon kann abgewichen werden, so heißt es, wenn vereiste Fahrleitungen das Hochnehmen des zweiten Stromabnehmers erfordern oder bei feuchtem Wetter durch den Schleifkohle-Abrieb des hinteren anliegenden Stromabnehmers die Führerraumfenster nachlaufender Triebfahrzeuge verschmutzen. Wenn hinter der elektrischen Lokomotive offene Wagen mit empfindlichen Gütern fahren, ist stets der vordere Stromabnehmer allein anzulegen. Bei Wendezügen und Rangierfahrten, so meint die DB, kann bei Änderung der Fahrtrichtung die Umstellung der Stromabnehmer unterbleiben. Und schließlich bewährte sich in der DB-Praxis, daß beim Fahren in Doppeltraktion die Stromabnehmer der beiden Elektrolokomotiven wie bei Vorspannfahrten einzustellen sind, also die erste Lok mit vorderem angelegten Stromabnehmer und die zweite Lok mit hinterem Stromabnehmer am Fahrdraht. Das Foto

zeigt eine solche Betriebweise mit Lok 103123 und einer Lok der Baureihe 110 vor einem Schnellzug im Jahre 1971. Auf dem anderen Foto sehen wir die E 10193 vor einem Reisezug auf kurvenreicher Strecke, wobei nur der hintere Stromabnehmer Schleifkontakt hat. Daß man durch Frost und Schnee schwergängig gewordene Bügel weder von Hand noch mit einer (Brech-)Stange hochdrücken darf, ist selbstverständlich. Andernfalls droht Lebensgefahr.

Die Österreichischen Bundesbahnen schrieben bereits 1953 vor, nachdem die damals neueren Triebfahrzeuge schon für Einstromabnehmerbetrieb eingerichtet waren: »Der Einbügelbetrieb mit rückwärtigem Stromabnehmer hat den Vorteil, daß der dem Windauftrieb an der Stirnseite der Lokomotive ausgesetzte vordere Stromabnehmer, der bei höheren Geschwindigkeiten durch den Windauftrieb große zusätzliche Anpreßdrücke aufweisen kann, abgesenkt ist und dadurch die Fahrleitung wesentlich ruhiger bleibt. Auch ist im Falle einer Beschädigung des Stromabnehmers durch einen Fahrleitungsschaden der vordere nicht benützte als Ersatz vorhanden.«

Bedeutsam ist aber, daß sich die Betriebsweisen nicht an unveränderbaren starren Regeln orientieren, sondern – besonders im Hochgeschwindigkeitsbereich – an den Bauarten der Stromabnehmer selbst und am jeweiligen fahrdynamischen Verhalten von Oberleitung und Stromabnehmern.

Zur Lokomotivgestaltung

Rahmenbau, Bahnräumer, Zug- und Stoßvorrichtungen

Rahmenbeanspruchungen der Dampflokomotiven

Im Dampflokomotivbau war der Rahmen schon rein rechnerisch ein kompliziertes Gebilde (Daimler-Benz Foto des geschweißten Blechrahmens der DB-Lok-Reihe 82). Er war der Träger für den Kessel, für die Dampfmaschine, die Bremseinrichtung die Pumpen und für alle Aufbauten (Archivfoto: Barrenrahmen der Gotthard-Lok 2807). Der Lokomotivrahmen stützt sich auf die Radsätze und überträgt die Zug-, Stoß- und Bremskräfte. Die Kolbenkräfte versuchten bei den konventionellen Dampflokomotiven die beiden Rahmenwangen in Längsrichtung zu verschieben. Die Stützkräfte ihrerseits unterwarfen den Dampflokomotivrahmen beträchtlichen Biegemomenten. Hinzu kamen die Achsquerkräfte, das Verwinden bei Federbrüchen oder einseitigen Pufferstößen, sowie die Durchbiegung des Rahmens beim Anheben der Lokomotive, vor allem dann, wenn der versteifend wirkende Kessel noch fehlte. Das statisch unbestimmte System von Kessel mit Rahmen (im Krauss-Maffei-Foto der Rahmen mit Kessel, Baureihe 03^{10}, aufgebockt) wurde nur in besonders kritischen Fällen elastizitäts-theoretisch exakt durchgerechnet. Man verließ sich eher auf die altbewährte Ermittlung der statischen Biegespannungen und Kräfte (graphische Darstellung der Momenten- und Querkraftflächen) unter der Voraussetzung des Anhebens mit und ohne Kessel sowie mit und ohne Achsgabelstegen und Radsätzen. Rahmensonderkonstruktionen sind natürlich speziellen mathematischen Untersuchungen unterzogen worden. Sonst verließ man sich auf das rechnerische »Finger-

2807

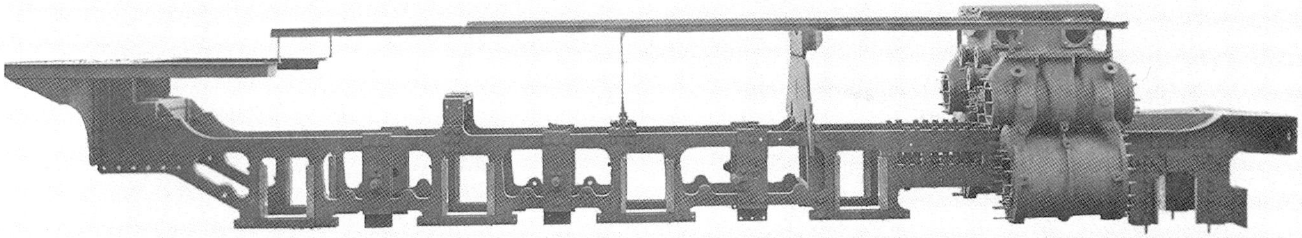

Eigentum d.d.
Reichsbahn
Auftr.
100039/5

spitzengefühl« langjähriger Konstruktionserfahrungen und machte noch gewisse Sicherheitszuschläge. Eine solche Praxis reichte für den Entwurf der Barren-, Blech- oder Stahlgußrahmen im allgemeinen aus, obwohl allerdings immer wieder die Frage nach der Elastizität der Dampflokomotivrahmen aufgeworfen wurde, weil allzu starre Konstruktionen auf mangelhaft verlegtem Oberbau und bei Tenderlokomotiven mit sehr großen Wasser- und Kohlenkasten-Massen mitunter zu Rahmenwangenbrüchen führten. Andererseits war der Lokomotivrahmen zugleich das »Fundament« der Dampfmaschinenanlage, die eine starre Lagerung verlangte.

Rahmen elektrischer Lokomotiven

Der auf unseren Siemens-Foto zu sehende Rahmen der früheren Reichsbahn-Schnellfahrlokomotiven E 1911/12 war aus durchgehenden, 25 mm dicken Stahlblechen und Querverbindungen zusammengeschweißt. Er war der Träger für den aufgeschraubten Kastenaufbau, den Transformator, die eingesetzten Fahrmotoren und die Hilfsmaschinen.

Bei vielen späteren elektrischen Einheits-Drehgestell-Lokomotiven bildete der Rahmen als Brückenträger mit dem Kastenaufbau eine gemeinsame kraftschlüssige und tragende Konstruktion, die durch Querträger (für den Transformator und die Drehzapfen) sowie mit einem meist durchgehenden Bodenblech die nötige Festigkeit erhielt. Die senkrechten Kräfte (elektrische Ausrüstung, die Eigenmasse und die lotrechten Kraftwirkungen aus der Fahrbahn) konnten nun gemeinsam von der Brücke der Außenhaut des Aufbaues und dem Kastengerippe durch ihre Verschweißung aufgenommen werden. Die sechsachsigen Güterzuglokomotiven, Reihe 151 der DB, erhielten einen Brückenrahmen, für dessen Ober- und Untergurte der Langträger selbst sowie für die Transformatorenträger gewalzte Vierkantrohre verwendet wurden. Festigkeit und Steifigkeit hatte die Versuchsanstalt in Minden während mehrerer Probebelastungen mit einer maximalen Druckkraft von 2000 kN (ohne bleibende Verformung) geprüft.

Das SLM-Foto vermittelt den Eindruck von einem Belastungsversuch mit einer zentralen Druckkraft von 1000 kN am Rohbaukasten einschließlich mitverschweißtem Bodenrahmen an einer Zahnrad-Reibungs-Lokomotive HGe 4/4 II für die Brüniglinie der SBB.

Die deutschen Schnellfahrlokomotiven, Baureihe 103, haben einen 900 mm hohen Brückenrahmen beträchtlicher Biegeelastizität, die sich beim Aufsetzen der Hauptlast, nämlich des Transformators, oder beim Anheben an den Brückenträgerkopfstücken bemerkbar macht. Die aus 5 Baugruppen bestehenden Kastenaufbauten sind so am Brückenträger befe-

stigt, daß keine starre Verbindung entsteht und die Aufbautenseitenwände, überwiegend aus einer Aluminiumlegierung, nicht zum Tragen herangezogen werden, wofür sie nich konstruiert wurden.

Diesellokomotivrahmen und Kastenaufbau – eine tragende Einheit

Der Lokomotivgrundrahmen, das sogenannte Untergestell, der DB-Diesellokomotiven V200/V200[1] (220/221) und ihr Kastenaufbau sind fast ausschließlich in geschweißter Blechträgerbauweise hergestellt (Krauss-Maffei-Foto vom Kastengerippe mit Grundrahmen und vom Rohbau-Lokomotivkasten der V200 am Kran). Der Kasten selbst entspricht weitgehend einem seinerzeit konsequenten Stahlleichtbau wie er im damaligen Triebwagenbau praktiziert wurde. Der Untergestellrahmen gruppiert sich um zwei in Längsrichtung zu den Pufferträgern durchgehende Stahlrohre von 159 mm Durchmesser und 4,5 mm Wanddicke. Die Pufferkräfte können von ihnen, fast ohne Momente und ohne Verzweigungen, aufgenommen werden. Blechpreßteile und Querspanten verstärken die Rahmenstruktur. Zur Aufnahme der gewichtigen Antriebsanlagen sind zusätzliche Blechpreßträger eingeschweißt worden, um die Biegespannungen klein zu halten. Die Zugkräfte werden von zwei, jeweils in die Drehgestellmitten eintauchende »Drehtürme« übertragen. Die Kraftstoffbehälter sind in das Untergestell eingebaut.

Der Kastenaufbau, mit 2 mm dicken Seitenwandblechen, erhielt funktionsbedingt zahlreiche Seitenwandunterbrechungen durch Türen. Jalousien und Fenster. Trotzdem und trotz der Dachklappen mußte

der Lokomotivkasten zum Tragen mit herangezogen werden. Der 17,4 m lange, recht schweißnahtaufwendige Rohbau-Lokomotivkasten einschließlich Grundrahmen wog 11,9 t und erwies sich während der Festigkeitsversuche sehr biege- und knicksteif.

Auch bei den späteren Drehgestell-Diesellokomotiven der DB-Baureihen 216, 217, 218 und 219 bilden der geschweißte Unterrahmen und der in Schalenbauweise hergestellte Kastenaufbau festigkeitsorientiert eine tragende Einheit. Das KHD-Sektorenbild (Seite 131) zeigt die auf den Grundrahmen montierten Antriebs-Aggregate mit der Kühlergruppe der 1965 gebauten, mit Zusatz-Gasturbine ausgerüsteten Diesellokomotive 219001. Rohbaukasten mit Unterrahmen zeichneten sich auch hier durch gute Biege-, Torsions- und Knickfestigkeit aus.

Pufferträger, Zug- und Stoßvorrichtung

Bei Diesel- und Elektrolokomotiven werden im allgemeinen die waagerechten Längskräfte, also Zugkraft und Pufferstoß, im wesentlichen durch starke, von vorn bis hinten durchgehende Rahmenträger übertragen. Die Pufferträger, wie bei den Dampflokomotiven (ME-Werkstattfoto Baureihe 23 der DB) meist angeschraubt und austauschbar, enthalten die vereinheitlichten Zug- und Stoßvorrichtungen. So bekamen die DB-Lokomotiven der Reihe 221 beispielsweise UIC-Puffer von 620 mm Länge mit 350-kN-Ringfeder und 75 mm Hub. Der Einbau stärkerer Puffer mit 590-kN-Ringfeder und 100 mm Hub war möglich. Die Zugeinrichtung hatte zwei hintereinander liegende, parallelwirkende Kegelfedern von je 200 kN Endkraft. Die Zughaken mit Hakenkopf nach UIC-Merkblatt 825 V sind ebenso wie bei der Lok 216 für 380 kN Zug- und 1000 kN Bruchlast, die Schraubenkupplungen nach UIC 826 V für 300 kN Zug- und 850 kN Bruchlast bemessen.

Im allgemeinen können die Zughaken mit Schraubenkupplung und Federn, einer gewohnten Praxis zufolge, mit ihrer Führungsplatte als Ganzes von außen in die Pufferträger, insbesondere bei elektrischen Lokomotiven, eingesetzt werden. Abweichende Konstruktionen, auch mit Gummifedern, sind möglich, zumal in jüngerer Zeit wieder die Triebfahrzeuge zum Einbau der automatischen Mittelpufferkupplung mindestens konstruktiv vorbereitet werden. Das Foto (Seite 132) der Elektrolok 243576 der Ost-Reichsbahn zeigt uns die Zug- und Stoßvorrichtungen, die Bremsschlauchkupplungen und die geschweißten Schienenräumer.

Bei schweren Abraumlokomotiven werden heftige Aufstöße durch möglichst besonders große Federwege elastisch aufgenommen, ohne sie durch harte Anschläge eng zu begrenzen.

Pufferträger und Mittelpufferkupplung

Die Einführung der automatischen Mittelpufferkupplung auf den europäischen Normalspurbahnen wurde schon mehrfach terminiert, ist aber immer wieder hinausgezögert worden. So sollte zum Beispiel in den Jahren von 1976 bis 1980 zuerst der im internationalen Verkehr eingesetzte Fahrzeugpark innerhalb einiger Tage auf die automatische Mittelpufferkupplung, alle anderen Fahrzeuge bis 1980 umgerüstet werden. Danach wären die Seitenpuffer entfallen und die Unfallgefahr für die Rangierer wesentlich gemindert worden. Der Internationale Eisenbahnverband (UIC) und die Organisation für die Zusammenarbeit der Eisenbahnen (OSShD) erarbeiteten Lösungen, welche eine direkte Kuppelbarkeit mit der SA3-Kupplung der Sowjetrussischen Eisenbahnen sowie das Mitkuppeln zweier Luftleitungen und einiger elektrischer Steuerleitungen gewährleisten. Der Greifbereich in der Horizontalen sollte 220 mm, in der Vertikalen 140 mm betragen. Bei allen Verhandlungen sprachen nicht nur die technisch-wirtschaftlichen Gründe, sondern leider auch politische Einflüsse mit.

Ein Beschluß unter den zahlreichen Bauarten und Lösungen das SA3-(Willison-)Prinzip zu wählen, schien gerechtfertigt. Immerhin war die Willison-Kupplung fast die einzige, bei der nicht nur Druck-, sondern auch Zugkräfte über den Gehäuseblock der Kupplung übertragen werden können, ohne bewegliche Teile zu belasten. Sie hatte sich jedenfalls als SA3-Kupplung in der UdSSR gut bewährt. Obwohl sie bereits um 1930 entwickelt und seither fortwährend verbessert wurde, erfüllt sie als mechanische Kupplung bis in die jüngere Zeit die harten Forderungen des Güterzugbetriebes. Jedenfalls hatte es an Vorschlägen nicht gefehlt. Wir erinnern an die Bauart Unicupler, an die selbsttätige Zug-Druck-Kupplung des Typs Boirault-Sambre et Meuse, an die Konstruktionen Willison-Associated, Eurocoupler, Dowty, Scharfenberg, Compact-BSI oder OSShD (System Bautzen). Jedes System hatte seine Eigenarten und Befürworter. Manche Fortentwicklung oder Umbauvariante könnte sich im Zugförderungsdienst mehrerer tausend Tonnen schwere Güterzüge und bedarfsgerechter Schnellzüge großräumig eignen.

Zahllose Versuche erstreckten sich bisher auf die Arbeiten zur Anpassung von UIC- und OSShD-Kupplungen und auf die Wintererprobungen, bei denen man unter extremen klimatischen Bedingungen durch Preßschnee hervorgerufene mechanische Kupplungsschwierigkeiten durch den Einbau elektrischer Heizstäbe zu mildern versuchte. Doch eine Beheizung der Kupplungen im rauhen Güterzugbetrieb verbot sich von selbst. Trotzdem erwarteten die Konstrukteure keine unüberwindlichen technischen Probleme. Uneinigkeit und Finanznöte dürften die ausschlaggebenden Faktoren für eine weitere lange Wartezeit bis zur grenzüberschreitenden Einführung des automatischen Kuppelns sein. Immerhin hatte die DB mehrere Güterzuglokomotiven der Baureihen 151 und 181 (Foto: DB) zur Beförderung schwerer Erzzüge mit der auto-

matischen Mittelkupplung ausgerüstet. Die Diesellokomotive 220083 erhielt eine vom UIC vorgeschlagene automatische Kupplung. Die technischen Bedingungen wurden im UIC-Merkblatt 522 zusammengefaßt. Für viele DB-Lokomotiven wurden bereits Vorkehrungen zum Einbau getroffen oder Konstruktionszeichnungen zum Umbau erstellt: Für die Baureihen 110, 140 und 216 gab es Einzelteile oder vorgefertigte Bauelemente zur Verstärkung der Rahmenkopfteile. Bei den Lokomotiven 118, 144, 260 und 290 war ein besonderer Querbalken als »Verschleiß-Kupplungsträger« vorgesehen, den die Nachbaulokomotiven 111, 140 und 151 von Anfang erhielten oder erhalten sollten. Zur elastischen Überleitung der Zug- und Stoßkräfte sind besondere Federwerke mit Gummi- oder Reibungsringfedern entwickelt worden. Aber während bereits um die Jahrhundertwende viele Eisenbahnen der USA und Kanadas, im Jahre 1925 Japans und im Laufe der Jahre 1935 bis 1957 diejenigen der Sowjet-Union zur automatischen Kupplung übergegangen sind, »regiert« in Mitteleuropa immernoch die handbediente und menschen-unfreundliche Schraubenkupplung. Lediglich im Rangierlokdienst beginnt die Automatik Fuß zu fassen, während man sie in Nahverkehrszügen, Schnelltriebzügen und Blockzügen (geschlossene Zugeinheiten) schon länger kennt.

Automatische Rangierkupplung für Verschiebelokomotiven

Die mit Funkfernsteuerung ausgerüsteten Verschiebe-Lokomotiven,aufdemFoto(Seite132)dieDB-Diesellok 365 819, erhielten beiderseits eine automatische Rangierkupplung (Typ 55 der Scharfenbergkupplung GmbH). Das automatische Kuppeln und Entkuppeln zwischen Lokomotive und Wagen beschleunigt und erleichtert die Rangierarbeiten ganz wesentlich, wobei die Unfallgefahren auf ein Minimum reduziert werden. Die Rangierkupplung läßt sich mit Hilfe eines Hubzylinders hochstellen und in aufgerichteter Position verriegeln. So kann dann auch mit herkömmlichen Schraubenkupplungen gearbeitet werden.

Viele der modernen Rangierlokomotiven sind technisch dafür eingerichtet, fast jede gewünschte automatische Kupplung international gebräuchlicher Systeme aufzunehmen, darunter zum Beispiel die Bauarten BSI-RK 50/850/900 (Foto der Allrad-Rangiertechnik einer vierachsigen »minilok DH 100« vor einem 600 t schweren Container-Zug).

Bahnräumer deutscher Lokomotiven

Nur selten erwähnt, spärlich besprochen und doch bitter notwendig: Die Bahnräumer, die nach der deutschen »Eisenbahnbau- und Betriebsordnung (BO)« schon lange vorgeschrieben sind für Lokomotiven, Trieb- und Steuerwagen, in den einzelnen Richtlinien, auch ausländischer Bahnverwaltungen, jeweils zeitgemäß modifiziert behandelt, in Form und Bauart vielfach variiert werden.

Bahnräumer dienen dazu, auf den Schienen liegende Hindernisse (Bruchholz nach Sturmschäden, Steinschlag, Aufschüttungen durch verbrecherische Anschläge) abzuräumen, beiseite zu schieben oder mindestens das Laufwerk beim Aufprall vor größeren Schäden zu bewahren. Im alten Lehrbuch »Der praktische Lokomotivbeamte, 1. Band – Die Lokomotive« von Dr. Ing. Heumann steht: »Vor den Vorderachsen der Lokomotiven sind kräftige Bahnräumer anzubringen, bei Tenderlokomotiven auch hinter der Hinterachse. Sie bestehen meist aus geschmiedeten Winkeln, die am Pufferträger oder vorn am Rahmen festgeschraubt werden. Sie reichen bis auf 70 mm über die Schienenoberkante hinab«.

Die Konstruktionen unterliegen erfahrungsgemäß vielen Wandlungen. So gibt es die Bahnräumer, auch Schienenräumer genannt, gestaltet aus dicken Blechen oder Stahlbügeln, aus Winkel- oder starken Flach-Stählen. Sie sind nur dann wirksam, wenn sie genügend tief angeordnet werden, bei den einzelnen Eisenbahnbetrieben meist bis etwa 65 mm über Schienenoberkante. Durch Radreifenabnutzung würde sich dieses Maß beträchtlich verringern. Deshalb müssen die Bahnräumer höhenverstellbar sein. Hier sind zwei Beispiele: Abgewinkelter Stahlblech-Bahnräumer der DB-Dampflokomotive 052 175 und breitere hindernisabweisende »Pflugschar-Bahnräumer« an den Drehgestellen der DB-Elektrolokomotive 111 001 (Foto: DB, umseitig).

In der Dienstvorschrift für Dampflokomotiven (DV 938) der Deutschen Reichsbahn stand: »Bahnräumer, Höhe über Schienenoberkante bei niedrigstem Pufferstand mindestens 50 mm, im allgemeinen nicht über 70 mm.« Eine ganz andere Form ist der höhenverstellbare, auch als Bahnräumer verwendbare Schneeräumer (im Foto, Seite 177, für Lok 64 295). Solche Anbaugeräte werden mitunter auch im Ausland während jeder Jahreszeit eingesetzt.

Schienenräumer ausländischer Lokomotiven

Die zahlreichen Eisenbahn-Verwaltungen haben, auch je nach klimatischen und topografischen Bedingungen, eigene Bahnräumer-Konstruktionen erprobt und eingeführt. manche Betriebsanweisungen zur Gestaltung der Schienenräumer entsprangen den Erfahrungen mit Kriminellen und Gewalttätern, die in verbrecherischer Absicht die Gleise mit Geröll, Stahlrohren und anderen gefährlichen Hindernissen blokkierten. Ein Teil der Laufwerk- und Unterbodenschäden war wiederholt auf eine mangelhafte »Funktion« oder auf nicht angeschraubte Schienenräumer zurückzuführen.

Breite Bahnräumer, wie hier in den Fotos der fran-

zösischen Elektrolok 15030 und der italienischen E 626065, sind bei richtiger Konstruktion und Anordnung sehr stabile Gebilde, auf denen die Maschine bei Entgleisungen rutschen kann. Sie werden mindestens für genauso wichtig gehalten wie geeignete Konsolen und Zwischenstücke zum Untersetzen der Hebe-Winden für das Wiedereingleisen der Lokomotiven. Die breiten Stahlblech-Konstruktionen sind also keineswegs in jedem Falle als Schneeräumer zu betrachten. Auf vielen, besonders »gefährdeten« Strecken werden sie als Schienenräumer für das Jahr über beibehalten.
Einige Bahnverwaltungen, auch die FS, rüsteten bereits zahlreiche ihrer Elektro- und Diesellokomotiven schrittweise mit den im europäischen Rahmen zu vereinheitlichenden Schnee- und Bahnräumern aus.

Amerikanische »Steel Pilots« und klassische »Cow Catcher«

Während unsere früheren mitteleuropäischen Dampflokomotiven beiderseits recht »verkümmerte«, schmalbrüstige Kropfblech-Bahnräumer besaßen, hatten tausende amerikanischer Lokomotiven – natürlich wegen ganz anderer Streckenverhältnisse in der Wildnis und wegen beträchtlicherer drohenden Gefahren – weniger degenerierte, sondern recht massive, anfangs noch aus Holz hergestellte, am Pufferträger angeschraubte pflugartige breite Schienenräumer. Ihre, den »Weg ebnende Struktur« war der »Pilot«, ganz früher besser bekannt als »cow catcher« (Kuhfänger).

Die Commonwealth Steel Company in St. Louis, auch Baldwin in Philadelphia und die ALCO in Schenectady lieferten die »steel pilots« in verwindungssteifer Stahlrohr-, Rundstahl- oder Flachstahl-Ausführung. Der »integral pilot with adjusting racks« von

Commonwealth war eine interessante Stahlblech-Langloch-Konstruktion mit abgewinkeltem Höhenverstell-Mechanismus, vorgesehen zur Montage am Pufferträger. Das aus dem Jahre 1886 stammende Foto der Lehigh-Valley-Lokomotive »Duplex 444« zeigt einen klassischen, weit nach vorn ragenden »cow catcher«. Einen wesentlich verkürzten »pilot« sehen wir auf dem in Indiana aufgenommenen Bild (Peterson) mit einer K4-Lok, Nr. 5405 der Pennsylvania Railroad des Baujahres 1927.

Bahnräumer in Kuhfänger-Bauart wurden auch in Afrika, in Europa, Asien und Australien verwendet. Manche Bauarten, besonders aus Stahlblech, boten sich zugleich als (behelfsmäßige) Schneeräumer an oder sie boten die Möglichkeit zum Anschrauben von Schneeschaufeln oder Schneepflügen.

Windleitbleche

Windleitbleche der Dampflokomotiven und Wirkungsweise

Der aus dem Schornstein als Abdampf-Ruß-Gas-Gemisch herausströmende Rauch ist vor allem für das Lokomotivpersonal dann besonders lästig, wenn er gegen die Führerhausfenster geschleudert wird und mitunter in unerträglicher Weise den Führerstand füllt. Die Gesundheit der Mannschaft und die aufmerksame Streckenbeobachtung waren gefährdet. Deutsche und ausländische Versuche mit verschieden geformten Rauchableitern, Schornsteinkragen und Auspuff-Umlenkungen sollten Abhilfe bringen. Verläßt nämlich das Abdampf-Rauchgas-Gemisch den Schornstein, dann gerät es unter die Einwirkung der Außenluftströmungen und Turbulenzen, womit es sich jeder Beherrschung entzieht. Während der Fahrt entstand hinter dem Schornstein eine Luftverdünnung, die mit ihrer Unterdruckwirkung einen Teil der Abgase mit dem Dampf herunterzog und bei ungünstiger Windrichtung das Führerhaus »zudeckte«.

Die Sichtbeeinträchtigungen kamen sehr oft bei Lokomotiven mit weitem, tiefliegendem Blasrohr und mit einem Schornstein großen Durchmessers vor, weil unter solchen Bedingungen, besonders bei geringer Lokomotivleistung der Abdampf ohne wirksame Überschuß-Energie entwich.

Auf Vorschlag der Aerodynamischen Versuchsanstalt in Göttingen konnte durch Anordnung sogenannter »Luftleitbleche«, anfangs auch Rauchleitbleche genannt, dieser Mangel vor allem bei schnellfahrenden Dampflokomotiven behoben werden. Die seit 1922 sporadisch erprobten und in jener Phase noch verschieden gestalteten Bleche hießen später in der deutschen, lokomotivtechnischen Fachsprache »Windleitbleche«.

Hier sind zwei Beispiele deutscher Länderbahn-Reisezuglokomotiven mit angebauten schmalen Windleitblechen. Das Führerhaus der sächsischen Lok 38262 (Foto: RVM-Filmstelle) und die ersten Wagen des Zuges sind frei vom Rauch-Dampf-Gemisch, hier während der Fahrt im Mai 1936. Schmale, aber recht hochgezogene und abgewinkelte Leitbleche bekam die sächsische Schnellzuglok 19009 (Archivbild/Illner) von der Deutschen Reichsbahn.

Leitbleche und Leistungsverluste

Bei den deutschen, französischen, österreichischen, amerikanischen und anderen Bahnverwaltungen hat man, mitunter mit recht anspruchslosen Windleitblechen für Reisezuglokomotiven, jeweils in unterschiedlicher Gestaltung, gute Erfahrungen gemacht. Ziel war immer, einen aufwärts gerichteten Luftstrom zu erzeugen, der den Rauch »zusammenfaßte«, mitriß und ihm eine Mindestbeschleunigung erteilte, die ausreichte, das Führerhaus »unbeschadet« darunter hindurchfahren zu lassen.

Die Deutsche Reichsbahn und ihr verantwortlicher Dampflokomotiv-Konstruktionsdezernent R. P. Wagner entschieden sich für die großflächigen, breiten Windleitbleche, die dann auch für die leistungsstar-

ken Güterzug-, also nicht nur für Reisezuglokomotiven zur Norm heranreiften. Die abgebildete Reichsbahn-Güterzuglokomotive 44023 (Aufnahme DLA/RVM) mit nur 80 km/h Höchstgeschwindigkeit hatte die großen Windleitbleche, die den deutschen Einheitslokomotiven ihr charakteristisches Aussehen verliehen und manche »unruhige Einzelheiten« (Luftpumpen, Teile der Rohrleitungen) verdeckten, andererseits aber die Zugänglichkeit erschwerten.

Natürlich hatten Windleitbleche auch manche andere Nachteile. Französische Versuche ergaben in den 30er Jahren, daß solche Bleche bei 110 km/h Geschwindigkeit »je nach Nebenumständen« bis zu etwa 50 PS aufzehrten. Aber im Zusammenwirken mit einer optimalen, strömungsgünstig verbesserten Dampflokomotivgestaltung konnten solche Leistungsverluste durch die Strömungsgewinne ausgeglichen und brauchbare Luftwiderstandsbeiwerte ermittelt werden.

Die französische Orléans-Bahn hatte im Aerotechnischen Institut von Saint Cyr die Probleme des Rauchniederschlages recht realitätsbezogen untersucht. Mit wechselnden Geschwindigkeiten des Rauches und des Windes sind »Rauchbilder« gefilmt und an Hand der Laboratoriumsresultate analysiert worden. So fand man im Jahre 1928 betriebsgünstigere Formen für Windleitbleche. Obwohl eine Vielzahl renommierter Eisenbahn-Verwaltungen ihren Dampflokomotiven die Windleitbleche verordneten, verzichteten die Italienischen Staatsbahnen auf solche Leitvorrichtungen ganz.

Aufwind und Trend zu den kleinen Blechen

Die Bewährung der wesentlich kleineren, in Zusammenarbeit von Friedrich Witte und Professor Mölbert (Hannover) im Windkanal ermittelten Windleitbleche, deren »Bestform« schließlich 1943 gefunden und mit den Kriegslokomotiven der Reihen 42 und 52 eingeführt wurde, ermutigte zu Versuchen zur Verwendung auch an anderen Lokomotiven. Die Vorteile einer verbesserten Sicht des Lokomotivpersonals und eines beachtlich herabgesetzten Stahlblechbedarfs bestachen. Es genügte für eine ausreichende Leitung des Fahrtwindes und damit für eine beabsichtigte Lenkung der Schornstein-Abgase und des Abdampfe, wenn an den großen Einheitslokomotiven sogar nur der vordere Teil der bisherigen dreiteiligen Windleitbleche verbleibt. So ergab sich immerhin eine verbesserte Zugänglichkeit der Luft- und Speisepumpen in den Rauchkammernischen und eine erleichterte Pflege und Instandhaltung dieser Aggregate. Wie verschiedene frühere Niederschriften offenbarten, sind solche Fragen im Jahre 1947 aufgeworfen worden und es hieß, daß bei Lokomotiv-Umbauten sowie bei

▲ Lok 64 295 mit »Schneepflug-Bahnräumer«-Kombination, 28. 5. 88
Foto: Messerschmidt

◀ 01-Lokomotiven der Reichsbahn fuhren gelegentlich in den dreissiger Jahren, als »Vertretung« der Stromlinienlok 61 001, den berühmten Henschel-Wegmann-Zug Foto: Messerschmidt

► Stirnseite der MARC-Diesellok, Typ GP 39H, hier im Sommer 1989 in der Union Station in Washington D.C. Foto: MARC

◄ Stirnseite der Lok E 454 001 der FS Fototeca FS

Drehstrom-Lokomotive 120 001 der DB Foto: ABB

Lok 460 000 der SBB ist eine der 24 Bo'Bo'-Lokomotiven des Konzeptes »Bahn 2000«, im Bild der Lokomotivkasten vor dem Einbau der elektrischen Ausrüstung Foto: Sulzer

Bahndienst-(Versuchs-)Lokomotive 752 004 der DB am 4. 8. 1990 im Bahnbetriebswerk München 1
Foto: Messerschmidt

Einsatz in der Wüste Saudi Arabiens: Lok 220 054 (Baulok 2) Foto: Heitkamp

Neubauten unbedingt kleinere Windleitbleche bei geringerem Materialaufwand anzubauen sind. Die kleineren Windleitbleche sollten nicht mehr beiderseits der Rauchkammer, sondern im wichtigeren Scheitelsektor um den Schornstein herum, etwa in Form eines tonnendachartigen Halbbogens montiert werden. Hierdurch könnte auch die Bildung der sogenannten Rauchkrawatte vor dem Schornstein bei Leerfahrt oder mäßigem Auspuff der Vergangenheit angehören, weil die dafür ursächliche Unterdruckzone im fraglichen Bereich durch Ablenken des Druckkegels ausgeglichen wird. Damit sollte auch die auf der ganzen Stirnseite der Lokomotive durchgehende Schrägblechverkleidung zwischen vorderer Pufferträger-Plattform und Rauchkammer-Aufstieg entfallen. Diese auch von Witte mißbilligte Querfläche war nicht allein ein ungeliebter Windfang, sondern auch die Ursache erheblicher Wirbelbildungen längsseits des Trieb- und Laufwerks. Mancher erfahrene Beamte des technischen Dienstes meinte, daß es ein Irrtum sei, zu glauben, daß diese Schrägflächen (wie hier bei der abgebildeten 03282) einen »Aufwind« ergäben. Im Gegenteil, da diese Querfläche unstetig und übergangslos in die ebenen Umlaufbleche übergeht, entstünden von der Knickzone ausgehend gewisse Sog- und Wirbelzonen. Jedenfalls sollte von der bisherigen Form großer Windleitbleche der alten Göttinger Art abgegangen werden.

Nachdem dann die Kriegslokomotiven zunächst ganz ohne Windleitbleche erschienen, das Personal wegen Rauchbelästigungen klagte und eigenmächtig Leitvorrichtungen anbaute, andererseits aber die »Leit-Versuche« mit den Lokomotiven 52180 und 522328 zufriedenstellend verliefen, setzten sich die beiderseits der Rauchkammerwandungen angeschraubten, umgangssprachlich als »Witte-Bleche« bezeichneten Leitvorrichtungen schließlich allgemein im deutschen Dampflokomotivbau durch. Auch das Ausland machte mit diesen »Kleinen« recht gute Erfahrungen wie hier bei der ČSD-Lokomotive 498.101 (Foto: Zeithammer).

Aerodynamische Aspekte und Stromlinienform

Luftwiderstandsbeiwerte

Bis in die 30er Jahre unseres Jahrhunderts hinein hat die Aerodynamik im Eisenbahnfahrzeugbau eher eine nachgeordnete Rolle gespielt. Erst mit den Ideen von Franz Kruckenberg (1882–1965) gewann die damals so genannte »Windschlüpfigkeit« in der Formgestaltung zunehmend an Bedeutung. Der mit der

Geschwindigkeit quadratisch wachsende Luftwiderstand, zu dessen Überwindung eine in der 3. Potenz ansteigende Leistung erforderlich ist, verlangte nach umfangreichen aerodynamischen Untersuchungen. Nicht nur die Schnelltriebwagen-Konstrukteure, sondern auch die Dampflokomotivbauer, vorwiegend bei Borsig in Zusammenarbeit mit der Reichsbahn und den Hochschulen, begannen ihre Entwicklungen stromlinienverkleideter Fahrzeuge und deren glattflächige Formgestaltung an Modellen in Windkanal-Versuchen bei der Aerodynamischen Versuchsanstalt in Göttingen und im Institut für technische Strömungsforschung der Technischen Hochschule Berlin-Charlottenburg vorauszubestimmen.

Nach seinerzeitigen Angaben von Hans Nordmann hatten die Borsigschen 05-Lokomotiven einen Luftwiderstandsbeiwert von $c_w = 0{,}45$. Die im damaligen Fernschnellzug- und D-Zugdienst eingesetzten Reichsbahn-Einheitslokomotiven 01 (Foto S. 177), 02, 03 und 04 mußten mit c_w-Werten von etwa 0,98 und darüber auskommen. Nordmann bezeichnete c_w auch als »Formfaktor«. Das Maß des Luftwiderstandes wird sowohl von der Größe des Fahrzeugs als auch von seiner Form bestimmt. Die strömungstechnische Qualität der Form kann man mit der Luftwiderstandszahl, den c_w-Wert »beschreiben«. Er ist eine dimensionslose Zahl, die vor allem von den Automobilbauern gern werbewirksam »vermarktet« wird. So las man vor einigen Jahren in Druckschrifen aus Ingolstadt, daß der »Audi 80« einen c_w-Wert von 0,29 hat. Testfahrer sprachen sogar von noch niedrigeren »Traumzahlen«, die in der Aerodynamik des Autos zu erreichen sein müßten. Für die DB-Diesellokomotiven der abgebildeten Baureihe 220 (V200°) wurde ein c_w von 0,58 und für die strömungsgünstigere Schnellfahrlock der Reihe 103 ein c_w von 0,29 ermittelt. Wenngleich der dimensionslose Luftwiderstandsbeiwert unabhängig von den äußeren Randbedingungen ist, hängt der aerodynamische Widerstand vom Umgebungsdruck und von der Umgebungstempertar ab. So können zum Beispiel die Tunneltemperaturen von der Außentemperatur stark abweichen.

Zur Formgestaltung

Aus den Vergleichen mit früheren, meist antiquierten Formen der verschiedensten Schienenfahrzeuge, darunter solche mit »Schafsnasen«, mit Bug- und Heckschrägen sowie mit Lokomotiven ohne und mit den einst pionierhaften »Windschneiden«, wird doch recht deutlich, wie die Theoretiker in Zusammenarbeit mit den Praktikern und Fertigungstechnikern aus manchen Fehlern ihre Lehren gezogen und hinzugelernt haben. Manche verspielten Beispiele strömungsgünstiger Dampflokomotiv-Formgebungen lieferten Otto Kuhler (1894–1977) und Raymond Loewy (1893–1986) für den USA-Lokomotivbau. Doch das »streamlining« in Gestalt umgestülpter Badewannen-Designs, Geschoßkessel- und Tropfenformen hat längst ausgedient. Wenn auch zeitgemäßere Forschungsresultate unter Einbeziehung praktischer aerodynamischer und aeroakustischer Optimierungen, aber auch wiederentdeckte ältere Erfahrungen noch ganz andere, sogar ästhetischere Gestaltungskonzepte ermöglichten, so blieben doch das »Diktat moderner Windkanäle« und computergerechter Standard-Formen nicht ausgeklammert. Die Windkanäle des Institut Aérotechnique Saint-Cyr, das Institut für Luft- und Raumfahrt (ILR) der Technischen Universität Berlin und andere, waren schon eine unentbehrliche Hilfe, um die komplizierten Strömungsprobleme, ihre

Wechselwirkungen, die verschiedene Luftkraftkomponenten, die Unterbodenverhältnisse, die Um- und Durchströmung der Antriebsaggregate mit zugehörigen Kühlungsfragen zu untersuchen. Im IAT-Windkanal von Saint-Cyr wird sogar mit rollendem Boden gearbeitet.

Schlanke Bug- und Heckformen können fahrtrichtungsabhängige Zusatzeinrichtungen, darunter auch Spoiler erhalten, die die Widerstände im Unterbereich verringern.

Unsere Archivfotos (RVM-Filmstelle und Bellingrodt) zeigen die im Jahre 1938 für Reichsbahn-Fernschnellzüge bis 180 km/h bestimmte E 1902 mit tief heruntergezogenen Bug- und Heckschürzen sowie die für nur 100 km/h gedachte Bundesbahn-Gemischtzuglokomotive V80 006, welche die 1951/52 noch beschwerliche Suche nach neuen, gerundeten Formen und fertigungstechnisch für diese Bauart zu aufwendigem Design, ohne wesentliche aerodynamische Vorteile erkennen läßt. Schon die aufwendige Stromlinienverkleidung der Reichsbahn-Drillings-Lokomotiven 01.10 und 03.10 (unsere Zeichnung) unterlag einer wachsenden Kritik.

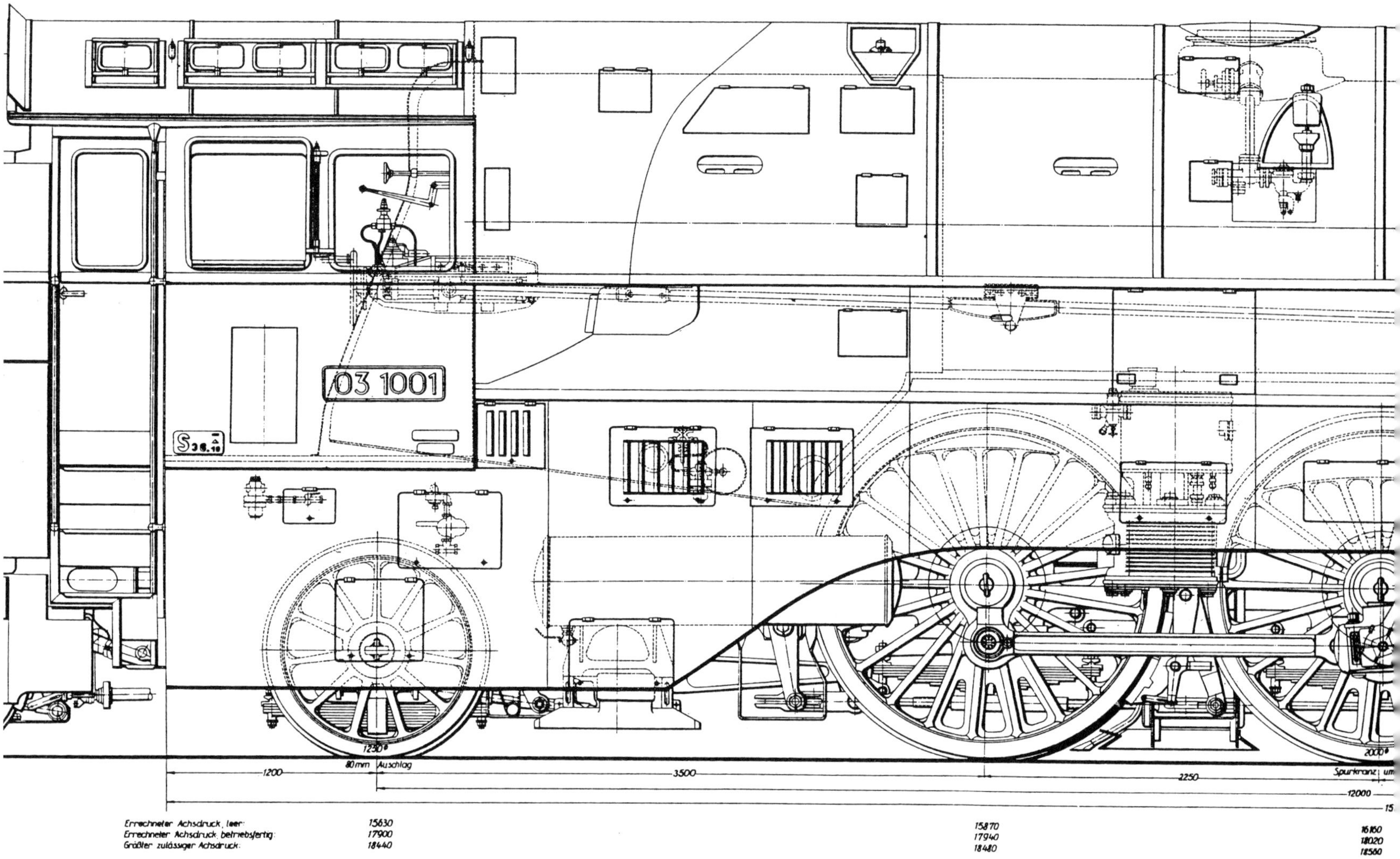

Strömungsforschung, Tunneldurchfahrten und Luftreibung

Hans Glöckle vom Bundesbahn-Zentralamt München schilderte im »Archiv für Eisenbahntechnik« eine Tunneldurchfahrt, hier auszugsweise, wie folgt: »Der in den Tunnel einfahrende Zugkopf löst eine Druckwelle aus, die mit Schallgeschwindigkeit durch den Tunnel läuft. Diese Druckwelle ist an den Druckmeßstellen im Tunnel als Druckanstieg erkennbar. Sie wird am Ende des Tunnels reflektiert und kehrt als Druckabsenkung wieder mit Schallgeschwindigkeit zum Einfahrportal zurück... Nach Einfahrt der Spitze des Zuges entsteht aufgrund der Luftreibung an Zug- und Tunnelwand entlang des Zuges ein Reibungsdruckanstieg, der bei Einfahrt des Hecks endet...«

Das Verhalten von Lokomotivpersonal und Fahrgästen bei solchen Druckänderungen wurde übrigens von der SNCF (Druckkammerversuche in Bretigny mit Druckschwankungen zwischen 500 Pa und 6000 Pa) und von der DB (Druckkammertests im Aerodynamics Unit Research and Development Railway Technical Centre in Derby) untersucht. Bei Zugbegegnungen in Tunnels europäischer Bahnen können übrigens recht deutlich bemerkbare Druckänderungen bis 3 kPa und 5 kPa auftreten.

Im 856 m langen Ostberger Tunnel (Querschnitt 47 m^2) zwischen Schwerte und Holzwickede sind Versuche mit 150 km/h gefahren worden, um unter anderem den Einfluß der Kopfform der DB-Lokomotivgattungen 103 und 120 (ABB-Foto) auf die Druckwelle im Tunnel und die Dichtheit der Fahrzeuge gegenüber Druckänderungen kennenzulernen. Im 3576 m langen

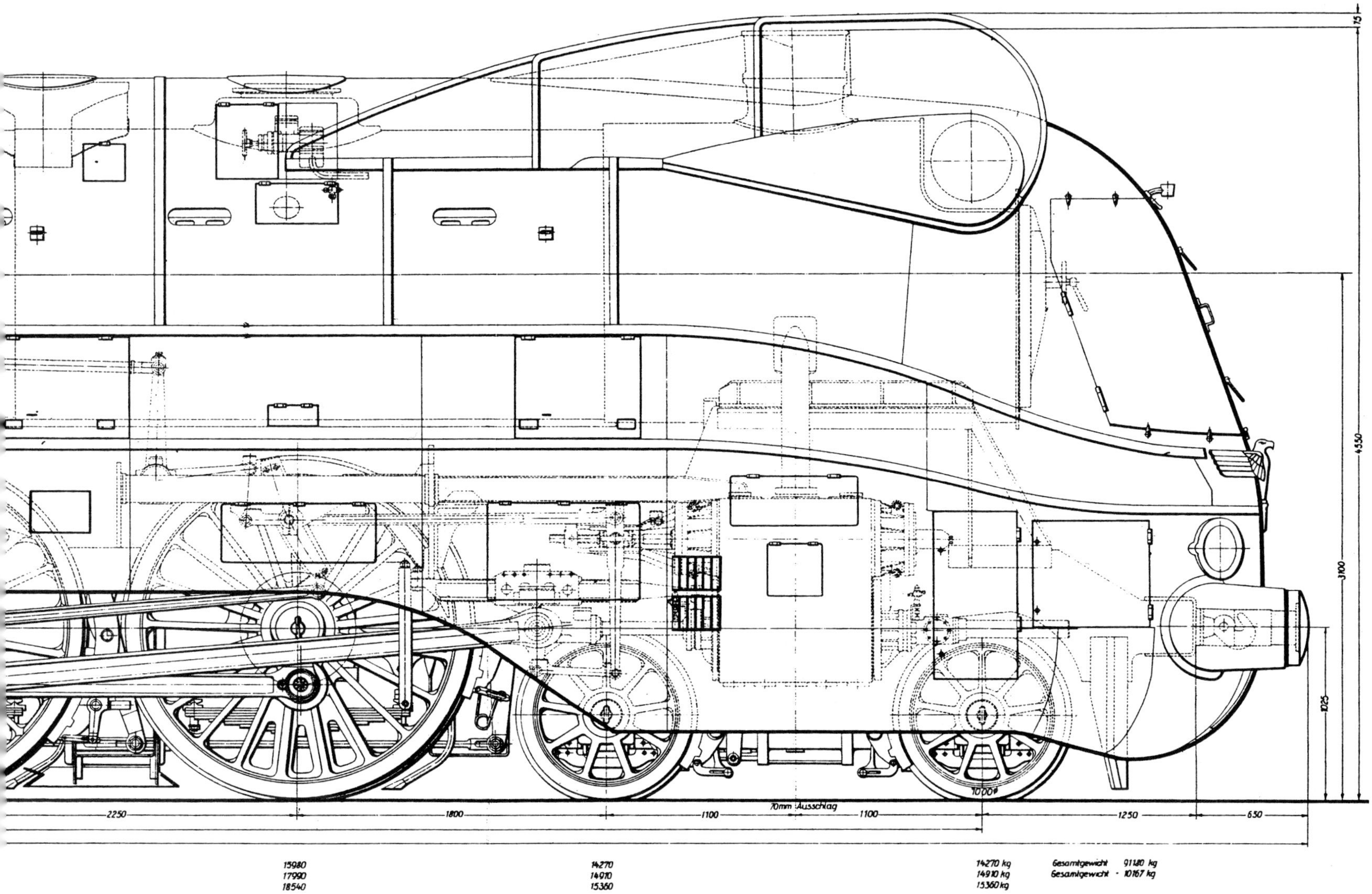
75
4350
3100
1025
1000⌀
70mm Ausschlag
2250
1800
1100
1100
1250
650
15980
17990
18540
14270
14910
15360
14270 kg
14910 kg
15360 kg
Gesamtgewicht 91180 kg
Gesamtgewicht - 10167 kg

Schlüchterner Tunnel gleichen Querschnitts zwischen Frankfurt (Main) und Fulda wurden ähnliche Versuche, jedoch mit Zügen des Regelbetriebes sowie eine Reihe von gesteuerten Begegnungsfahrten mit vorausdefinierten Begegnungssituationen unternommen, um auch den Einfluß des dort vorhandenen Entlüftungsschachtes auf die Druckänderungen zu prüfen. Schließlich sind im Herbst 1984 umfangreiche Versuchsprogramme in den Tunnels der italienischen Direttissima Rom–Florenz gemeinsam von FS, BR, SNCF und DB durchgeführt worden. Damals standen aerodynamische, akustische und thermische Fragen, beispielsweise im 2193 m langen Tunnel Costa dei Rosi (Querschnitt 53,5 m^2), mit bis zu 250 km/h im Vordergrund. Ohne auf die vielschichtigen Forschungsresultate einzugehen, möge hier die verbale Rechtfertigung für den Versuchsaufwand genügen, wonach solche Experimente nicht nur für die Lokomotiv- und Reisezugwagengestaltung wertvolle Ergebnisse bringen, sondern letztlich die Problematik eines komfortablen Reisens auf Schnellfahrstrecken einer sinnvollen Lösung zuführt.

Lokomotiv-Kopfformen

Diesel- und Elektrolokomotiven, deren Fahrgeschwindigkeit 160 km/h nicht überschreitet oder bei denen ein darüber liegendes Tempo einen nur weniger bedeutenden Anteil am Betriebsprogramm darstellt, erhalten bei vielen Eisenbahnen in jüngerer Zeit wieder eine weniger stromliniengünstige, dafür aber eine fertigungstechnisch kostengünstigere Kopfpartie. Eine ausgesprochen strömungsoptimierte Gestaltung würde hier hinsichtlich der Energiekosten-Einsparungen einen meist vernachlässigbaren Stellenwert besitzen.

Das gilt zunächst nicht nur für die DB-Baureihen 111 und 120, sondern auch für die elektrischen Zahnrad-Reibungs-Lokomotiven HGe 4/4 II für die Furka-Oberalp-Bahn (SLM-Foto) in der Schweiz und für die E 454001 in Italien (Fototeca FS Seite 178). Die schweizerische Lokomotivkonstruktion, für nur 90/100 km/h Maximalgeschwindigkeit, orientierte sich an Fertigungsprinzipien des Stahlleichtbaues unter Berücksichtigung besonderer Sicherheitsmaßnahmen. Die vor dem Lokführer angeordneten großen Heizscheiben aus Verbundglas gestatten bei unsymmetrischer Fensterteilung eine gute Streckensicht und schützen vor Steinschlag. Ein ungefähr 15 kg schwerer, herabfallender Stein vermag die Scheibe bei 60 km/h nicht zu durchschlagen. Zum Schutze des Lokführers ist außerdem der mit ergonomisch gestaltetem Führertisch ausgerüstete Führerstand zwischen Fensterunterkante und Stirnknick mit einem soliden Querbalken verstärkt, der für eine gleichmäßig verteilte Last von 150 kN ausgelegt ist. Die italienische E 454, ebenfalls mit waagerecht abgewinkelter Stirnseite ist charakterisiert durch einen breiten Bahnräumer, der zugleich als tief heruntergezogener Frontspoiler ausgebildet ist.

Kantig vorgewölbte Kopfformen, mehr Bewegungsspielraum in der Kabine und nur relativ wenig Run-

dungen, meist kleiner Radien, liegen im Trend vereinfachender Herstellungsverfahren. Aber eine sich nach Betriebsverwendung und nach Kostenanalysen richtende Entwicklung einzelner (Standard-)Baureihen wird immer erst später darüber Aufschluß geben können, ob die Konstruktion als bedarfsgerecht, vorausschauend und als eine weitgehend abschätzbare, zukunftssichere Investition gelten kann. Und oft hilft die »vorausempfundene« Versuchsmusterausführung, wie sie auch in der Kasten- und Stirnpartie der DB-Elektrolok 120005 zur Beurteilung diente, ein gutes Stück weiter.

Die von Krauss-Maffei entwickelten elektrischen Lokomotiven S 252 für die spanische RENFE erhielten eine nach den Erfahrungen mit der deutschen Baureihe 120 gestaltete Kopfform. Jedoch wurde als wirksamer Schutz des Lokomotivpersonals eine Energieverzehr-Einrichtung zwischen Führerpult und Stirnwand eingebaut, die Aufprallstöße aufnimmt und ableitet. –

Eine der Betriebspraxis auf USA-Bahnen gerecht werdende Kopfform vermittelt das Foto (Seite 178) einer MARC-Diesellokomotive vom Typ GP39H mit elektrischer Leistungsübertragung, hier 1989 in Washington (D.C.). Jene seit Jahrzehnten bewährte Mehrzweck-Lokomotivbauart, die auch im Verschiebedienst eingesetzt wird, hat ein Führerhaus mit Fronttür, Vorbau sowie Aufstieg mit plattformartigem Umlauf.

Spoiler

Die Spoiler werden in wissenschaftlich-experimenteller Kleinarbeit für die modernen in- und ausländischen Hochgeschwindigkeits-Züge, -Triebköpfe und -Lokomotiven entwickelt. Sie sind jedoch im Prinzip keine brandneuen Einrichtungen. Man kannte sie schon viel früher, teils in weniger ausgeklügelter Form zum Beispiel als Front-»Schürzen«.

Die Schienenfahrzeugkonstrukteure wollen damit die Formwiderstände ihrer Fahrzeuge reduzieren. Die Aerodynamik ist also gefragt. Solche, von der Gestaltung beeinflußten Widerstände, vor allem im Unterflur-(Drehgestell-)Bereich, in den Bug- und Heck-

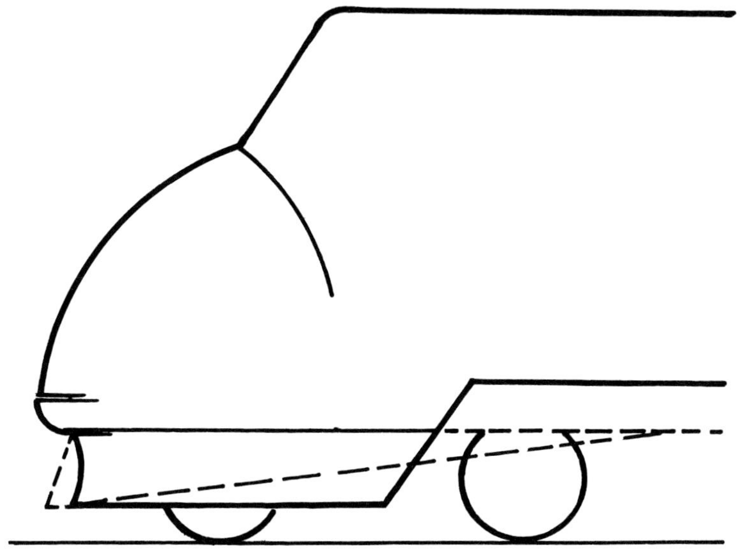

Zonen sowie bei den Stromabnehmern, können je nach Optimierungsgrad recht hohe Anteile am Gesamtwiderstand erreichen.

Die Gestaltung eines Frontspoilers ist also ebenso wichtig wie die optimierte Kopfform einer Lokomotive. Der Einfluß der Spoilergestalt auf den Widerstand eines schlanken, strömungsgünstigen Triebkopfes kann so bedeutend sein, daß er praktisch den ganzen Bugwiderstand bestimmt. Unsere, sich an den französischen, 140 km/h schnellen Elektrolokomotiven 2D2 5538–5545 (Baujahr 1938) orientierende Skizze enthält zwei Arten von Spoilern, den langen geschlossenen Spoiler sowie (gestrichelt) den tiefen, bis zum zweiten Drehgestellradsatz durchgezogenen Spoiler, wie er damals auch ausgeführt wurde (siehe Archivbild/Claus des Jahres 1964).

Heutzutage setzt man bei nicht zweifelsfreien Bug- und Spoilerformen zur besseren Optimierung meist erneute Windkanalversuche an.

HENSCHEL E 03

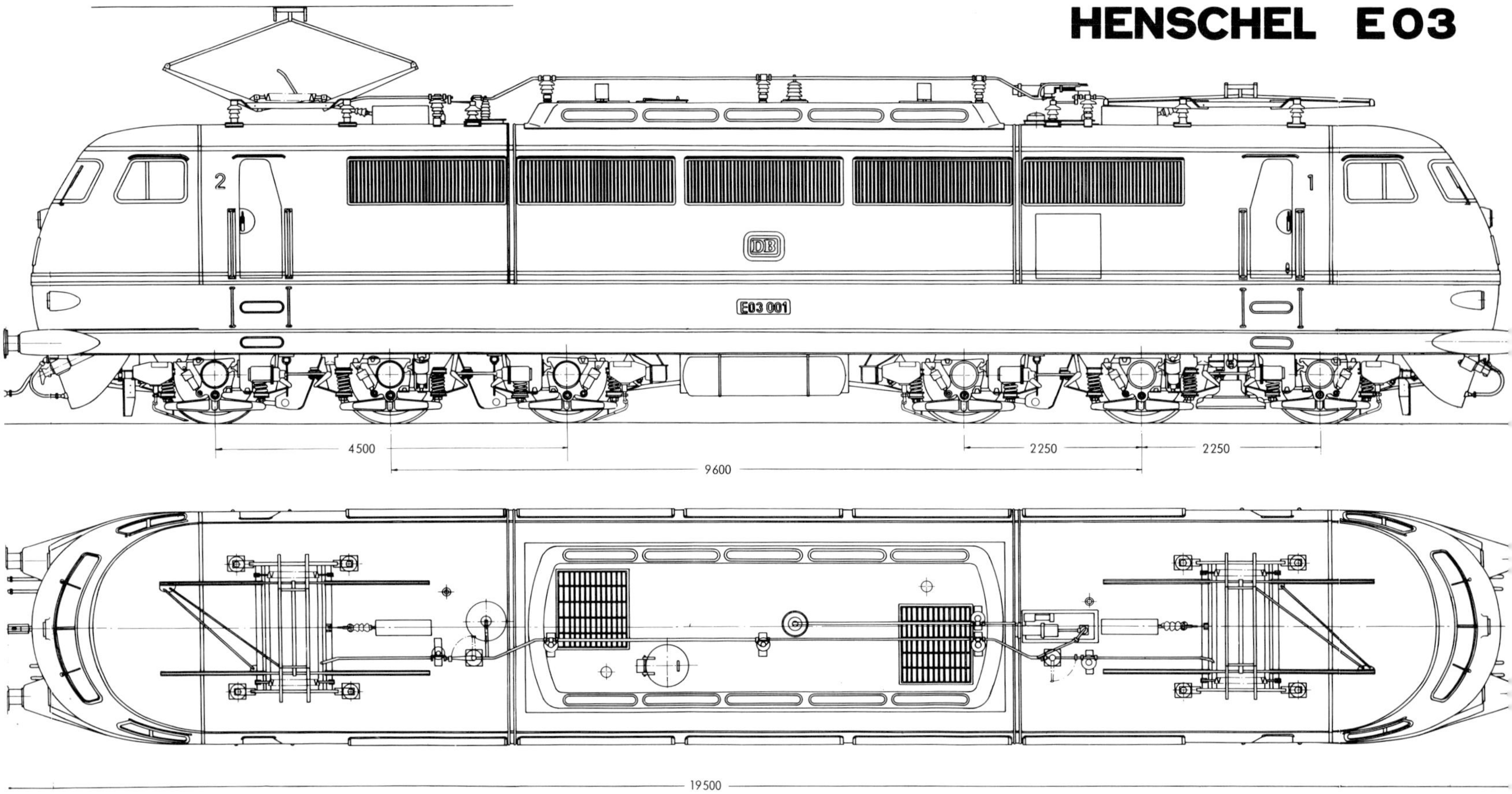

Kühlluft- und Gestaltungsprobleme elektrischer Lokomotiven

Der gegenüber den vier DB-Vorauslokomotiven E 03001–004 (Zeichnung: Rheinstahl-Henschel) höhere Luftbedarf für die Serienbauart 103 würde die Luftgeschwindigkeit im Falle der gleichen Anzahl von Lüftungsgittern auf über 11 m/s steigern. Eine solche Größenordnung schien nicht mehr vertretbar, weil bei feuchter und regnerischer Witterung das Wasser zusammen mit der Luft in den Maschinenraum gerissen würde.

Den bisherigen Vorauslok-Transformator hatte man für eine Dauerleistung von 5000 kVA ausgelegt. Wegen der erforderlichen größeren Zugkraft erhielt die Nachfolgebauart einen umschaltbaren Trafo mit 6250 kVA. Damit stieg der Kühlluftbedarf der Lok von 18,8 m^3/s auf 21,4 m^3/s, die aus dem Maschinenraum zu entnehmen waren. Bei den vier Voraus-Lokomotiven entfielen 11,4 m^3/s auf die Fahrmotorenlüfter und 7,4 m^3/s auf die Lüfter der Ölkühler. Die maximale Luftgeschwindigkeit ergab sich dabei schon zu rund 10 m/s. Dieser recht hohe Wert war im übrigen auch das Resultat aus der Anordnung der Lüftungsgitter über der Knickstelle der Kasten-Seitenwand am Querholm und aus der aerodynamischen Formgestaltung der Lok, die im Hochgeschwindigkeitsbereich einen sehr starken Unterdruck an den vorderen Lüftungsgittern erzeugte und dort mithin weniger oder fast keine Luft mehr angesaugt werden konnte.

Nach eingehenden Versuchen blieb man aber trotzdem beim Prinzip, auch bei den Serienlokomotiven die Kühlluft für Fahrmotoren und Ölkühler aus dem Maschinenraum anzusaugen, dabei jedoch die Zahl der Lüftungsgitter zu verdoppeln, was der Ästhetik des Lokomotivkastens nicht schadete. Die Luftgeschwindigkeit von etwa 5 m/s war akzeptabel. Der Maschinenraum blieb frei von Regenwasser.

Baureihe 120 – Vielseitigkeit und Modell-Entwürfe

Mit der Konstruktion der DB-Baureihe 120 hatten sich die Lokomotiv-Industrie und die DB ein recht anspruchsvolles Ziel gesteckt. Dem technischen Konzept zufolge sollte die Lokreihe 120 schwere Güterzüge ebenso sicher fahren wie schnelle Intercity-Garnituren sowohl über Flachlandstrecken als auch im Gebirge. Damit mußte diese neue Bo'Bo'-»Universal-Lokomotive« die Leistungsprogramme der beiden sechsachsigen Elektrolokomotiven 151 und – in einem gewissen Leistungsspektrum – der 103 erfüllen. Die bisherige Unterscheidung zwischen Güterzug- und Reisezuglokomotiven entfiel hierbei.

Die Projekte zur Baureihe 120 sahen einen 37 t wiegenden mechanischen Teil sowie eine etwa 47 t schwere elektrische Ausrüstung vor. Es entstand die bekannte elektrische Lokomotive in Umrichtertechnik mit Drehstromantrieb. Sie erhielt eine Nutzbremse und konnte ihre Brems-Energie ins Fahrleitungsnetz einspeisen. Genauso wie für die gesamte betriebstechnische Ausrüstung (siehe BBC-Zeichnungen) machten sich alle Beteiligten sehr viel Mühe mit der Formgestaltung. Aus mehreren Lokomotiv-Modellentwürfen, darunter Ganzmodelle im Maßstab 1:20, Halbmodelle im Maßstab 1:5 und schließlich ein beeindruckendes Kopfmodell im Maßstab 1:1, wählten Designer, Techniker und Betriebsleute – nach

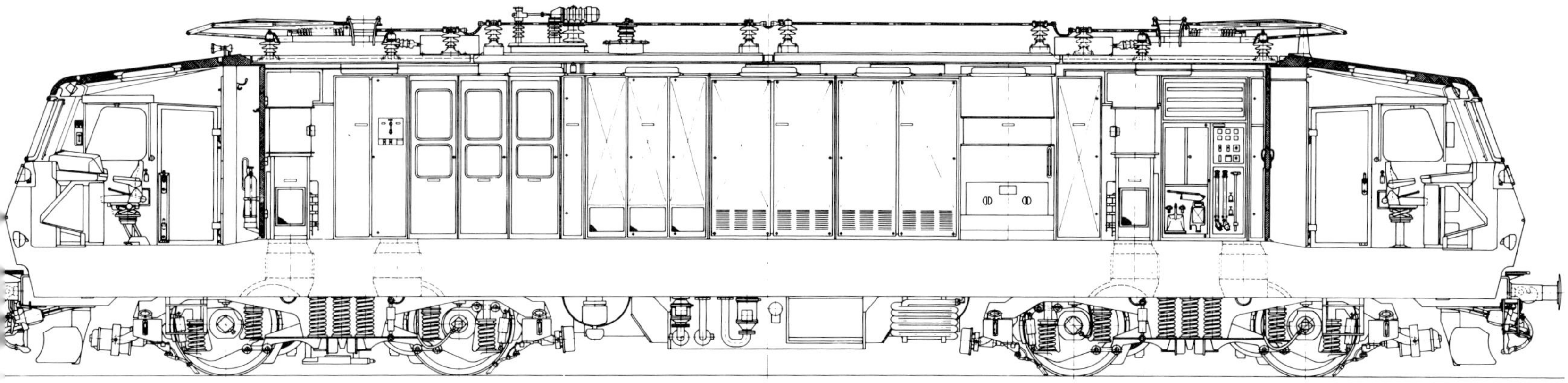

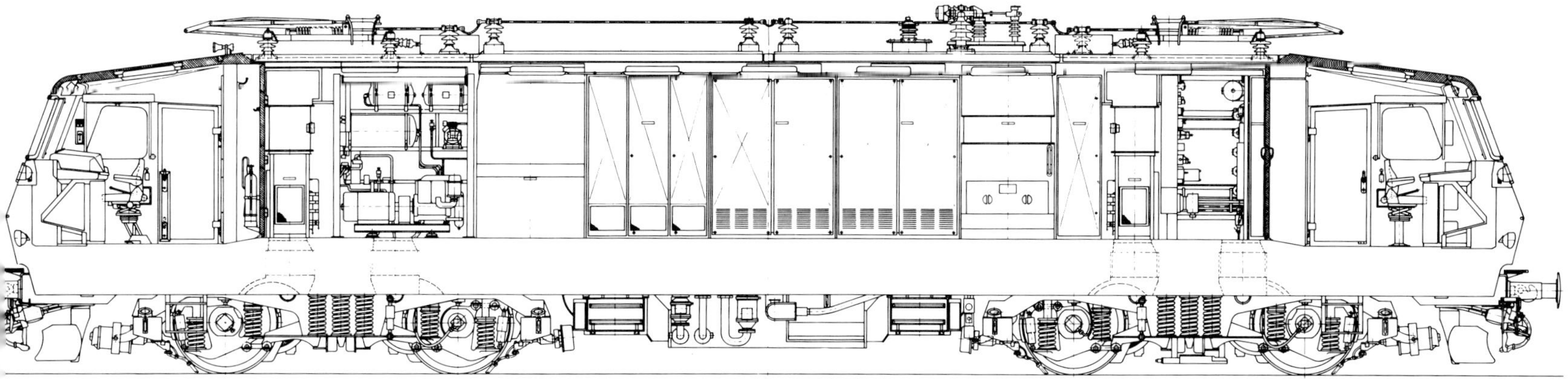

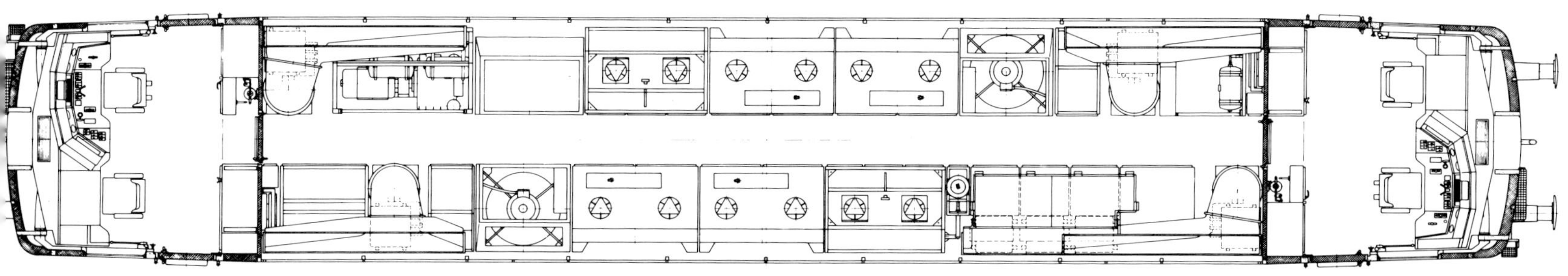

Abwägen aller Vor- und Nachteile – letztlich das beste äußere Erscheinungsbild aus (BBC-Foto Seite 179), wobei selbstverständlich noch ergänzend auch die aerodynamische Gestaltung, vorwiegend anhand verschiedener Stirnpartie-Modellierungen, mit dem Ziel untersucht wurde, für den angestrebten Betrieb zunächst nur 160 km/h, dann erweitert auf eine zulässige Höchstgeschwindigkeit von 200 km/h eine gute Lösung zu finden. Probeweise bekam die Vorserienlok 120005 eine aerodynamisch nochmals verbesserte Kopf- und Dachhaubenform. Der Wunsch nach einem harmonischen und einheitlichen Erscheinungsbild der Zugkomposition (Lokomotive mit Wagengruppe) bestimmte die Konturen der Lokomotiv-Dachausbildung und im wesentlichen die Fortführung der Dachkante von den Reisezugwagen zur Lok – ein Gesamteindruck, der durch die spätere »Neurot«-Lackierung der DB-Lokomotiven fast verlorenging. Nicht ohne Schwierigkeiten konnte die betriebliche Forderung erfüllt werden, den Unterflur-Transformator so weit anzuheben, daß bei leichten Entgleisungen kein Aufsetzen der Trafo-Unterseite auf den Schienen vorkommt und Transformatorenschäden vermieden werden.

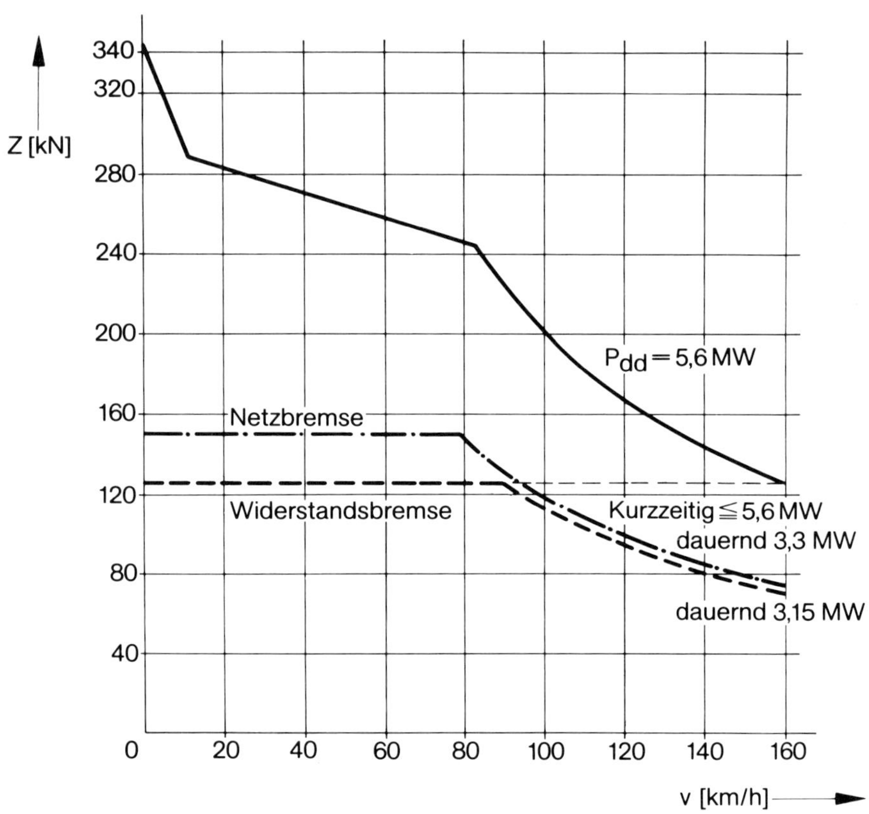

Beim Güterzugbetrieb sind im unteren Geschwindigkeitsbereich hohe Anfahrzugkräfte längerdauernd erforderlich, ergänzt um eine kurzzeitig aufzubringende Losreiß-Zugkraft (siehe das Zugkraft-Geschwindigkeits-Schaubild von BBC, hier für die Vorauslokomotiven). Im oberen Geschwindigkeitsspektrum wird eine noch ausreichend große Zugkraft zur Beschleunigung der Reisezüge auf Höchstgeschwindigkeit verlangt. Für einen solchen weitgespannten Einsatzbereich mit nur einer einzigen Lokomotivgattung auszukommen, bedeutete auch entsprechende Einsparungen in der Vorhaltung und im Plan der Triebfahrzeug-Umläufe. Die erste dieser (Vorserien-)Lokomotive 120001 der DB, hat am 14. Mai 1979 zur Inbetriebsetzung die Richthalle des Lieferwerkes verlassen. Bereits im Ablauf der Versuche sind in die Prototypen in Anbetracht einiger »Schwachstellen« mehrere Verbesserungen eingeflossen, zumal die Baureihe 120 ursprünglich für nur 160 km/h projektiert worden war. Dazu gehörten die Optimierung der Kasten-Querfederung, der Drehgestell- und Radsatzanlenkung sowie der Drehdämpfereinstellung. Später kamen für den Serienbau hinzu: eine Verstärkung der Antriebs-Hohlwelle, eine Änderung der Getriebeübersetzung sowie Fahrmotoren mit verstärkter Läuferwicklung und verbesserter abtriebsseitiger Lagerabdichtung, schließlich verschiedene andere Änderungen und neue Überlegungen, die für einen etwaigen Lokomotiv-Nachbau zu berücksichtigen wären.

Durch Ausmusterung von Lokomotiven der frühen Nachkriegsbaureihen sowie mit dem betriebstechnischen Zusammenwachsen der neuen Bundesländer, vor allem in Thüringen, in den Räumen Berlin, Rostock, Leipzig und Dresden, entstand ein Bedarf an leistungsfähigen, neuen vierachsigen Elektrolokomotiven der Leistungsklasse um 6 MW. Die Konstruktion und Beschaffung einer Lokomotivbaureihe 121, auf der Basis der 120, wurde deshalb schon im Sommer 1990 für unvermeidbar gehalten und zur Projektierung angeregt.

Lokomotiven zum »Anfassen«

Anheben der Lokomotiven

Die Lokomotivfabriken sollten in Fertigung und Zusammenbau weitaus flexibler sein als Eisenbahn-Ausbesserungswerke, weil die Industrie den Bestellerwünschen gerecht werden muß und Lokomotiven aller Art (oft gleichzeitig), aller Spurweiten und jeder Leistungsgröße zu bauen hat. Außerdem – das gilt für

Dampf-, Diesel- und Elektrolokomotiven gleichermaßen – sind Spielarten der Einrahmenbauart, der Drehgestellbauweise und der Gelenkrahmenvarianten zu »verkraften«. Es leuchtet ein, daß hierfür je nach Zusammenbau- oder Zerlegungsverfahren schwere Hebezeuge von bis zu 120 t Tragkraft, meist zwei Laufkräne mit zusammen vier Laufkatzen, gebraucht werden. Das französische, von der Maschinenfabrik Esslingen ausgerüstete Ausbesserungswerk Montigny-lès-Metz (Lothringen), auf unserem Werkfoto mit Lok »2318 Elsass-Lothringen« im Vordergrund, erhielt zwei Laufkräne mit je 110 t Tragfähigkeit. Um Deformierungen an den Lokomotiven zu verhindern, haben die Konstrukteure am Fahrzeug gut sichbare Kran- und Hebebock-Marken oder Haken und Bolzen-Angriffspunkte zum Ansetzen des Krangeschirrs, der Hydraulik-Hebeböcke oder der Hebebühnen vorgesehen. Spezielle Hebegeschirre für Lokomotivfabriken und Ausbesserungswerke wurden in Esslingen entwickelt. Das Daimler-Benz-Archivfoto zeigt eine preußische P 8 im Sondergeschirr an vier Laufkatzen hängend. –

Die Hebemarken gelten auch für das Anheben nach Entgleisungen, wobei das Hilfszugpersonal aber in der Regel auch unter dem Pufferträger beispielsweise hydraulische Pressen ansetzen kann. Das beiderseitige Anheben mit dem Krangeschirr unter den Pufferträgern geht aus dem Siemens-Foto hervor. Hier hängt die damals für Baden bestimmte Elektrolok A^2 Nr. 4 im Jahre 1913 am 110-Tonnen-Kran des Berliner Dynamowerkes.

Zusammenbau in den Richthallen der Lokomotivfabriken

Die mächtigen Lokomotiv-Richthallen – in europäischen Lokomotivfabriken und Ausbesserungswerken mit bis zu etwa 26 m Hallenbreite – gelten als Geburtsstätten neuer oder wieder instandgesetzter Lokomotiven. Als beeindruckendes Beispiel zeigen wir das Daimler-Benz-Archivfoto eines Teiles der Esslinger Richthalle mit dem Zusammenbau einer Serie von Tenderlokomotiven. Hier werden Kessel, Rahmen, Zylinder, Radsätze, Aschkasten, Triebwerkteile und Führerhäuser nach Plan zusammengefügt.

Die Architekten und Stahlbauer müssen in den dafür notwendigen Stahlhochbauten reichlich bemessene Abstellflächen für die Zulieferteile vorsehen, damit ein ungestörter Arbeitsfluß gewährleistet ist. Eine solche Disposition stellt sich hier aus der Sicht des Kranführers dar. Die Hubhöhe der Krananlagen richtet sich nach der gewünschten Montagetechnik, wobei meist gefordert wude, nicht nur die Baugruppen einzeln aufzusetzen, sondern ganze Lokomotiven über andere hinwegzutransportieren. Die Richthalle der Esslinger Maschinenfabrik erhielt für solche »Kran-Manövrierungen« eine lichte Höhe von 14,5 m. Hängekranbahnen geringerer Tragfähigkeit oder Halbportalkrane erleichtern die Montierung, ohne immer die ganz großen und schweren Laufkrane beanspruchen zu müssen.

Eine Elektrolok-Montagehalle mit 2′BB2′-Lokomotiven aus der Zeit der Central-, Haupt- und Nebenwerkstätten Bayerns ist auf dem anderen Foto (Siemens-Museum) zu sehen. Abnehmbare Dachhauben und Esslinger Laufkräne gehören hierbei zum Gelingen »reibungsloser« Montagevorgänge.

Wie auf den Bildern erkennbar, besitzen die einzelnen Lokomotivfabriken und Ausbesserungswerke unterschiedliche Richthallen-Grundrisse. Gemeint sind vor allem die Längsstand-Halle (Wiener Lokomotivfabrik, Krupp, Maschinenfabrik Esslingen) und die Querstand-Anordnung (Borsig, Siemens-Dynamowerk, Ausbesserungswerk München-Freimann). Wenn auch manche der hier genannten Werke den Lokomotivbau längst nicht mehr betreiben, so sind die grundsätzlichen Varianten der Montierungsverfahren

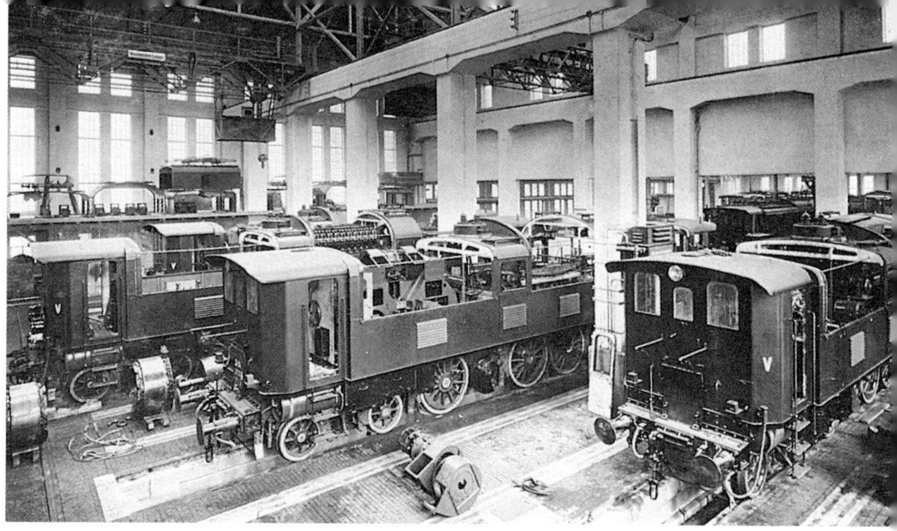

in den europäischen Lokomotiv-Werken immer noch zu finden. Die Querstandhallen brauchen Montierungsstände, die für die längsten zu bauenden Lokomotiven ausreichen müssen. Deshalb dürfte der Flächenbedarf einer solchen Richthalle, vor allem im früheren Dampflokomotivbau, um etwa 25% größer sein als derjenige für eine Montagehalle mit Längsgleisen.

Im Technik-Wandel der Zeit zum Komplett-Anbieter

Viele der früheren, traditionellen Dampflokomotivfabriken, wie hier auf unserem ME-Werkfoto noch mit der 23er Lokfertigung beschäftigt, sind heute nahezu vergessen, bestenfalls eine verklärende Reminiszenz aus der Vergangenheit. Ihre Fabrikausstattungen, darunter Radsatz- und Achsschenkel-Drehbänke, hydraulische Räderpressen, Abbrenn-Stumpfschweißmaschinen für Querschnitte bis 25 000 mm²,

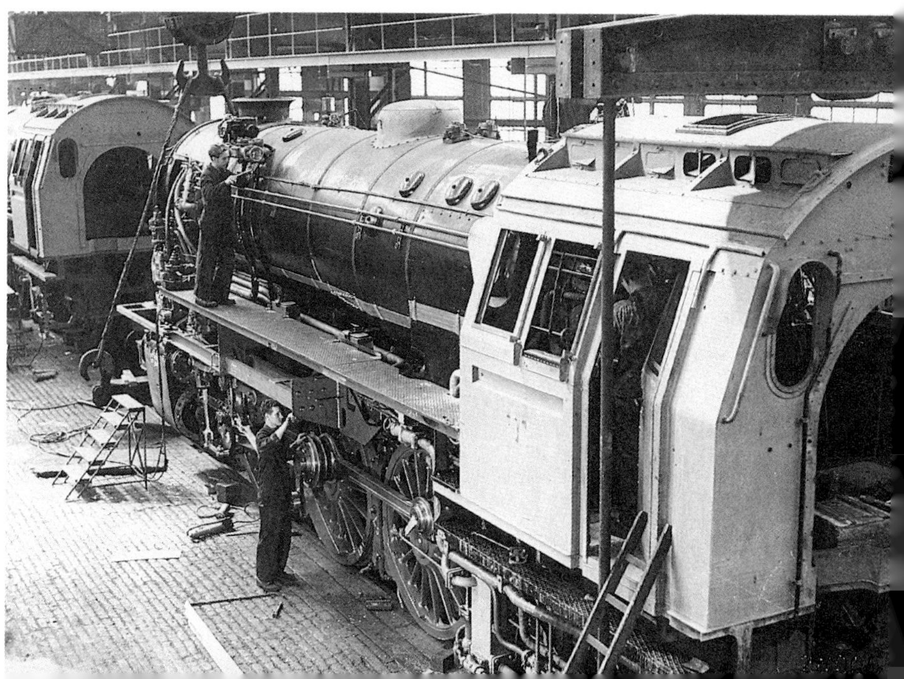

doppelte Waagerecht-Fräsmaschinen zur Bearbeitung von Treib- und Kuppelstangen sowie Zylinder- und Rahmen-Bohrwerke, sind nicht mehr die Dominanten der Lokomotivfertigung, von Kesselschmieden ganz zu schweigen. Die in den Anzeigen und Firmenmonographien der ersten Hälfte unseres Jahrhunderts enthaltenen Formulierungen hätten heute keinerlei »Zugkraft« mehr. Beispiele einstiger verkaufsfördernder Texte gibt's genug: »Lokomotiven vom Lager« (Borsig), »Lokomotiven für Breit- und Schmalspurbahnen« (Hanomag), »150 bis 200 Lokomotiven mit insgesamt 10000 t Gewicht jährlich« (Schichau), »Kataloge und Prospekte in allen Weltsprachen« (Borsig), »Lokomotiven in allen Größen und Spurweiten« (Esslingen und Schwartzkopff), »Single Expansion and Compound, Electric Locomotives with Westinghouse Motors and Electric Trucks« (Baldwin), »Lokomotiven der deutschen Kolonien zum großen Teil in Nowawes-Potsdam gebaut« (Orenstein & Koppel) und viele andere.

Die Intuitionen des Konstrukteurs von damals prägten meist die Projekte des »großen Wurfs« wie auf unserem KM-Foto die Schnellfahrlok 05002. Heute zählt die oft über das engere Werkgeschehen hinausreichende Team-Arbeit. Und so ist auch der moderne Lokomotivbau eher im Zusammenhang mit der Entwicklung ganzer spurgebundener Verkehrssysteme zu sehen. Andererseits hat sich die Entwicklung der Werkzeug- und spezieller Bearbeitungsmaschinen für

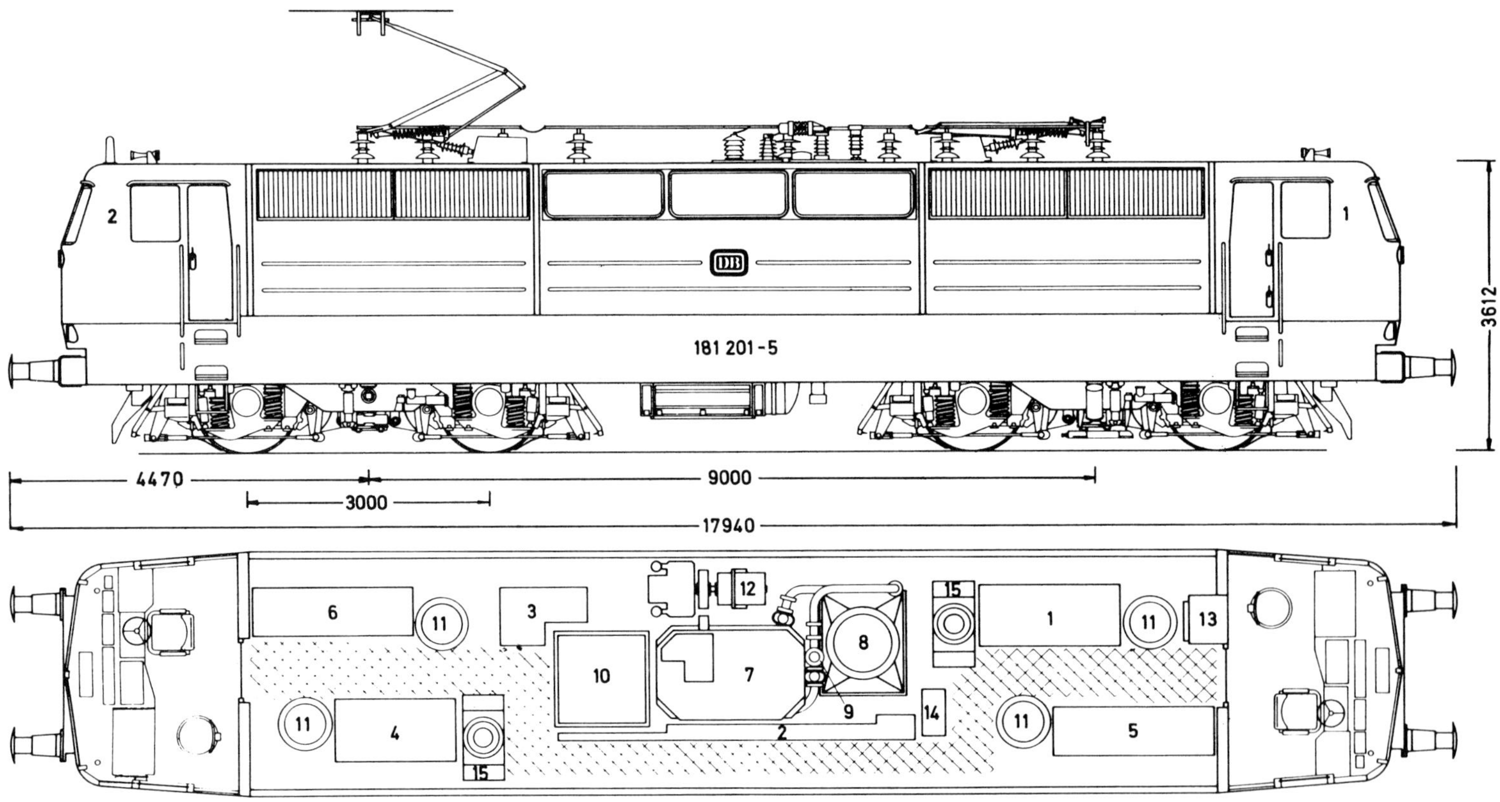

1 Gerüst: Hauptstrom Motor 1 u. 2
Sifa, Indusi
2 " Hilfsbetriebe, Relais
3 " Druckluftgeräte
4 " Hauptstrom Motor 3 u. 4
5 Stromrichter Motor 1 u. 3
6 Stromrichter Motor 2 u. 4
7 Haupttransformator
8 Ölkühler mit Lüfter
9 Ölpumpe
10 Bremswiderstand mit Lüfter
11 Fahrmotorlüfter
12 Hauptluftpresser
13 Elektronik-Schrank
14 Ladedrosseln
15 Fahrmotor-Glättungsdrossel

die Lokomotiv-Industrie eingehend mit den sich wandelnden Problemen und Aufgabenstellungen der besonderen Eigenheiten des sich überwiegend in Kleinserien vollziehenden Lokomotivbaues befaßt. So wurde beispielsweise die DB-Zweisystem-Lokomotive 181.2 in nur kleiner Stückzahl beschafft (siehe Zeichnung). Sie sind für den grenzüberschreitenden Verkehr im europäischen Montandreieck bestimmt. Doch Größe und Zuwachs an Know-how sind heute besonders gefragt: Siemens wirbt als »Innovativer Gesamtanbieter« und informiert »Ab sofort fahren Duewag und Krauss-Maffei mit«. Bei AEG-Westinghouse sind es »Zukunftssichere Systeme für die Bahn« und die Krauss-Maffei-Verkehrstechnik bietet die High-Tech-Lokomotiven als »Euro-Sprinter« an.

Lokomotivfertigung im Umbruch

Das Eindringen neuer Technologien in zusätzliche, bisher eher noch handwerklich geprägte Bereiche des Lokomotivbaues bleibt nicht aus. Nicht nur Dampf-, sondern auch Diesel- und Elektrolokomotiven enthalten eine verblüffende Vielfalt von Rohrsystemen (Druckluftbremsen, Hydraulik), die durch Biegen den Gegebenheiten der verschiedenen Triebfahrzeuge anzupassen sind. Numerisch gesteuerte Dornrohrbiegemaschinen zur Herstellung komplizierter Rohrformen helfen, Zeit und Kosten zu sparen. Schweißautomaten in Portal- und Auslegerbauart sind zwar schon länger bekannt, doch sie werden durch Vervollkommnungen, auch in der Werkstück-Preßprofilvorgabe, ihre Bedeutung ncht verlieren. Ähnliches gilt auch für den Einsatz von Widerstands-Punktschweißmaschinen.

Je nach vereinbarten Lieferfristen und interner Terminierung wird es auch aus wirtschaftlichen Erwägungen notwendig, sowohl in der Vorfertigung als auch in der Richthalle mit ihrem relativ hohen Gemeinkostenanteil keinen »Aufenthalt« entstehen zu lassen. So vergingen bei der DB-Diesellokomotive V200 vom ersten Bleistiftstrich im Konstruktionsbüro bis zur Abnahme der ersten Lok nur 10 Monate. Und die Montierung, hier am Beispiel eines Krauss-Maffei-

Fotos, enthielt selbstverständlich auch den Anbau der Bremsleitungen und -Komponenten, die elektrischen Verkabelungen, den funktionsgerechten Einbau der Triebwerke und aller Teile der Leistungsübertragung. Nach der betriebsfertigen Bereitstellung, auf unserem KM-Foto die Lok V200140, folgen die Prüfung der Bremsen und die Werkprobefahrten. – Im gemeinsamen Vorgehen mit den Hochschulen und wissenschaftlichen Instituten widmen sich einzelne Lokomotivfabriken oder deren Verkehrstechnik-Abteilungen auch der Erforschung von technischen und wirtschaftlichen Grenzen des Rad-Schiene-Prinzips. Rollenprüfstände, wie sie in Esslingen (ME-Foto einer sechsachsigen Diesellok am Kran beim Wenden zum Aufsetzen auf den Prüfstand) und in Berlin-Grunewald standen und nicht mehr existieren, wären heute nur noch fürs Museum tauglich. Schienenfahrzeug-Prüfstände sind heute weitaus komplexere Einrichtungen, mit denen die Streckenfahrversuche auf das unbedingt nötige Maß durch die Vorqualifikation zunächst auf Rollen reduziert werden können. Die Präzision der Prüftechnik steht im Blickfeld.

Lokomotiven vom Fließband und neue Auftragsverfahren?

Der technisch-wissenschaftliche Spielraum des Lokomotivbaues hat verhältnismäßig enge Grenzen. »Lupenreine« Lokomotivfabriken gibt's kaum noch. Wir haben es mit Unternehmen zu tun, deren Lieferprogramme meist weit über das Schienenfahrzeuggebiet hinausreichen und dazu überwiegend intensive Kooperationen pflegen, eine Strategie, die es erlaubt, die steigenden Entwicklungs- und Forschungskosten zu verteilen und Forschungsergebnisse in kürzesten Zeiträumen zu erzielen. Flexibilität und Kreativität, auch Firmenzusammenschlüsse sind gefragt. Ein starker Einfluß von Automatisierungsbestrebungen in der Fertigung führte zu technisch und wirtschaftlich gleichermaßen interessanten Lösungen, mitunter auch in der Zusammenbau-Methodik. Die auf unserem Essener Krupp-Foto zu sehende »Mischform-Montierung« von elektrischen Lokomotiven E 94 (im Vordergrund) sowie damals noch Dampf- und Diesellokomotiven war wege- und kostenaufwendig, wenngleich aus Raumgründen solche Fertigungsplanungen nicht immer zu umgehen waren. Viele der großen Bundes-

bahn-Ausbesserungswerke waren während längerer Zeiträume durch eine gleichmäßige, sich im Takt-Verfahren vollziehende Auslastung mit langfristig gleichen Lokomotivgattungen, wie auf unserem DB-Foto vom Ausbesserungswerk Bremen, glücklicher dran.

Die Auftragserteilungen für größere Zahlen gleicher Lokomotiven erstrecken sich meist auf mehrere Unternehmen an verschiedenen, weit auseinander liegenden Standorten. Die Bildung von kooperativen Fertigungsschwerpunkten erfordert dann jeweils eine Präzisions-Logistik, die auch alle Zulieferer mit einschließt. Größere Stückzahlen baugleicher Lokomotiven ermöglichen die Einrichtung vorteilhafter Montage-Linien, die auf dem anderen Krupp-Foto aus der Produktion von Lokomotiven E 40 für die DB zu sehen sind. Für eine wirkliche »Fließ-Fertigung« mit höchster Rationalisierungs-Effizienz reichten auch die früheren, mitunter beachtlichen Vergaben von mehreren hundert Einheiten an die deutsche Lokomotiv-Industrie mit mehreren Lokomotivfabriken nicht aus, auch nicht die späteren, sich wiederum auf verschiedene Werke verteilenden Bundesbahn-Bestellungen auf Beschaffungen der Baureihen 103 und 120 sowie von ICE-Triebköpfen. Von Kapazitätsgrenzen oder Fertigungs-Engpässen sei einmal ganz abgesehen. Eine relativ gute »Bestellquote« verzeichnete der Lokomotivbau in Hennigsdorf, jahrzehntelang einziger Lokomotivhersteller in der vormaligen DDR. Am 30. März 1988 verließ die tausendste, an die Reichsbahn gelieferte Elektrolok, die 243325, das dortige Prüffeld. Im August 1989 hieß es, daß alle zwei Tage eine solche Lokomotive das Werk verläßt, und kurz danach ging die 500ste Serienlok der Baureihe 243, eine Gattung mit Hochspannungssteuerung, Steuerelektronik und LEW-Kegelringfederantrieb, zur Abnahme an die Reichsbahn. Andererseits scheint die Bundesbahn mit einer Absichtserklärung von Hemjö Klein im Spätsommer 1990 gelegentlich der Übergabe des ersten LHB-Mittelwagens für das neue Intercity-Express-System (ICE) Abschied nehmen zu wollen von ihrer seitherigen, ziemlich restriktiven Auftragvergabe-Politik. Die

DB wäre demzufolge bereit, auf eng umgrenzte Fertigungsvorgaben zu verzichten und lediglich die Rahmenbedingungen vorzuschreiben. Damit erhielte die Industrie einen größeren Verantwortungsspielraum, und sie könnte mehr Eigeninitiativen in neue Projekte »investieren«. Das würde zwar eine Kompetenzminderung der Bundesbahn-Zentralämter bedeuten, aber eine »Wende« in der DB-Beschaffungspolitik mit gewissen Freiheitsgraden wäre kein Fehler, zumal es dann um »wettbewerbs-orientierte Ausgestaltung der Neuentwicklungen« des Schienenfahrzeugbaues gehen würde.

»High-Tech«-orientierte Lokomotiv-Werkstätten

Der Inhalt zeitgemäßer Begriffe wie »Neue Technologien in der Produktion« wird häufig und ganz allgemein mit »Automation«, »Humanisierung« und »Rationalisierung« assoziiert, wobei meist die Mengen- und Massenfertigung gemeint ist, weniger die Investitionsgüter-Industrie.

Der Lokomotivbau verlangt sehr differenzierte Fertigungsanlagen. Die Betriebsausrüster haben sicherzustellen, daß das Unternehmen den Beschäftigungsschwankungen technisch, in der Kapazität und wirtschaftlich gerecht wird. Die Einsätze neuer Techniken und Anlagen, die fast ausnahmslos stark kapitalintensiv sind, müssen sich durch möglichst gleichmäßige und hohe Auslastung auszeichnen, um Lokomotivbau-Aufträge, hier auf dem Krauss-Maffei-Foto die DB-Baureihe 111, wirtschaftlich noch »reizvoll« abzuwickeln.

Der Rechnereinsatz als Konstruktions- und Fertigungsmittel ist gefragt. Lokomotiven sind außerordentlich großvolumige Erzeugnisse, die im Lauf der Fertigung zunehmend den Einsatz typspezieller Vorrichtungen und insgesamt einen großen Platzbedarf erfordern. Eine bisher kaum gekannte Herstellergenauigkeit soll zusätzliche Arbeitsgänge wie Richten, Schleifen, Anpassen weitgehend überflüssig machen.

Neue Funktionskomponenten der Lokomotiven und Triebköpfe sind hinzugekommen. Aber schon in den 60er Jahren hatte beispielsweise Krauss-Maffei mit dem Aufkommen der Fahrzeug-Elektronik auch Schleuder- und Gleitschutzgeräte, Überwachungen und Steuerungen, mechanische Teile der Funkfernsteuerung für Lokomotiven im Lieferprogramm. Die Planung und Ausrüstung von Prüfständen für statische und dynamische Messungen folgten, doch auch Dienstleistungen (Beratungen im Vorfeld der Kaufentscheidung, Problem-Analysen, Einrichten logistischer Strukturen) sowie Kundendienste (Wartungs- und Instandsetzungs-Service) gehörten in die Angebotspalette.

Die Entwicklung der schweizerischen Lokomotivbaureihe 460, sozusagen in »High-Tech«-Manier, führte zu den ersten elektrischen Umrichter-Lokomotiven dieser Baureihe im Rahmen des Konzeptes »Bahn 2000«, die in ihrer Gesamtheit 1991 den Betrieb bereichern. Die maximal 6100 kW starken, 81 t schweren Bo'Bo'-Lokomotiven für 230 km/h haben Hohlkardanwellen-Antrieb, der große Relativbewegungen zwischen Radsatz und Getriebe ermöglicht. Das Sulzer-Foto (Seite 179) führt uns den Lokomotivkasten der »Premieren-Maschine« 460000 vor. In der nächsten Bauphase wurde bei der ABB Verkehrssystem AG, die elektrische Ausrüstung eingebaut.

Auch Österreichs Lokomotivkonstrukteure praktzierten das Neue: Die von Simmering-Graz-Pauker, BBC, ELIN, Siemens und den ÖBB entwickelten Zweistrom-Lokomotiven der Reihe 1063 für den grenzüberschreitenden Verkehr nach Ungarn und in die Tschechoslowakei wurden zur »Elektronischen Endfertigung« in die Hauptwerkstätte Floridsdorf gebracht, dann zwischen Graz und Bruck an der Mur im Streckendienst sowie in Graz im Probe-Verschubbetrieb untersucht. Die mit statischen Umrichtern und kommutatorlosen Fahrmotoren ausgerüsteten und stufenlos regelbaren Bo'Bo'-Lokomotiven wurden vor der Serienbestellung außerdem bei extremem Winterwetter im Güterzugdienst geprüft und sogar einer Probe-Zerlegung (im Bild ein Drehgestell) in der Erhaltungswerkstätte Linz unterzogen.

Aus den Abnahmevorschriften einer diesel-elektrischen Lok

In der Spezifikation einer 1930 von der Maschinenfabrik Esslingen für die Gesellschaft der South Manchurian Railway entwickelten und gebauten Bo'Bo'-Diesellokomotive mit elektrischer Leistungsübertragung hieß es, daß die 700 PS starke Lokomotive zum Rangieren von Güterzügen im Verschiebebahnhof Dairen bestimmt ist. Gewöhnlich sind bis zu 40 Güterwagen von je 45 t Eigenmasse, also bis zu 1800 t Schlepplast zu bewältigen. Es ist mit sommerlichen Außentemperaturen von +35°C im Schatten und mit Wintertemperaturen von mindestens –20°C bei Windgeschwindigkeiten von 30 m/s zu rechnen.

Über die Abnahmebedingungen liest man:

»Alle Werkstoffe sollen den ›Standard Specifications of American Society for Testing Material‹ entsprechen. Die elektrischen Ausrüstungen müssen gemäß ›Standardization Rule of American Institute of Electrical Engineers‹ ausgeführt sein. Sobald die Südmandschurische Bahn-Gesellschaft ihren Abnahmebeamten entsandt hat, soll er freien Zutritt in die Werkstätten des Herstellers (einschließlich der Werkstätten der Unterlieferanten) jederzeit haben, während an der Lokomotive gearbeitet wird.

Der Abnahmebeamte hat das Recht, jedem Versuch beizuwohnen, Teile oder Material zurückzuweisen, das nach seiner Ansicht minderwertig, unbefriedigend oder unvollkommen in der Werkstattarbeit oder in der Qualität ist. Vor der Verschiffung der Lokomotive soll ein Versuch mit der fertigen Lok

gemacht werden. Wenn der Versuch nicht bewiesen hat, daß die Leistungsgrenze, die Steuerung, die Bremsen, Lager usw. unter den verlangten Bedingungen bei verschiedenen Geschwindigkeiten und unter verschiedenen Belastungen den Spezifikationen entsprechen, dann soll die regelspurige dieselelektrische Lokomotive nicht verschifft werden. – Vom Hersteller ist unverzüglich ein vollständiger Satz Leinwandzeichnungen der Lokomotivkonstruktion sowie drei vollständige Sätze Blaupausen an die Eisenbahn-Gesellschaft zu liefern...«

Unser Esslinger Werkfoto zeigt die fertige Lokomotive Nr. 2001 zusammen mit der südmandschurischen Abnahme-Kommission.

Erprobungen, Meßfahrten und Bahndienstlokomotiven

Test- und Meßfahrten sind dann besonders zwingend, wenn komplexe Baugruppen-Konstruktionen neu entwickelter Lokomotiven eingesetzt werden sollen und wenn man bei Prototyp-Triebfahrzeugen aufschlußreiche Aussagen über die Möglichkeit etwaiger Serienbeschaffungen erhalten will.

Das erste Foto (DB) entstand während einer Lastfahrt mit der damals stärksten und schnellsten dieselhydraulischen Lokomotive auf europäischen Schienen. Es war die 1962 gebaute sechsachsige V320001, die wir hier im Jahre 1963 mit dem Meßwagen der Bundesbahn-Versuchsanstalt München und der angekuppelten Schlepplast sehen. Der Erprobungsbetrieb und die Messungen brachten recht erfolgversprechende Ergebnisse auch im höheren Geschwindigkeitsbereich bis zu 180 km/h. Die DB erwarb diese in Kassel gebaute Lokomotive zwar nicht, mietete sie aber bis um 1974. Da inzwischen die Elektrifizierungen wichtiger Strecken weit vorangekommen waren und die Wahl dieses Diesellok-Einsatzes Kopfzerbrechen bereitete, andererseits die Zweimotoren-Anlage der V320 erhaltungstechnisch nicht mehr zeitgemäß war, verzichtete die DB auf einen Ankauf und auf die Serienbestellung. Die mächtige, mit Scheibenbremsen und zusätzlicher Magnetschienenbremse ausgestattete Lokomotive fand einige Zeit nach Ende des DB-Mietverhältnisses eine neue Heimat bei der damaligen Hersfelder Kreisbahn, dann bei der Teutoburger-Wald-Eisenbahn (TWE).

Das zweite Bild (Krauss-Maffei) vermittelt uns einen Eindruck von den unter Teilnahme zweier DB-Meßwagen in den Jahren 1957/58 terminierten Lastprobefahrten für eine »Vorzeige-Lok«. Die Lokomotive war eine aus der V200 abgeleitete Krauss-Maffei-Eigenentwicklung mit der internen Typ-Bezeichnung ML 2200 CC, die den im Mai 1957 an die Jugoslawischen Eisenbahnen gelieferten diesel-hydraulischen Lokomotiven weitgehend entsprach. Die neue Prototyp-Lok bekam 1958 stärkere Motoren, erhielt die interne Benennung ML 3000 CC und kam mit der Betriebsnr. V300001 (230001) noch für einige Zeit in den DB-Dienst. Auch hier fehlten die Folgebestellungen.

Während solcher Erprobungen hatte die DB wiederholt geeignete Strecken als Experimentierfeld für eine Vielzahl von in- und ausländischen Lokomotiven unterschiedlicher Bahnverwaltungen zur Verfügung gestellt. Dabei sei noch auf einen Passus der für die Abnahme geltenden Richtlinien hingewiesen: »Für die

Abnahme von Lieferungen, die nicht für die DB bestimmt sind, also Abnahme für Dritte, werden Abnahmegebühren erhoben.« Erprobungen und spezielle Meßfahrten werden natürlich besonders abgerechnet.

Bei der DB dienten früher meist schwere Dampflokomotiven als geeignete Bremslokomotiven. Heute werden überwiegend elektrische Lokomotiven der Baureihe 120 dafür eingesetzt. Zwei solcher Drehstrom-Bremslokomotiven dienten beispielsweise im Jahre 1990 zur Prüfung der niederländischen dieselelektrischen Lok 6431, die von Krupp MaK und ABB gebaut wurde. Die Niederländischen Eisenbahnen wollten Aufschluß darüber haben, welche Leistungs- und Zugkraftwerte ihre in größerer Zahl zu beschaffenden Diesellokomotiven, Reihe 6400, erreichen. Gemessen hat man auch die Leistungsfähigkeit der elektrischen Bremse. Im Oktober 1989 begannen übrigens auch die Testfahrten mit der diesel-elektrischen Lok 240002, die als Typ DE 1024 von den gleichen Herstellern entwickelt wurde. Die Meßfahrten fanden unter Hinzuziehung der DB-Lok 752001 (frühere 120001) statt. Die DB hatte mit Wirkung vom 28. April 1989 ihre überwigend mit Versuchszügen eingesetzten Lokomotiven aus dem Betriebsmaschinendienst »entlassen«, zu Bahndienstlokomotiven erklärt und umgenummert. Jene derart verwendeten Lokomotiven der Baureihe 103 wurden zur neuen Reihe 750, der Baureihe 110 zur Reihe 751, der Baureihe 120 zur Reihe 752 und der Gattung 217 zur Baureihe 753 »umfunktioniert«. Unsere Fotos der Seiten 180 u. 201 zeigen die Loks 752 004 (120 004) und 752 001 (hier noch mit alter Betriebsnummer 120 001), beide mit verschiedenen, gut sichtbaren äußeren Meß- und Übertragungsleitungen. Test-Aktivitäten sind wichtig. Dafür entwickeln besondere Gruppen der Meß- und Auswerttechnik spezielle meßtechnische Einrichtungen.

Zu den Aufgaben der Meßtechnik zählen vor allem die Kontrollfunktionen, wozu die Überprüfung der Laufleistung von Lokomotiven gehört. Dabei wurde in Frankreich ein bemerkenswerter Rekord registriert: Die SNCF-Gleichstromlokomotive CC 7001 erzielte seit ihrer Lieferung am 1. Juni 1949 bis zum 31. Mai 1986 insgesamt 8 602 751 zurückgelegte Kilometer, im Zeit-Weg-Verhältnis ein Spitzenergebnis!

Abnahme-Richtlinien

Die DB-Druckschrift 90551 »Allgemeines über die Abnahme bei der Deutschen Bundesbahn, zusammengestellt für Lieferwerke und für Dritte« enthielt schon in ihren frühen Ausgaben die Basis-Richtlinien, zum Beispiel im 1. Abschnitt: »Die DB läßt in den Lieferwerken eine Abnahme durchführen, um die Gewähr zu haben, daß die bestellten Gegenstände den Anforderungen genügen. Die bedingungsgemäße Ausführung der Gegenstände wird schon während der Herstellung durch Abnahmebeamte überwacht. Vor dem Versand werden die Teile einer Güteprüfung unterzogen, um spätere Beanstandungen möglichst auszuschließen. Endgültig abgenommen nach ABL 13 (9) werden die Lieferungen aber erst am Erfüllungsort. Die Empfangsstellen können die vom Abnahmebeamten geprüften Gegenstände zurückweisen, wenn sie nicht bedingungsgemäß sind.«

Im 7. Abschnitt wird gesagt: »Die Lieferer haben die Tätigkeit des Abnahmebeamten in jeder Hinsicht zu unterstützen, alle Arbeiten gut vorzubereiten und für möglichste Klarheit bei der Durchführung der Prüfungen zu sorgen.«

Unser Werkstattfoto (Krupp) zeigt den Zusammenbau von Lokomotiven der DB-Baureihe E 50. »Die Hauptlieferer«, so besagt die Vorschrift, »haften auch für die Unterlieferanten, da für die Bundesbahn der Hauptlieferer zugleich der Vertragspartner ist.« Die »Ergänzenden Vertragsvereinbarungen zu den Technischen Bedingungen für die Lieferung von Dampflokomotiven, Tendern und ihren Ersatzteilen« der Deutschen Bundesbahn schrieben nicht nur die Einzelheiten über Entwurf und Zeichnungen (§ 1), Baustoffe und Bauüberwachung (§ 2), Wiegen und Ablieferung (§ 3), Gewährleistung (§ 4), Zahlungsbedingungen (§ 5) und Verzugsstrafen (§ 6) vor, sondern auch Näheres über Probefahrten und Abnahme. Es heißt zum Beispiel (auszugsweise): »Außer einer Abnahmeuntersuchung finden zwei Abnahmeprobefahrten statt, deren Betriebskosten die DB trägt. Die erste Abnahmefahrt soll sich als Leerfahrt über mindestens 15 km in jeder Fahrtrichtung erstrecken... Die zweite Abnahmefahrt ist eine Lastfahrt nach Möglichkeit vor

einem Zug des öffentlichen Verkehrs...«

Wie eine Stromlinien-Dampflok, hier die Lok 031073 der DB, kurz vor der Werkprobefahrt und noch ohne Verkleidung aussah, macht uns das Krauss-Maffei-Werkbild deutlich. Das andere KM-Werkfoto zeigt dieselbe Lok nach der Fertigstellung, bereit zur Übergabefahrt ins Reichsbahn-Ausbesserungswerk Meiningen. Es war Krauss-Maffei's erste Reichsbahn-Stromlinienlok dieser Baureihe.

Abnahmeprobefahren der Dampflokomotiven

Vor den Abnahmeprobefahrten (Leer- und Lastfahrt) auf freier Strecke werden in der Regel zunächst auf den Gleisen im Fabrikgelände die Werkprobefahrten zur Kontrolle der Fahrtüchtigkeit und der Funktionsfähigkeit der Bremsen und Hilfsmaschinen durchgeführt.

Und so ging es beispielsweise bei den Dampflokomotiven zu: In der Lokomotivfabrik, unter Teilnahme verantwortlicher Ingenieure und Meister gab es bei geöffnetem Regler – Kolben und Schieber abgelegt – ein kräftiges Ausblasen der Dampfrohre und Zylinder. Nach Einbau dieser Dampfmaschinenteile folgte eine Dichtheitsprüfung der Zylinderventile, Zylinder- und Schieberkastendeckel. Die Lokomotivfabriken gaben im allgemeinen keine Lokomotive zu den amtlichen Abnahmefahrten frei, bevor sie nicht im eigenen Werk – oft mit noch unfertiger Lackierung und ohne Beschriftung – einer eingehenden Probefahrt und (Werk-)Abnahme unterzogen wurde. Erst dann konnte sie von einem Beauftragten des Empfängers, in Deutschland gewöhnlich vom »Abnahmebeamten«, übernahmegerecht untersucht, erprobt und abgenommen werden.

Während der ersten Probefahrtphase war zunächst bei voll ausgelegter Steuerung, aber nur wenig geöffnetem Regler zu fahren. Man mußte von Zeit zu Zeit zur Überprüfung der Lager-Erwärmung und der

Schmierung die Fahrt unterbrechen, worauf vor allem der als Fahrprüfer bestellte Abnahme-Lokführer großen Wert legte. Zeigten sich nach einiger Zeit keine Mängel, so konnte die Geschwindigkeit erhöht, die zulässige Höchstgeschwindigkeit aber erst nach einer gewissen Betriebsdauer in Anspruch genommen werden. – Mögen diese nur sehr kurzen, einst für Dampflokomotiven geltenden Hinweise aus einer sonst langen »Prüfliste« genügen. Natürlich konnte bei einem solchen Verfahren nur ganz allgemein festgestellt werden, wie die Maschine mit ihrer Umsteuerung arbeitete und ob alle Einrichtungen funktionierten. Eine Prüfung auf Schleppleistung, das Einhalten bestimmter Fahrzeiten konnte nur im Einsatzgebiet während einer Betriebs-(Last-)Fahrt erfolgen. Erst nach Erfüllung aller im Leistungsprogramm gestellten Bedingungen wurde vom Empfänger für die Lokomotivfabrik eine Übernahmebescheinigung ausgehändigt – eine Übernahmebescheinigung ausgehändigt – vorbehaltlich einer innerhalb der Gewährleistungsfrist geltenden Haftung. – Umseitig steht die mit Indikatoren ausgerüstete, fabrikneue Lok 41 186 mit dem Abnahmepersonal bereit zur Probefahrt (Foto: Daimler-Benz-Archiv).

Baureihe 120: Probezeit und Konstruktionsänderungen

Zwischen Prototyp-Entwicklungen (BBC-Zeichnung der Geräte-Anordnung) und Serienreife liegen, je nach Innovationsgrad, oft mehrere Jahre. Hatte man schon während der Konstruktion der Vorauslokomotiven 120001–005 weit vorausgedacht, beispielsweise mit dem Einbau neuer Einholm-Stromabnehmer SBS 80 AL oder bei den verwendeten zweistufigen Fahrmotoren-Axiallüftern mit besonderer Ausbildung der Leiträder zur Erzeugung hoher Drücke bei kleiner Baulänge, geringem Gewicht, verbessertem Wirkungsgrad und verminderter Geräuschentwicklung, so blieben doch unter dem Eindruck der langen Probezeit, schon bei den Prototyp-Lokomotiven, zahlreiche Änderungen nicht aus. Einige davon sind:

- Entfall der Widerstandsbremse, Lok 120001–005
- Einbau der Linienzugbeeinflussung LZB 100, Lok 120001/005
- Einbau der Linienzugbeeinflussung LZB 80, Lok 120004
- Steigerung der elektrischen Leistung der Netzbremse von 3,3 auf 4,0 MW, Lok 120001–005
- Verstärkte Läuferwicklung der Fahrmotoren und Änderung der Getriebeübersetzung von 106:22 in 103:25 (4,12:1), Lok 120001
- Optimierung der Drehgestelle als »lauftechnisches Paket« für 200 km/h, Lok 120001 (004/005)

Viele dieser Verbesserungen und manche andere wurden auf die Serienlokomotiven (im DB-Foto Lok 120103) übertragen.

Die für 250 km/h (in Doppeltraktion für bis 200 km/h) geeigneten Stromabnehmer SBS 80 AL sind von der Bauart SBS 81 abgelöst worden. Die Serienlokomotiven erhielten außerdem eine automatische Fahr- und

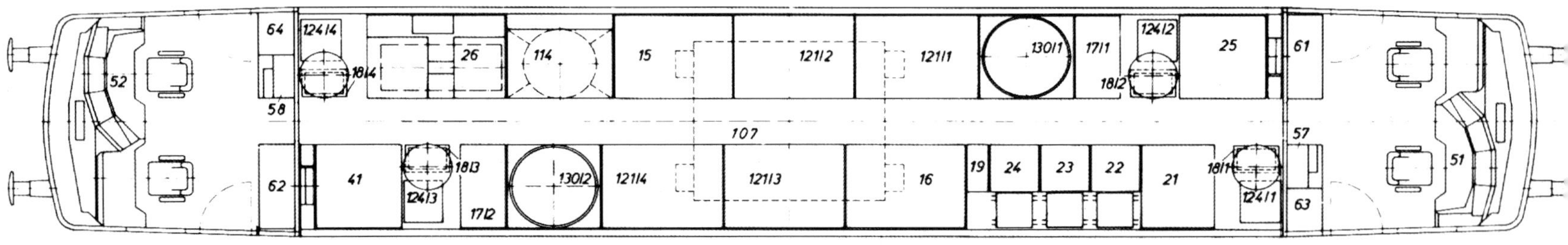

15, 16	Schütze, Wandler, Saugkreiskondensator
17/1,2	Schütze, Wandler
18/1–4	Fahrmotorlüfter
19	Hochspannungseinspeisung
21	Hilfsbetriebe, Ladegerät, Heizung
22, 23, 24	Hilfsbetriebeumrichter für Drehstrombordnetze
25	Druckluftgerüst
26	Luftpresser
41	Steuerstrom, Automaten
51, 52	Führertisch
57, 58	Feuerlöscher, Buchfahrpläne, Thermofach, Kleiderfach
61, 62	Steuerungselektronik
63, 64	Elektronikstromversorgung ZWS, Sifa
107	Transformator (Unterflur)
114	Bremswiderstand
121/1–4	Traktionsstromrichter
124	Motorvordrossel
130/1, 2	Ölkühler für Trafoöl und Stromrichteröl

Bremssteuerung (AFB) und wegen des Einsatzes auf den Neubaustrecken auch einen Druckschutz für die Führerräume. Die erste Serienlok wurde am 13. Januar 1987 geliefert. – Die Lokomotive 120 001, die zu Versuchen im Hochgeschwindigkeitsbereich bis 285 km/h eine neue Getriebeübersetzung bekam, unterzog man zusätzlich einer Konstruktionsänderung der Fahrmotoren, um deren Drehzahlfestigkeit heraufzusetzen. Im Hinblick auf die Vorteile im oberen Geschwindigkeitsbereich entschied die DB, die Serienlokomotiven ab 120 136 mit der neuen Übersetzung 4,12 : 1 (wie in der 120 001 erprobt) auszustatten, ohne die progammierten Anfahrgrenzlasten zu verändern.

Aus der technischen Betriebspraxis

Winter- und Nachtdienst

Extreme Witterungsverhältnisse

Extreme Witterungsverhältnisse haben auch ihre Auswirkungen auf die Achs- und Stangenlager der Lokomotiven. Wenn die Sonne stundenlang auf eine Seite des Triebwerkes »brennt«, wenn die Reibungswärme dazu das ihre tut, so ist es leicht vorstellbar, welcher außerordentlichen zusätzlichen Belastung das Triebwerk ausgesetzt ist. Es können noch andere Erschwernisse hinzukommen, wenn durch Staubsturm dick verkrustetes Öl auf den Lagern liegt und die Wärmeabfuhr behindert ist.

Die Eisenbahnen sind Naturgewalten ausgesetzt, in einigen Klimazonen mehr, in anderen Gegenden weniger. Die im Freien vorkommenden Sommertemperaturen können bis zu 55°C, manchmal sogar noch mehr betragen. Grimmige Winterkälte auf Gebirgsstrecken, je nach geographischer Lage, machen dem Lokomotivbetrieb mit Kältegraden mitunter bis –35°C zu schaffen.

Die Haftwerte (Reibungsziffern) zwischen Rad und Schiene, die bei höheren Geschwindigkeiten ohnehin stark streuen, werden schon in den Entwurfsberechnungen für die Zugkrafterzeugung bei feuchtem Wet-

ter, Schneefall und Eis, Staub und Laub auf den Schienen, reduziert angesetzt, um dem Radschleudern zu begegnen. Haftwerte von etwa 100 bis herunter auf 50 kg/t gehörten in diesen »reduzierten Bereich«. Wir sehen hier die Bundesbahn-Lokomotiven 03222 und V160099 im Januar 1968 während des Winterdienstes. Das Heitkamp-Foto gibt dagegen einen Eindruck vom außergewöhnlich »heißen« Einsatz der Diesellok Nr. 2 (ehemalige Lok 220054 der DB, Seite 180) während der Jahre 1977/78 in der Wüste Saudi Arabiens, wo von der Bauunternehmung E. Heitkamp GmbH weite Abschnitte der Strecke von Dammam am Arabischen Golf nach Riyadh zu erneuern waren. Die Lokomotiven hatte mit verstärkten Staub- und Sandfiltern den Sandstürmen und den Temperaturen bis etwa 60°C zu widerstehen, weshalb die Führerstände mit Klimaanlagen ausgerüstet wurden. Die Vergrößerung der Kraftstoffvorratsbehälter und – für die Nachteinsätze – der Anbau von Such- und Arbeitsscheinwerfern gehörten zu den weiteren Notwendigkeiten.

Elektrische Heizungen

Vereiste Dampfheiz- und Bremsschlauchkupplungen machten nicht nur den Dampflokomotiv- und Rangier-

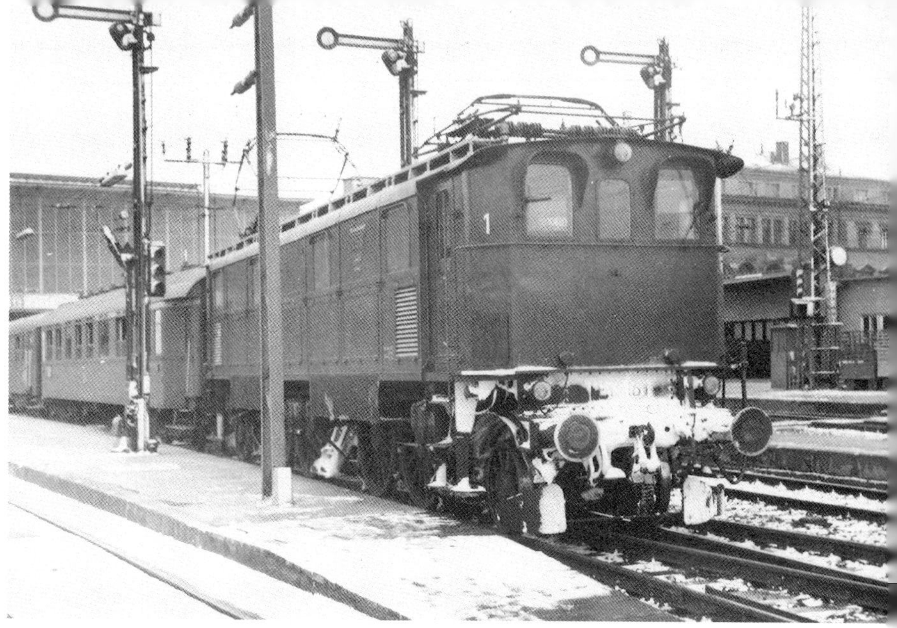

personalen, sondern auch den Diesel- und Elektrolokführern zu schaffen. Die Diesellokomotiven der DB wurden mit »schnellen« Dampf-Erzeugern (Bauart Vapor Heating) oder mit elektrischer Zugheizeinrichtung und Heizkupplungen ausgestattet. Die abgebildete, vereiste Diesellok 218419 besitzt eine elektrische Zugheizanlage für eine Heizspannung von 1000 V und Einphasenstrom-Bahnfrequenz (16⅔ Hz). Der Heizstrom kommt aus einem vom Dieselmotor angetriebenen schnell drehenden Drehstromgenerator, der mit einem Umrichter zusammenarbeitet. Bei einer Anhängelast von 8 bis 10 Reisezugwagen rechnet

man unter mitteleuropäischen, klimatischen Winterbedingungen mit einer Heiz-Leistung von etwa 300 bis 400 kW.

Die im winterlichen Münchener Hauptbahnhof vor einem Eilzug im März 1962 aufgenommene E 1616 besaß zwei Transformator-Anzapfungen von 800 und 1000 V für die Zugheizung. Auf jedem Führerstand waren zwei elektrische Heizöfen von je 1,6 kW untergebracht, von denen der eine als Wärmeschrank ausgebildet war.

Zugheizung und Diesellok-Probleme

Die im Jahre 1973 erstmals aus der Sowjet-Union an die Deutsche Reichsbahn der früheren DDR gelieferten diesel-elektrischen Co'Co'-Lokomotiven, Baureihe 132, erhielten einen mit dem Traktionsgenerator gekuppelten Synchron-Drehstrom-Heizgenerator und eine mit steuerbaren Stromventilen (Thyristoren) ausgestattete Umrichteranlage. Der Umrichter hat Strom- und Spannungsregelaufgaben. Er richtete den mittelfrequenten Mehrphasen-Wechselstrom in einen Einphasenstrom von 1000 V bei $16\frac{2}{3}$ Hz um. Die größte, von den Lokomotiven der Reihe 132 (siehe Foto) zur Verfügung gestellte Heizleistung beläuft sich auf 600 kVA.

Doch, wie sich schon bei den Versuchen im Winter 1973/74 herausstellte, gab es bei der Stromversorgung für die Heiz- und Zugsammelschiene (mit Erdschiene als »Rückleiter«) unerwünschte Nebenerscheinungen. Weil es nämlich noch ältere Eisenbahn-Sicherungsanlagen und 50-Hertz-Wechselspannungs-Gleisstromkreise gab, stellten sich mit der harmonischen Oberwelle der $16\frac{2}{3}$-Hertz-Frequenz Störungen ein. Dasselbe gilt auch für Niederfrequenz-Gleisstromkreise, die mit 100 Hz arbeiten. Man kann zwar sich überlagernde Ströme voneinander »trennen«, jedoch nicht, wenn sich die Frequenzen durch ein ganzzahliges Vielfaches unterscheiden. Die 50-Hertz- und 100-Hertz-Gleisstromkreise in Kombination mit $16\frac{2}{3}$ Hertz, also in den ganzzahligen Schwingungs-

verhältnissen 3:1 oder 6:1, werden damit zu »Problemkreisen«, weil sie in die Schaltungslogik fehlerhaft eingreifen können. Man stellte deshalb die Heizstromfrequenz, wie es damals hieß, »vorübergehend«, auf 22 Hz um. Die Dienststellen gewannen damit Zeit, ihre Gleisstromkreise umzugestalten. Die in Umstellung auf elektrischen Betrieb begriffenen östlichen Strecken wurden auf 42 Hz eingerichtet.

Die DB-Diesellokomotiven der Baureihe 218 arbeiten ebenfalls mit 16⅔ Hz Heizstromfrequenz. Sie verfügen zusätzlich über eine Kompensationseinrichtung, mit der induktive Blindleistungen im Bereich der hauptsächlichen Belastungen durch Kondensatoren ausgeglichen werden, denn der Generator und die zugehörige Elektronik sind nur beschränkt mit Blindleistung belastbar, die vorkommt, wenn die angeschlossenen Verbraucher außer dem ohmschen Widerstand (Heizwiderstände) auch einen induktiven Widerstand (Transformatoren, Spulen, Motoren, also besonders Küchenausrüstungen für Speisewagen und Anlagen zur Klimatisierung) aufweisen.

Die aus der Sowjet-Union stammenden Diesellokomotiven verfügen über keine dafür geeigneten Kompensationseinrichtungen, sind jedoch nachrüstbar.

Es bleibt also noch manches zu tun, um die beiden Bahnnetze der DB und DR betriebstechnisch zusammenzuführen.

Die Gleisfreimeldetechnik als unverzichtbares Element der Automatisierung des Eisenbahnbetriebes wäre also anzupassen. Weltweit sind zwei unterschiedliche Arten der Gleisfreimeldetechnik zu unterscheiden, nämlich das »Prinzip Gleisstromkreis« und das System der »Achszählung«. Andere Arten konnten sich noch nicht überzeugend durchsetzen, wenngleich Tests im Gange sind. Die DB hat Erfahrungen mit beiden Technikprinzipien, wobei man der »höherfrequenten Technik« in ferngespeister codierter Ausführung (FTG – Ferngespeister Tonfrequenter Gleisstromkreis) Chancen einräumt. Dabei werden zwei Frequenzbereiche (4,75 kHz bis 6,25 kHz sowie 9,5 kHz bis 16,5 kHz) für unterschiedliche Bedarfsfälle vorgehalten.

Heizspannungen und Heizleistungen

Unsere DB-Elektrolokomotiven versorgen die Züge – ebenso wie in Österreich, Schweden, Norwegen und in der Schweiz – mit einer Heizspannung von 1000 Volt, wobei man damit rechnete, daß der Energieaufwand zum Heizen der Züge rund 20% der gesamten Energie, die in den Wintermonaten für die elektrische Zugförderung aufgewendet wird, als Heizstrom verbraucht wird. An manchen kalten Tagen mit –18°C und darunter ist die Heiz-Energie stundenweise so groß wie der Energieverbrauch zur Zugförderung selbst. Im Bild sind eine elektrische Lokomotive (117105) und eine Dampflok (003281) im Reisezugdienst des winterlichen Monats März 1970 zu sehen.

Im Gleichstrombetrieb Italiens beträgt die Heizspannung, gleich der Fahrleitungsspannung, 3000 V. Die Heizenergie wird dort direkt aus der Fahrleitung entnommen, da sich Gleichstrom nicht transformieren läßt. Daß es auch südlich der Alpen rauhe Wintertage gibt, sehen wir auf dem im Januar 1972 in Brescia aufgenommenen Foto (Pedrazzini), das die sechsachsige Gleichstromlok E 626137 der FS vor einem Güterzug zeigt.

Weil zwischen den einzelnen Bahnverwaltungen keine Einigung über eine einheitliche Stromart und Spannung zu erzielen war, müssen die im internationalen Verkehr eingesetzten Züge eine Mehrspannungsheizung (1000/1500/3000 V) haben. Im übrigen ist der Bedarf an Heizenergie für moderne Reisezüge beträchtlich gestiegen. Deshalb hat man schon bei zahlreichen DB-Lokomotiven der späten Lieferungen die Heizleistung des Lokomotivtransformators von 400 auf 700 bis 900 kW verstärkt. Außerdem kamen dafür neue Heizkupplungen, Erdstromwandler und Heiz-Überstromrelais (800 Ampère) in Betracht.

Erschwerter Winterdienst auf Dampflokomotiven

Bei orkanähnlichen Schneestürmen bewährten sich ganz besonders das allseits geschlossene Führerhaus mit Fußbodenheizung, die verschiedenen, mit Wärmeschutzmitteln isolierten Rohrleitungen und die Dampfkessel-Isolierungen.

Für die Kessel der DB-Einheitslokomotiven 23, 65 und 82 bevorzugte das Mindener Zentralamt als dauerhafteste Form das Asbestgewebe in leicht montierbarer Matratzenformation. Solche Blau-Asbestgewebe sind dann auch für Rohrummantelungen verwendet worden.

Hier sehen wir einen Reisezug mit einer Lok, Baureihe 23, im Januar 1968 im Schneesturm auf der Schwäbischen Ost-Alb in Giengen (Brenz). Für die Beheizung eines jeden vierachsigen Reisezugwagens waren 55 bis 80 kg Dampf je Stunde nötig. Ein aus 10 Wagen bestehender Schnellzug konnte also bis zu 800 kg Heizdampf (etwa 4,5 bar) je Stunde erfordern.

Auf Balkanstrecken oder in Gegenden der Mittelost-Region mußten Lokomotivtriebwerke häufig unter Bedingungen arbeiten, wie sie auf dem Archivfoto in Breitendorf bei Löbau in Sachsen festgehalten wur-

den: Borsig-Lok 03002 arbeitete sich im März 1970 mit Vorspann durch meterhohen Schnee, doch ohne Räumarbeiten ging das nicht. Und in den Schneemassen Anatoliens stand schon manche Lokomotive bis zum Schornstein festgefahren im Schnee.

Besonders frostempfindlich waren die deutschen Dampflokomotiven an den Kolbenspeise- und Strahlpumpen, an den Vorwärmern und allen offen verlegten wasser- und ölführenden Rohrleitungen sowie an den Dampfentnahmestutzen und Ventilen. Die Lokomotiven der Reihe 52 arbeiteten sich, relativ gut wärmegedämmt, recht tapfer durch die russischen Winter. Aber manchen der 52er-Tender mußte man mit Glasfasermatten oder Behelfsstoffen isolieren.

Dampflokomotiven und Verhalten bei Frostgefahr

In der Dienstvorschrift für Dampflokomotiven der Deutschen Reichsbahn (Drucksache 938, Ausgabe 1943) hieß es: »Bei Frostgefahr sind alle gegen Frost empfindlichen Teile während der Pausen zu durchwärmen, die Vorwärmer und Kolbenpumpen durch den Abdampf der Luftpumpe, die dann bei leicht geöffneter Luftleitung dauernd langsam arbeiten muß. Soweit sich die Saugleitungen der Pumpen (auf unseren beiden Winterfotos die Ansaugfilter der Luftpumpe der Lok 003 248) nicht durchwärmen lassen, sind sie zu entwässern.

Ist die Lokomotive entfeuert und in einem kalten Raum oder im Freien abgestellt, so sind Sicht-Öler, Pumpen und Vorwärmer vollständig zu entleeren. Beim Vorwärmer sind dazu alle Entwässerungs- und Belüftungshähne zu öffnen, das Küken des Umschalthahnes ist anzulüften und dann die Kolbenpumpe etwa 2 bis 3 Minuten mit hoher Hubzahl bei geöffnetem Spritzanschluß anzustellen, bis auch aus dem angelüfteten Umstellhahn kein Wasser mehr ausfließt. Bei einigen Tenderlokomotivgattungen mit seitlichem Wasserkasten ist die Pumpensaugleitung durch den eingeschalteten Dreiwegehahn abzuschalten, wobei dieser den zur Pumpe führenden Teil der Saugleitung ins Freie entwässert. Bei Lokomotiven mit Schlepptender sind die Verbindungen zwischen Lokomotive und Tender für Luft, Dampf und Speisewasser zu entwässern und dazu nötigenfalls zu lösen.«

Das sind die in einem amtlichen »Vorschriftendeutsch« formulierten besonderen, für Frost geltenden Maßnahmen, die in ähnlicher Weise auch für die Dampfheiz-Leitungen und -Kupplungen gelten.

Winterbetrieb in Nord und Süd

Hier zeigt sich ein Reisezug der NSB während eines stürmischen norwegischen Wintertages auf der Strecke Bergen–Voss–Myrdal–Hönefoss im Jahre 1930 bei einem Zwischenhalt in der Station Finse (Archivbild: Wilse/Norsk Jernbaneklubb). Das vereiste Vierzylinder-Verbund-Triebwerk der 2'D-Schnellzuglokomotive 427 (Typ 31b) wird vom Heizer auf seine Betriebstauglichkeit zur Weiterfahrt überprüft. Die einstigen, für die Bergen-Linie gebauten Dampflokomotiven besaßen einen Schneepflugvorsatz für den harten Winterbetrieb und Schutzgitter vor den Führerhaus-Frontfenstern, um von Brücken oder Tunnelportalen herabhängende oder herabstürzende Eiszapfen »abzuwehren«. Schutzgalerien, gruppenweise Baumbepflanzungen oder natürlicher Wald verhindern auf vielen Streckenabschnitten das Verschütten der Gleise durch Schneemassen. –

Das zweite Foto (Reichelt) präsentiert die Lok 383958 der DB vor dem Eilzug Ulm–Freiburg am 26. Dezember 1956 beim Anfahren in Munderkingen im Donautal. Die Lok kam noch ohne Schneepflug oder als Schneeleitbleche ausgebildete Bahnräumer aus. Aber schwer war der Dienst allemal. Das Lokomotivpersonal hatte die schon aus der Reichsbahnzeit übernommenen »winterlichen« Betriebsanleitungen zu beachten, zum Beispiel: Bei Schneegestöber sind die Laternen einzuschalten, vor Zügen mit Personen-

beförderung ist das Dampfheizventil zu öffnen und unter Berücksichtigung der Außentemperaturen entsprechend einzustellen, bei Frost sind besondere Maßnahmen zu treffen, um zu verhindern, daß Bauteile oder Rohrleitungen durch Eisbildung zersprengt werden.

Schneeräum-Dienst und Schieblokomotiven

Ohne Rücksicht auf die Jahreszeit und Witterung, ob Werktag oder Sonntag, sind in den frühen Morgenstunden schon viele Eisenbahner am Werk. Die klimatische Lage mancher Bundesbahn-Bezirke erfordert zur Winterzeit ständige Bereitschaft zur Beseitigung von Schneeverwehungen oder anderer durch Schnee verursachte Störungen.

Die vor sogenannten Klima-Schneepflügen (benannt nach Oberbaurat Rudolf Klima) eingesetzten Lokomotiven müssen das genügend schwere Trägerfahrzeug, das auch bei einseitiger Räumung die quer zur Fahrtrichtung auftretende Komponente des Schneedrucks gefahrlos aufzunehmen hat, vorwärtsschieben. Das Schneepflug-Aggregat montierte man beispielsweise auf Fahrgestellen ausgemusterter Lokomotiven. Dann boten sich als Trägerfahrzeuge auch ausgediente Lokomotivtender an, zum Beispiel solche von früheren Länderbahnlokomotiven und mehrere Tender der einst für die deutsche Reichsbahn gebauten 1'D1'-Lokomotiven der Baureihe 39 (preußische P 10). Die normale Räumbreite betrug etwa 2800 mm, bei ausgeschwenkten Seitenflügeln sogar 4100 mm.

Solche Klima-Schneepflüge wurden vor allem in Österreich und in Deutschland (Schwarzwald, Allgäu-Strecken, Bayerischer Wald und in anderen Regionen) eingesetzt. Da die Räumfahrzeuge von Lokomotiven geschoben werden, wird der Dampf für die Kabinenheizung und die Druckluft für die Betätigung der verschiedenen Ausschub-Zylinder dem Schienenfahrzeug, früher meist Dampflokomotiven, heute Diesel- und Elektrolokomotiven, entnommen. Für den Betrieb mit bestimmten Diesellok-Gattungen, wie hier im Bild Baureihe 218 im Dezember 1981 mit zwei Klima-Schneepflügen im Raum Kempten, und elektrischen Lokomotiven mußte eine geeignete elektrische Heizung installiert werden. Ein elektrischer Konroller auf dem Führertisch des Klima-Schneepfluges dient zum Geben von Lichtsignalen an die Schiebelokomotive.

Die Räumgeschwindigkeit der überwiegend von Henschel hergestellten 40 bis 42 t schweren Klima-Schneepflüge hatte man für bis zu 50 km/h bemessen.

211 113-6

Schwerstarbeit beim Abschleppen

Nicht immer ist der Reiz der Winterluft auch eine Freude für die Eisenbahner. Als sich noch schwer geballt und träge das Dampf-Rauch-Gemisch der früheren Dampflokomotiven, wuchtig in die klare Winterluft gestoßen, niederschlug, machten andererseits gealterter Schnee, rekristallisierte Formen und aufgenommenes Schmelzwasser das Schneeräumen für die Männer vom Dienst und für die anstrengend stampfenden Lokomotiven zur Schwerstarbeit, bei der an keine 35-Stunden-Woche zu denken war. Heute ist das Schneeräumen mit Diesel- und Elektrolokomotiven noch immer kein Zuckerschlecken.

Strenger Winterdienst machte mitunter das Abschleppen von auf der Strecke liegengebliebenen Fahrzeuge nötig. Unsere beiden Bilder vermitteln einen Eindruck von der Schwere des Einsatzes im Dezember 1981 im Allgäu bei Isny: Diesellok 211 113 erhält eine Übergangs-Scharfenberg-Kupplung, um einen Dieseltriebzug der Gattung 628.023 abzuschleppen, gleichzeitig aber den Klima-Schneepflug vor sich herzuschieben. Und das Räumgewicht des Neuschnees beträgt immerhin 80 bis 150 kg/m^3. Doch bei Schneehöhen über 1 m genügen die Schneepflüge im allgemeinen nicht mehr. Da müssen eben die großen Schneeschleudern her. Verschneite Gebirge, mitunter im Nebel, erfordern doppelte Aufmerksamkeit, wovon die Urlauber und Touristen in Wintersportzügen oder in Weihnachtssonderzügen bei der Fahrt durch dunkle Tannen- und Fichtenwälder kaum etwas bemerken.

DB
103 002-2

Dreilicht-Spitzensignal elektrischer Lokomotiven

Das bei der DB übliche Spitzensignal wurde schon früher als »Zg 1« im Signalbuch vorgeschrieben und durch Verordnung als Dreilicht-Spitzensignal vorgesehen. Es sind drei weiße, in Form eines »A« angeordnete Leuchten.

Unser Foto zeigt ein solches Spitzensignal an der elektrischen DB-Lokomotive 103002. Die Signal-Leuchten wurden mit Niedervolt-Halogen-Lampen ausgestattet. Den Strom liefern 220-Volt-Wechselrichter (50 Hz) über Zwischentransformatoren (220 Volt/ 14/13,5/13/12 V), welche eine Feineinstellung der Niedervoltspannung für die Halogen-Lampen ermöglichen. Bei Nebel oder Dampfschwaden können die Signalleuchten auch abgeblendet werden.

Die konventionellen DB-Einheitslokomotiven der Baureihen 110, 112, 140 und 139 besaßen gemeinsame Signalleuchten für das Spitzen- und Schlußsignal. Die Signallampen konnten dann mit einem roten Riffelglas abgedeckt werden und wurden so gleichzeitig als Schlußsignal (Silica-Lampen 40 W) verwendet. Bei den späteren Lieferungen (ab Lokomotiven 110216, 140129–150, 140163, 141121 und 150042) sind getrennt schaltbare Signal- und Schlußsignal-Leuchten angeordnet worden. Auch ältere Lokomotiven blieben von Änderungen nicht verschont. Die Fotos zeigen die E 17111 bei Nacht mit großem »A« und ihre Schwester E 17110 mit neuer Stirnseite und kleinem »A«.

Umweltschutz und Schall-Emissionen

Lokomotiv-Lärm, Ursachen und Bekämpfung

Geräusche und Lärm entstehen überall dort, wo instationäre Bewegungen vorkommen, sei es bei mechanischen Elementen oder strömender Luft. Lokomotiven weisen recht viele bewegte Teile auf und haben damit zahlreiche mögliche Lärmquellen, die hier in unserer SLM-Skizze zusammengefaßt sind. Die systematische, noch keineswegs abgeschlossene Erforschung aller Schall-Entstehungsmechanismen hat die Ausschöpfung der technisch-wirtschaftlichen Möglichkeiten im Umweltschutz zur internationalen Notwendigkeit erhoben. Die beiden Wissenschaftler M. Hecht und H. Zogg berichteten in der Fachschrift »SLM Technische Mitteilungen« (1988/89) über den Lokomotivlärm. Den folgenden kurzen Auszug bringen wir mit freund-

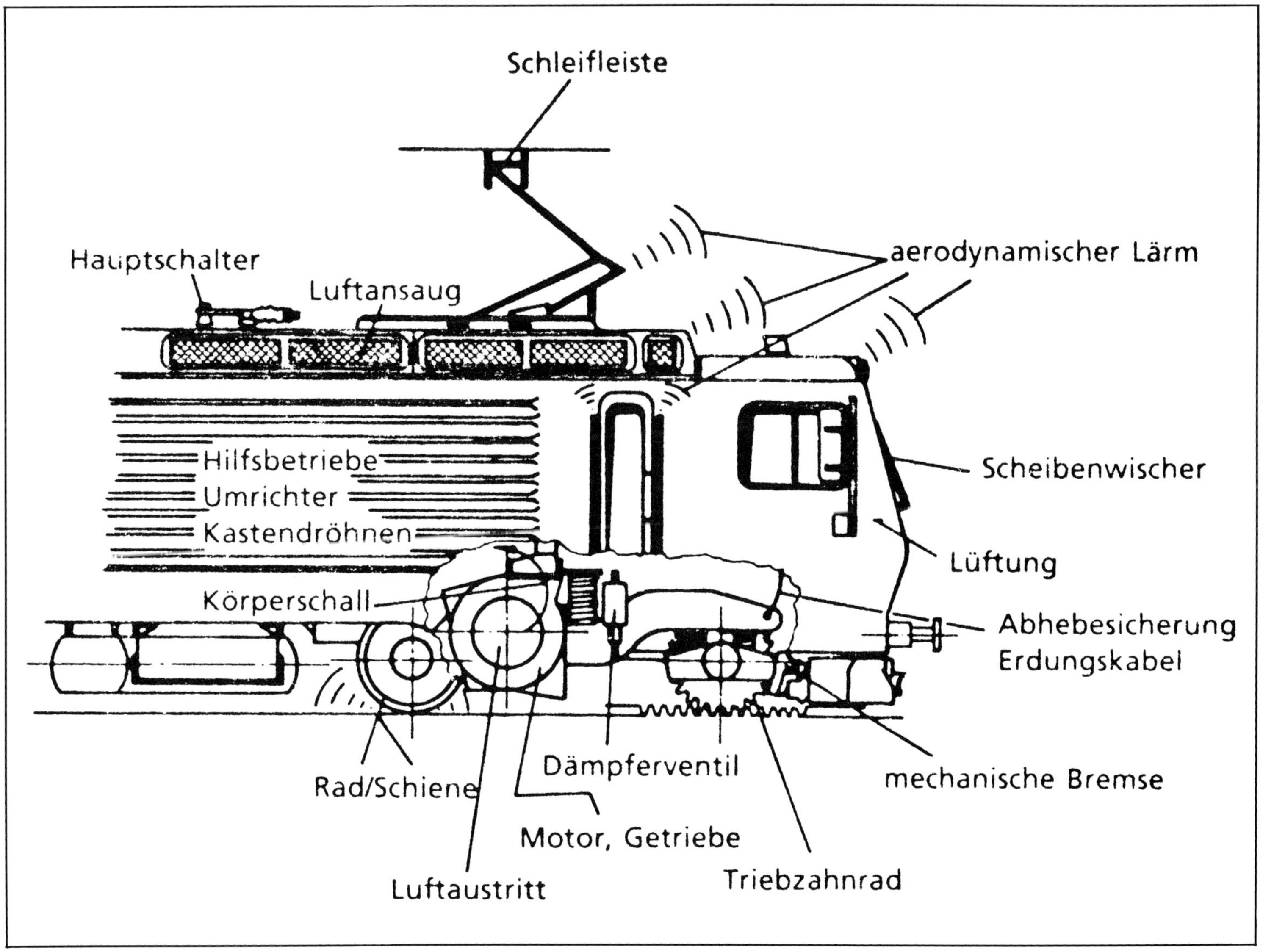

licher Genehmigung der Schweizerischen Lokomotiv- und Maschinenfabrik:

»Bei angetriebenen Schienenfahrzeugen ist die Situation durch folgende Entwicklungen gekennzeichnet:

1. Die Antriebsleistung nimmt bei gleichbleibender Masse zu. Da sich der Anteil der elektrischen Ausrüstung erhöht, muß beim mechanischen Teil in vermehrtem Maße die Leichtbauweise angewandt werden. Dies ist schalltechnisch ungünstig.
2. Die immer häufiger eingesetzte Halbleiterelektronik stellt strengere Anforderungen an die Kühlung, um ein relativ niedriges Temperaturniveau zuverlässig einzuhalten. Die größere Kühlluftmengen bei etwa gleichbleibenden Querschnitten geben Anlaß zu einem stärkeren Ventilationsgeräusch.
3. Die gesteigerte Fahrgeschwindigkeit erhöht die Lärmabstrahlung bedeutend.
4. Die Erhöhung der Zugfolgedichte verschärft das Emissionsproblem.
5. Bei neuen Reisezugwagen konnte durch verschiedene Maßnahmen, zum Beispiel Scheibenbremsen, der Lärmpegel beträchtlich gesenkt werden. Dadurch fällt die Schallabstrahlung der Lokomotive stärker auf.
6. Es werden höhere Forderungen gestellt an die Lärm-Emissionen von Seiten des Umweltschutzes (Außenlärm, Lärmschutzverordnung), der Arbeitsbedingungen (Führerstands-Arbeitsplatz), des Komforts (Fahrgastraum) und des Images (Öffentlichkeitsbild).«

Die Ingenieure beschäftigten sich vor allem mit der Körperschallabstrahlung beim Rollvorgang und »erfanden« geeignete Schallabsorber. Die Schallquellenverteilung wurde beispielsweise für eine elektrische DB-Lok 103 mit einem akustischen Spiegelteleskop im Windkanal am Modell in drei horizontalen Meßschnitten untersucht. Während einerseits zunehmend Umweltschutz-Argumente ins Feld geführt werden, betonen die anderen die wirtschaftlichen Gesichtspunkte. Immerhin hat die Praxis mit Blick über die Grenzen dazu geführt, die technische Harmonisierung und Normung voranzutreiben.

Am UIC-Kodex, im VDI, im Deutschen Institut für Normung (DIN) und im Deutschen Informationszentrum für technische Regeln (DITR) wird weitergearbeitet, um zu vernünftigen und »umweltverträglichen« Richtlinien, Standards, Regeln, Empfehlungen oder Vorschriften zu kommen. Auch in den allgemeinen technischen Vorschriften der Schweizerischen Bundesbahnen (ATV) ist der Umweltschutz (zum Beispiel Lärmgrenzwerte) enthalten.

Der
MODELLEISENBAHNER
hat neue Vorbilder!
ICE
Modell
Eisen
Bahner
Abonnement-Bestellungen an: T&M Verlagsgesellschaft mbH, Postfach 1410, 1086 Berlin